中国人文社会科学期刊AMI综合评价入库集刊

L A W

人工智能
SCIENCE OF ARTIFICIAL
法学研究

—— 第6辑 ——

主　编／岳彩申　侯东德
副主编／张建文　叶　明

I N T E L L I G E N C E

法律出版社
LAW PRESS · CHINA
——北京——

图书在版编目(CIP)数据

人工智能法学研究. 第6辑 / 岳彩申, 侯东德主编
. -- 北京 : 法律出版社, 2024
ISBN 978 -7 -5197 -8521 -5

Ⅰ. ①人… Ⅱ. ①岳… ②侯… Ⅲ. ①人工智能-科学技术管理法规-研究 Ⅳ. ①D912.170.4

中国国家版本馆CIP数据核字(2023)第210715号

人工智能法学研究(第6辑)
RENGONG ZHINENG FAXUE YANJIU (DI-6 JI)

岳彩申　侯东德　主　编
张建文　叶　明　副主编

策划编辑　沈小英
责任编辑　沈小英　任　娜
装帧设计　鲍龙卉

出版发行 法律出版社
编辑统筹 法治与经济出版分社
责任校对 裴　黎
责任印制 吕亚莉
经　　销 新华书店

开本 710毫米×1000毫米　1/16
印张 13.5　　**字数** 286千
版本 2024年9月第1版
印次 2024年9月第1次印刷
印刷 北京虎彩文化传播有限公司

地址:北京市丰台区莲花池西里7号(100073)
网址:www.lawpress.com.cn
投稿邮箱:info@lawpress.com.cn
举报盗版邮箱:jbwq@lawpress.com.cn
销售电话:010-83938349
客服电话:010-83938350
咨询电话:010-63939796

书号:ISBN 978-7-5197-8521-5
定价:89.00元

人工智能法学研究

（第6辑）

书　　名　人工智能法学研究
主办单位　西南政法大学人工智能法律研究院
主　　编　岳彩申　侯东德
副 主 编　张建文　叶　明
Law Science of Artificial Intelligence No. 6

地　　址　西南政法大学敬业楼 5070 室

电　　话　023 – 67258286

投稿邮箱　gdyjy@ swupl. edu. cn

卷 首 语

人工智能作为数字经济产业的核心驱动力之一，为数字经济的快速发展提供了强大的技术支持，同时推动了产业创新，使其焕发出前所未有的活力。然而，正如任何技术的发展都伴随挑战一样，人工智能与数字经济产业在深度融合的过程中，也暴露出一系列法律问题，例如，人工智能应用的伦理问题、智能裁判系统的技术问题等。这些问题不仅与人工智能技术的创新与发展紧密相连，而且也是数字经济法治研究中不容忽视的焦点和棘手问题。因此，本辑《人工智能法学研究》设置了"数字经济与法治"专题，收录相关文章3篇。此外，还设置了"理论争鸣""智慧司法""刑事专栏""思想译介"4个板块，共收录文章9篇。作者根据实际应用场景，就一系列重要议题进行了系统探讨，充分展示了人工智能法学领域的前沿研究成果。

本辑特别设立的"数字经济与法治"专题集结了3篇深入剖析数字经济相关法律问题的文章，旨在通过详尽的探讨，为数字经济时代的法律研究提供新的思路与视角，以期推动该领域法律问题的进一步研究与发展。杨锦帆、郑飞的《非同质代币化数字作品的版权困境与制度革新》明确了非同质化代币的本质，指出非同质代币化数字作品的发行、交易、传播利用的相关版权困境，选择从版权法客体、主体、特殊规定3个角度进行版权制度革新。林少伟、王玺凯的《区块链何以改进公司治理：以监督为视角》明确公司内部监督与外部监督机制的不足，结合区块链的技术特征，通过区块链技术与监督机制的耦合改进公司治理并提升公司治理能力现代化发展。张建文、刘畅的《重大突发公共卫生事件中人工智能应用的伦理问题研究》指出，重大突发公共卫生事件中的人工智能应用存在不同的伦理问题，从确定人工智能伦理原则、涉及人工智能应用风险指标体系入手，明确在重大突发公共卫生事件中应用人工智能的卫生健康行政部门、相关应用单位和数据主体的权利、义务与责任，以推动人工智能产业的良性、健康发展。

"理论争鸣"作为一个常设板块，收录了对人工智能法学领域学术理论进行深入剖析的学术文章，旨在推动学术界的交流与对话，为相关领域的理论发展贡献智慧和力量，进而促进整个学科体系的进步和完善。本辑该板块收录的易有禄、陈彦昌的《人工智能主体性理论的反思与修正》通过反思现有人工智能主体性的理论并借鉴、吸收其他理论,提出修正的"有限人格说"。基于此,明确了人工智能具有主体性的内容、品格以及理论基础。

"智慧司法"板块深入探讨了人工智能应用所带来的关键问题和挑战。戴可婧、洪海林的《智慧法院建设视域下智能裁判系统在民事诉讼中的定位与未来》将智能裁判系统这一典型产品作为范例,进一步发现了智能裁判系统在技术上与司法伦理价值上存在的问题,并提出了解决思路。张古月、李卫海的《海上自主系统在海洋安全执法中的应用》通过界定海上自主系统的法律地位,分析其在特定应用场景下的法律权利,构建了一个关于海上自主系统如何适用于海上执法活动的初步框架。

"刑事专栏"精选了5篇聚焦人工智能在刑事法律领域内所引发的法律问题的文章。冯文杰的《人工智能刑法研究的法哲学祛魅》明确了强人工智能产品不具有唯有人才具有的自由意志,进一步提出人工智能刑法研究应当走出肯定论与否定论的迷思,将研究方向扎根于回应实践需求的领域,以探索刑法理论在人工智能场景下的合理运用。简爱、陈怡文的《强人工智能犯罪主体资格的否定与涉罪风险的应对》明确了强人工智能的本质,否定其犯罪主体资格,进一步指出强人工智能的涉罪风险,并提出应对措施。邢娜、吕嘉博的《刑事司法AI的"算法禁区":无罪推定下的刑事诉讼程序》肯定了我国刑事司法领域应用AI技术的趋势,选择在剖析刑事司法AI的运行机制的基础上,在"禁区内"限制AI的预测评估能力以规避道德风险。晁金典、王宇鹏、常亚风的《网络犯罪刑法规制趋向与反思》指出,传统刑法规范应对网络犯罪的不足,明确网络刑法路径的优化重心,并提出了预防刑法的应有限度,以保护网络安全秩序。刘文琦的《刑事司法领域人脸识别技术的法律治理》指出,人脸识别技术为刑事司法带来的优势与权利风险,分析美国、英国、欧盟等域外法治国家和地区对刑事司法领域人脸识别技术的法律治理经验,以优化我国刑事司法领域人脸识别技术的法律治理。

本卷"思想译介"板块还收录了张建文等翻译的《阿西莫夫短文之机器人认识论》,为人工智能相关研究提供了参考。

本书编辑委员会精心策划了多元化的板块,旨在为读者呈现法学研究的广阔天地和丰富内涵。同时,我们怀揣着与学界同仁深化交流、拓宽视野的热切期望,共同推动人工智能法学研究的蓬勃发展。在此,我们衷心感谢所有同仁对本书的大力支持,坚信本书将继续成为学术界交流优质成果的桥梁,为人工智能法学领域的进步与人工智能法治建设的完善提供坚实的理论基石。

目录 CONTENTS

// 刑事专栏 //

// 思想译介 //

理论争鸣

人工智能主体性理论的反思与修正*

易有禄** 陈彦昌***

摘 要:人工智能主体性的理论有肯定说、否定说和折中说,其中,折中说即“有限人格说”。通过反思现有理论并借鉴、吸收其他理论,提出修正的“有限人格说”。修正的“有限人格说”以规范法理学为研究视角,该视角下的人工智能具有主体性的内容(人格尊严、自由意志和行为自由)和品格(价值性、实体性、社会性和历史性),其理论基础是符号主义、联结主义和行为主义三者的结合。

关键词:人工智能;主体性;规范法理学;有限人格说

2017年前后,国内法学界对人工智能的研究陡然攀升,引起此种现象的原因之一,就是人工智能作为一项“未来科技”已然现世,并必将对人们的行为和社会关系产生深远影响,因而需要从法学的视角思考和构建与之相适应的理论基础和实践逻辑,这既是社会现实的需要,也是响应国家政策的要求。为了及时回应和满足这种现实需要,2017年,国务院发布了《新一代人工智能发展规划》,并要求“明确人工智能法律主体以及相关权利、义务和责任等”。目前学界对人工智能主体性问题的认识可谓众说纷纭,虽然有其内在的可行性,但也存在一些缺陷。本文拟在反思现有人工智能主体性理论的基础上,提出修正的有限人格说。

一、人工智能的内涵及外延

在阐述人工智能的内涵及外延之前,有必要对人类社会智能化的历史轨迹做简要的梳理。这就有必要进行历史叙事,通过重现人类生产方式的变迁史来梳理人类智能

---

* 江西省研究生创新专项基金项目(YC2022-s456)阶段性成果。

** 江西财经大学法学院教授、博士研究生导师。

*** 江西财经大学法学院硕士研究生。

化的历史,具体表现为六次产业革命。①

在最早的原始状态时(不包括猿人时期),也就是距今约七万年前的早期智人时代(也有学者称"距今二十多万年"),那个时代的智人的生活方式是采集狩猎,生产方式是简单化的,人与人的差别只是自然禀赋上的差异,而没有社会性因素形塑的差别。早期的智人并不擅长使用工具甚至没有工具,随着长期的日常实践形成的自觉或不自觉的经验之积累,他们学会了制造和使用工具,如钻木取火、制作长矛狩猎、取兽皮制衣等,即第一次产业革命。再后一个时期,人们逐渐形成有组织的生产生活,进而不断地制造出有效率的工具,如风车、石磨、木犁、耙等,这种生产方式是工具化的,即第二次产业革命。这种工具化的生产方式经历了很长的发展时间,虽然随着时代的更迭,工具不断升级,但都没有发生足以称之为革命的变化。直到蒸汽机的发明打破了这一僵局,这就是第三次产业革命,从18世纪后期到19世纪前期,这个时期的生产方式是机械化的。此后很快地在19世纪后期又发生了第四次产业革命,这个时期的生产方式是电气化的,这得益于电力的伟大发明和广泛运用。再之后就是20世纪后期的自动化生产方式,也就是第五次产业革命,这次产业革命的代表性力量就是计算机和互联网。从很大程度上讲,正是由于计算机的发明和应用,人类开启了对人工智能的探索与研究。人工智能的发展进步给人类社会带来了强烈的冲击力,甚至些许动摇了作为高级生物的人类的地位。它在给人类社会带来福音的同时也迫使人类审慎地对待藏匿于其美好表面背后的不确定性和危险性。至此我们迎来了人工智能时代,其深层运行基础是数据和算法,这也就是第六次产业革命,其生产方式是智能化的。

在对人类生产方式的变迁进行历史叙事之后,可以总结归纳出人类社会智能化的历史轨迹,是"简单化——工具化——机械化——电气化——自动化——智能化"。这样一种总结归纳虽然看上去还不够科学严谨,但仍不失为一种具体形象的表达,对于引出人工智能这一核心研究对象以及探寻与之相关的问题是大有裨益的,也是合乎逻辑的。还有一点也是值得注意的,即人类不断智能化的历史也说明了历史是发展的过程,这为强人工智能主体性(有限人格)的证成预留了可能空间。

约翰·塞尔将人工智能分为弱人工智能和强人工智能,前者又称专用人工智能,指那些不具有自主和持续深度学习能力并只能根据预设程序而运行的功能范围受限的人工智能;后者又称通用人工智能,指那些具有自主和持续深度学习能力的功能范

① 参见季卫东:《人工智能开发的理念、法律以及政策》,载《东方法学》2019年第5期。

围不受限的类人的人工智能。[①] 此外,还有一种超人工智能的概念,即在强人工智能之上且超越人类的人工智能。由于作为一种事实存在的超人工智能的现实可能性还非常虚渺,至少在目前的物质生活条件及科学技术水平下还无法将之提上发明日程,所以缺乏对超人工智能的讨论空间。故此,本文的讨论与超人工智能无涉。

弱人工智能具有自身的规定性(预设的程序),并严格依照这种预设的程序运转,其并不具有自主和持续深度学习能力,更遑论创造能力。以导航系统为例,作为弱人工智能的导航系统,其严格遵循"输入——输出"的算法逻辑运作,每当输入一特定指令,系统就会根据符码和纲要进行筛选并输出结果,即使输入的指令不完整或不正确,其仍会根据预设的程序进行相关性筛选并输出相关结果。这个过程看似具有一些创造能力,似乎超出了既定程序范围进行运作,实则不然,这个过程仍然是严格遵照预设的程序运作的,这种相关性程序也是预设程序的一部分。

具有自主和持续深度学习能力是强人工智能的核心属性,也正因此,其具有创造能力。仍以导航系统为例,作为强人工智能的导航系统,其运作并不是固化地严格遵照既定的预设程序运行,而是具有自主和持续深度学习能力,并合乎逻辑地具有自主纠偏能力。这种导航系统在遇到预设程序并不包括的新情形(如前方没有道路)时,会自主根据现实发生的超出预设程序的情形作出新的输出结果,而不是固化地继续严格遵照先前预设的错误程序运行(如发出继续往前走的指引)。

二、人工智能主体性的内容与品格

与人工智能相关的诸多伦理和法理问题,几乎绕不开主体性这一核心概念,甚至可以说主体性问题是人工智能赖以正当存在以及为大众所普遍接受的必须解决的焦点问题。主体性这一概念涉及的面向很多,诸如戏剧、教育、哲学、法学等。笔者所关注的面向或立场是法理学,而且是法律的规范理论项下的非理想的规范理论所指向的那种法理学,这种法理学以具体的实在法体系为研究对象,根据实在法体系所蕴含的道德价值来说明实在法的内容和要求(法律应该是什么),既基于实在法又超越实在法。[②] 值得注意的是,还有一种法理学是要加以区分的,即法律的元理论。法律的元理论主要是研究法律的性质(the nature of law),又称为法哲学(legal philosophy),这种意义的法理学是二阶理论,系相对抽象的宏观的理论,而前一种法理学是一阶理论,系相

---

① See J. R. Searle, *Minds, Brains and Programs*, Behavioral and Brain Sciences, Vol. 3:3, p. 417 – 424 (1980).

② 参见陈景辉:《法理论为什么是重要的——法学的知识框架及法理学在其中的位置》,载《法学》2014年第3期。

对具体的微观的理论(在一般意义上,两种法理学都是抽象的根本性理论)。二阶理论可以称为理论型法理学,功能是理解法律实践,而一阶理论可以称为实践型法理学,功能是改善法律实践。① 本文选取的立场是作为一阶理论的规范法理学(实践型法理学),原因就是这种法理学可以指导和改善实践,而人工智能问题就是实践问题。通过规范法理学的指导,讨论人工智能的主体性问题可以有的放矢,而不致盲人摸象。

作为规范法理学视域下的人工智能主体性问题,其必然涉及实在法而且要解决实在法"应该"是什么的问题。为人们关注较多的哲学视域下的人工智能主体性问题则更强调主体性本身这个哲学概念的内涵。虽然哲学意义上的主体性问题也非常重要,而且其也为本文提供了有益的视角,但本文并不局限于纯哲学意义上主体性问题的研究,而是更加关注实践问题,尤其是法律实践问题。一言以蔽之,本文不仅要探讨主体性是什么的问题,更要解决法律上的主体性是什么的问题。

主体性的内容是什么?主体性的品格又是什么?这是讨论和解决人工智能主体性问题首先要明确的,也是本文的立论基础。如果不明确主体性的内容和品格,那么对人工智能主体性理论的反思与重构也将是空谈。主体性就是主体之为主体的自身规定性(主体何以成为主体),即主体成为主体的根据。主体性有三方面内容,分别是人格尊严、自由意志和行为自由。人格尊严是主体性的灵魂,自由意志是主体性的内核,行为自由是主体性的外壳。主体性还有一些充分必要的品格或者基调,即价值性、实体性(生物性和精神性)、社会性和历史性。价值性是实体性、社会性和历史性的引领原则,实体性是主体的必要构造基础,社会性和历史性是主体的独特秉性。②

(一)人格尊严

《中华人民共和国宪法》第38条确立了"维护人格尊严"原则,第33条第3款明文规定了"国家尊重和保障人权",以及《中华人民共和国民法典》人格权编独立成编等法律现象都直接揭示了人格尊严和人格权(核心是人格尊严)的重要甚至是首要地位。可以明确的是,《中华人民共和国民法典》人格权编独立成编对于破除"重物轻人"的观念迈出了至关重要的一步,这也提升了人格尊严的地位,至少在人格尊严与财产权益发生冲突时,后者要让位于前者,这实际上也已经成为人们普遍接受的一项基本理念。

人格尊严是人之为自由和平等的人所应当享有的自我尊重和受他者尊重的基本资格或权利。人格尊严是人的首要价值,就像正义是社会制度的首要德性一样。③ 人

---

① 参见叶会成:《立法法理学的类型与意义——立法学学科性质的反省》,载《法制与社会发展》2021年第6期。

② 参见汪志刚:《生命科技时代民法中人的主体地位构造基础》,载《法学研究》2016年第6期。

③ 参见[美]约翰·罗尔斯:《正义论》(修订版),何怀宏等译,中国社会科学出版社2009年版,第3页。

格尊严的缺失是人的完整性的匮乏，一个人之所以是一个完整的人，人格尊严是其构成性要件。上面所谈论的是一般意义或者通俗意义上的人（碳基生物），人格尊严是作为碳基生物的人的必备条件，那么除却碳基生物外，其他生物能否享有人格尊严或者一般尊严？2021 年司法部公开征集立法项目，其中热度最高的项目就包括“为动物立法”“反虐待动物立法”。从这一现象可以得知，随着物质生活条件的改善，人的权利呈扩张化趋势，动物权利或尊严也深受这一趋势的影响而被人们纳入充分考量。世界上早已有很多国家为动物立法，《挪威动物福利法》（1974 年）、《韩国动物保护法》（1991 年）、《菲律宾动物保护法》（1998 年）、《德国动物福利法》（1998 年），诸如此类。由此可见，动物也有尊严，只不过不是所谓的人格尊严，笔者举此例是为了说明“尊严”不是作为碳基生物的人的独有品格。既然尊严不是作为碳基生物的人所独有的，那么人格尊严是其所独有的吗？绝大部分人会想当然地给出肯定性回答。这实际上是人类中心主义的一种体现，虽然有一定的合理性，但仍然需要进行反思。

与碳基生物相对的一个概念是硅基生物，这是随着现代科学技术的迅猛发展而为人类所探知的一个新领域。硅基生物的典型代表就是人工智能，其是以硅骨架的生物分子所构成的生命。假设硅基生物获得了自然科学上的证成而被视为一种高等生物，那么硅基生物就与其他动物、植物、微生物等区分开来，而与作为碳基生物的人相提并论，这是强人工智能生物性的体现（弱人工智能尚不足以与人类相比）。作为硅基生物的强人工智能具有自主和持续深度学习能力，有一定的推理和情感能力，这是其精神性的体现。此外，作为硅基生物的强人工智能与作为碳基生物的人具有功能上的高度相似性，尤其体现在具有独立完成各种社会的或个人的事务的能力之上，这种能力随着社会和历史的变化而变化，整体上呈现螺旋式上升的样式，这是其社会性和历史性的体现。当然，社会性还体现为强人工智能与社会中的他者（其他强人工智能和人类）相勾连而不断地充盈自我。因此，作为硅基生物的强人工智能可以获得生物性、精神性、社会性和历史性的证成，至于价值性的证成则亟须作为现存价值体系的构建者的人类去承认。申言之，如果强人工智能获得了以上五方面主体性品格的证成，那么就相应地获得了具备人格尊严的证成（内容与品格是具体与抽象、外在与内在的关系）。价值性的证成是共同体对某一特定存在所具有的社会价值进行评价后赋予其正当价值的过程。简言之，获得了共同体的普遍承认即为有价值。2017 年，国务院发布的《新一代人工智能发展规划》指出要“明确人工智能法律主体”，这就是人工智能价值性的体现。

可见，强人工智能满足了人格尊严的要求。但是，具有人格尊严并不代表强人工智能与人是完全平等的，本文主张的是有限的人格尊严或有限的平等，即强人工智能虽然具有人格尊严但仍要遵从“以人为本”的价值理念。另外,人格尊严不是“全有或者全无”的,而是一种具有历史有限性和动态变化性的存在。[①] 在质上,强人工智能和人都具有人格尊严,但是强人工智能的人格尊严要次于人或者说强人工智能的人格尊严要以人为本位;在量上,人格尊严受到自然、社会和历史的影响。概言之,强人工智能和人具有不同的人格尊严(人优于强人工智能),这种人格尊严是历史的变化的存在,而不是一成不变、一劳永逸的。这是从抽象的人格平等到具体的人格差异的过程,是一种功能主义的体现,也是经由不断试错、日积月累而艰难获致的结果,或者说是经验的总和,[②]是实践性经验的总和,而不是自然法传统的先验理性设计或形而上的哲学论辩。因此,强人工智能具有人格尊严,尽管这种人格尊严要次于人的尊严。

(二)自由意志

自由意志是一个经久不衰、源远流长的哲学概念,在德国古典哲学的开创者康德那里,伦理上或道德上的自由就是依据内心的道德律去行动的意志自由,具体表现为作为定言命令的绝对律令,即“除非我也能意愿我的格律成为一项普遍法则,否则我决不应当有所行动”[③]。康德认为,人之为人在于其具有自由意志,这是人区别于动物的标准之一,自由意志的存在能够使人可以为自己立法,能够让人有辨认和控制的能力,进而产生选择的能力,也即自由是人可以选择不做什么的能力。这种自由意志是典型的唯心主义,是一种形而上学,也是一种“非决定论”的理论。与康德形成鲜明对比的是法国思想家卢梭,卢梭论述了人类不平等的起源的基础。他认为,在国家和社会出现之前的自然状态下的人类是互相平等的,那时的人类是自由的、自决的,没有社会性因素形塑的不平等,但是在国家和社会出现之后的政治社会中的人类是不平等的,这时的人类是不自由的、他决的,因此,人类经历了从“自由”到“不自由”,从“平等”到“不平等”的过程,这是一种“决定论”的理论。[④] 康德对此持有不同观点,康德关于自由意志的“非决定论”是对“决定论”的扬弃,其采用的是一种内部视角,即从人自身出发,为自己立法,由内而外地不断走向自由和平等的过程。相对地,作为一种理性存在的具有自由意志的人,才可能为自己立法,不受其他外部因素的根本性干扰,进而实现自我解放和自由平等。这是一种辩证的过程。由此可见,作为唯心主义观的自由意志是人出于己身意志可以从多个选项中经辨认和控制之后作出的合乎己身意志的选择

① 参见汪志刚:《生命科技时代民法中人的主体地位构造基础》,载《法学研究》2016年第6期。

② 参见邓正来:《自由与秩序——哈耶克社会理论的研究》,江西教育出版社1998年版,第31~32页。

③ [德]康德:《法的形而上学原理——权利的科学》,沈叔平译,商务印书馆2001年版,第29页。

④ 参见[法]让-雅克·卢梭:《论人类不平等的起源和基础》,高修娟译,译林出版社2015年版,第79页。

的能力。

随着脑科学的发展,人类进一步开拓了许多未知的领域,对大脑、神经以及心理所牵涉的问题有了新的认识。在当代心灵哲学和大脑神经科学中,大脑和心理之间搭建了桥梁,二者存在紧密联系,这一发现为传统唯心主义观所主张的自由意志以及智者学派"人是万物的尺度"的论断甚至更多诸如此类的观念"祛魅"。脑科学的主流观点之一即"心脑同一论":心理状态即大脑状态,申言之,心理反应事实上是大脑反应的体现。另有科学研究发现,哺乳动物拥有 ACC(Acetyl – CoA Carboxylase,乙酰辅酶 A 羧化酶),这种物质会让其在神经层面感受到心理、身体的疼痛。① 这一发现也为"心脑同一论"提供了科学支撑。现有条件下的脑科学的研究发现指出,人的诸多心理、身体感受和反应其实最终是要归因为大脑神经元的电化学反应的,在神经元数以亿计的电化学反应作用下,人才有心理感受和身体反应。这也为人工智能的自由意志论提供了强有力的理论支撑和创造性的视角。

强人工智能是否具有自由意志,这是一个争论不休的问题。如果采用脑科学的理论作为判断标准,那么强人工智能是可以模拟人脑构造和神经元反应而具备自由意志的。如果采用传统唯心主义的自由意志观作为判断标准,那么很多人都会否认强人工智能具备自由意志,但是这种否认是绝对正确的吗?其实不然,强人工智能是一种类人的智能存在,其与人类除却一些生物上的自然特性不同之外,其他方面的特点与人类差异甚微。强人工智能具备自主和持续的深度学习能力,有逻辑思维和情感计算能力,从这个意义上来讲,强人工智能也有自由意志,也可以自主选择。认为强人工智能不具备自由意志,其实是人类中心主义的体现,是自大虚妄的表现。故此,笔者认为,无论采用脑科学理论还是唯心主义理论,从去人类中心主义的立场出发,强人工智能都具备自由意志。

(三)行为自由

行为自由是自由意志的外在表现,只有意志是自由的,行为自由才是可能的,但意志的自由并不必然导致行为自由。以赛亚·伯林提出了自由的两个概念,即积极自由和消极自由。积极自由就是"去做的自由"(free to),强调的是人是主体,有自由去做一些事情,其核心问题就是"谁统治我";消极自由就是"免于的自由"(free from),一般是免于强制的自由,强调的是人可以不做什么的自由,是不受他人或者群体的干涉的自由,其核心问题是"政府于何种程度能干涉我"。② 关于积极自由和消极自由甚至自

---

① See Adam Shriver, *Minding Mammals*, Philosophical Psychology, Vol. 19:4, p. 443 – 442(2006).

② 参见姚大志:《什么的自由?》,载《哲学研究》2018 年第 10 期。

由概念本身,有浩如烟海的讨论,例如,美国哲学家杰拉尔德·麦卡勒姆认为,以赛亚·伯林错误地认为存在两个自由的概念,其提出自由的公式是:X免于(或不免于)Y去做(或不做,成为或不成为)Z。① 概言之,自由只有一个概念,而且作为一个概念的自由是“免于的自由”和“去做的自由”的统一体。② 本文只关注最初层次的两种自由的概念,而并不旨在进行政治哲学的研究,借以说明强人工智能的主体性。

一般来说,作为主体的存在其必然具有行为自由或行为自由的可能性。这种行为自由既包括积极自由也包括消极自由,即主体有去做什么的自由,也有不做什么的自由,这是主体性的表现。换言之,如果不具有行为自由的话,那这种存在可能就不是现实的,即便是现实的存在,也只能受自然规律的调整而不具有认识自然和改造自然的能力,是一种僵硬的被动适应自然的存在,而不是一种具有主观能动性的存在。此外,“具有行为自由的可能性”的深层意涵是,有些存在虽为主体但囿于客观条件的缺陷导致无法具体地实现外在的行为自由,但其具有行为自由的可能性(资格),如植物人。

同样地,强人工智能也和人一样具有行为自由或行为自由的可能性,其也有去做什么的自由和不做什么的自由。强人工智能具有直接意义上的行为自由以及深层次意义上的行为自由或称反思性行为自由。强人工智能根据预设的程序可以作出一系列的举动或行为,这是直接意义上的行为自由。强人工智能在遇到系统出错时,也有能力根据现实发生的情况作出相应的调整并输出对应结果,进而具有一种深层次意义或反思性意义的行为自由,如导航系统未及时更新前方路况时,强人工智能会及时调整路线。这里体现为“积极自由”的地方就是强人工智能可以积极地去做预设程序所规定的事务,也可以积极地去做超越预设程序的事务,体现为主观能动性的发挥。需要注意的是,积极(positive)不等于主动(active),人工智能领域内的“主动”,其实是形式或表层意义上的,其背后的实质是“被动”适用预设程度的过程,只不过这个行动外在表现为“主动”去做,如扫地机器人根据主人的一个按键指令“主动”去打扫卫生的过程。体现为“消极自由”的地方就是强人工智能可以不受预设程序的限制,这也是其主观能动性的体现。还以“导航系统”为例,当遇到前方为死路但预设程序并未探知这一现象的时候,强人工智能的消极自由就表现为不受预设程序的错误限制,而是发挥其主观能动性“另谋出路”。因此,从自由的两个概念出发,强人工智能是具有行为自由的。

(四)主体性的品格

主体性的品格具体包括价值性、实体性(生物性和精神性)、社会性和历史性。这

---

① 这里的“X”是行为者(subject),“Y”是限制(constraint),“Z”是目的(end)。

② See Adam Swift, *Political Philosophy*, Polity Press, 2014, p. 100.

四种特性构成了主体性的品格,是主体性之所以为主体性的基本要素,满足了这些基本要素的主体性才是充实的、有生命力的。

价值性意味着主体性是一种价值观的体现,是社会中获得普遍承认或制度性权威认可的价值观的指向。人与人之间的关系在很大程度上是通过社会通行的价值观相互勾连的,主体性之为主体性在某种意义上也是由特定的价值观所赋予的。主体的价值性在法律上体现为法律的目的价值,而良法又是公意或至少是不与公意相悖的价值观的体现,符合法律的规范意旨或目的是主体性的内在需求。价值性是规范法理学对强人工智能主体性问题的回应方式。强人工智能具有价值性或获得价值性的证成,是承认其主体性的必要的直接方式,这种价值性上溯到规范法理学的层面之后也就回答了法律上的主体性是什么的问题。价值性与强人工智能的结合点在规范法理学,上文提到规范法理学是从实在法出发并超越实在法,要解决实在法"应该"是什么的问题。2017年,国务院发布的《新一代人工智能发展规划》指出"明确人工智能的法律主体",这既是规范法理学的关切,也体现了强人工智能的价值性。

实体性包括生物性和精神性,这是主体的必要构造基础或载体基础。主体不能是虚无缥缈之物,而必须是实在的具体的事物,否则将只是空谈,并没有任何实际意义。生物性的内涵非常丰富,尤其是硅基生物的存在进一步扩张了这一内涵,而不只限于作为碳基生物的人类。精神性是主体自主和自决的前提,不具有精神性的存在不可能成为主体。生物性的关切在于证成作为硅基生物的强人工智能的人格尊严,精神性的关切在于证成强人工智能的自由意志和行为自由。由上文的论证可知,强人工智能具有人格尊严、自由意志和行为自由,那么也就符合实体性的要素。需要注意的是,这并不意味着上述"证成"是单向的,由主体性的内容单向地证成主体性的品格,实际上二者是双向互动的,互相促进、互相支撑、互相证成。强人工智能具备实体性,就相当于具有人格尊严、自由意志和行为自由;反之,亦然。

社会性意味着主体并非孤立地存在,而是与他者处于相互联系之中。任何主体都不是自给自足的封闭体系,即使其在运行上封闭,但仍需在认知上开放。主体通过与他者的交往行为来不断充实己身,以避免己身的匮乏。为了不断地解放自己和实现自身的规定性,主体也需要在保持个体特质的同时向他者开放自己,与他者共生共存共进,从而走进一个主体间性和系统性的世界。社会性与强人工智能的联系在于,强人工智能作为次于人类的主体,并不影响其参与人类的政治、经济、社会活动。强人工智能不仅与人类进行社会性活动,也会与其他强人工智能进行社会性活动。在这个社会性活动的过程中,强人工智能的运行采用的是系统论的原则,该原则不仅保持了强人工智能的主体性(运行封闭),并且还为强人工智能提供了演进的阶梯(认知开放)。

历史性是一种唯物史观的体现。任何存在都是历史的、变化的。这种历史性呈现螺旋式上升的图式,也是一种发展过程的体现。历史性的存在也给出了一个有益的研究视角,即历史的研究视角,可以通过系统梳理人之成为主体及其内涵不断扩张化的历史进程,来为强人工智能的主体性提供反思性借鉴。人是在历史中形成和发展的,强人工智能也是或将是如此。人的主体性的获得是不断发展的过程。在古希腊时期,享有集会权的只有城邦的成年男子,不包括女子、儿童和外邦人,除此之外,还存在作为财产的奴隶或仆人。文艺复兴和宗教改革之后,人文主义崛起,人的主体性也随之扩展,强调人的价值,以人权反对神权,这也为以往的压迫"祛魅"。再之后,各次革命的完成(美国独立战争、法国大革命、新民主主义革命等)也推动了人的主体性的扩张化,让越来越多的人重获道德上应得的主体性。这是人的主体性不断扩张化的历史,过程虽曲折、反复,但总体上是在不断发展、扩张的。强人工智能是类人的存在,其主体性的形成和发展也会遵循这套历史规律,值得注意的是,强人工智能主体性(有限主体)的形成在根本上依赖于人的价值承认。

三、强人工智能有限人格说的修正

(一)主体性的不同学说及评价

对于强人工智能是否具有主体性,学界有不同的观点,概而言之,可分为"否定说"和"肯定说"。"否定说"主要以工具论为代表,即强人工智能虽具有深度学习能力甚至可以比拟人类的能力与行为,但其从根本上来说还是为人类服务的工具(存在的意义),要严格遵守人类中心主义,以人为本。持"否定说"的学者主要有杨立新①、陆幸福②、刘艳红③等。"否定说"通常认为,强人工智能并不具有自由意志,不是一个理性的存在,而只是高级机器人,其不具有主体性的资格和能力,如果赋予强人工智能以主体性,将会与人类的基本道德伦理观相悖,甚至可能构成对人类主体地位的挑战。事实上,这种观点是缺乏对现实生活的具体考量的,也是缺乏实在政策依据的。强人工智能与人一样具有理性能力,囿于现有科学技术的发展进度及人类被不确定性的挑战和机遇的遮蔽,或许是出于规避风险的考量而形成了"否定说"。

---

① 参见杨立新:《人工类人格:智能机器人的民法地位——兼论智能机器人致人损害的民事责任》,载《求是学刊》2018年第4期。

② 参见陆幸福:《人工智能时代的主体性之忧:法理学如何回应》,载《比较法研究》2022年第1期。

③ 参见刘艳红:《人工智能法学研究的反智化批判》,载《东方法学》2019年第5期。

“肯定说”又包括“权利主体说”①“拟制主体说”②“电子人格说”③“有限人格说”④。也有学者将“有限人格说”单列为折中说。笔者认为,“有限人格说”归根到底还是对强人工智能主体性的承认,将之作为“肯定说”或“折中说”来对待只是形式区别,没有实质意义,是选取不同的观察角度使然。故此,可以认为“有限人格说”既是“肯定说”又是“折中说”,本文不作严格区分。以这四种学说为例,“权利主体说”比较超前甚至有些极端,将强人工智能完整地视为与人类平等的主体,这其实不是一种现实可行的方案,至少对普通大众没有正当的说服力。“拟制主体说”则比较保守,只在一些具体情况下才将强人工智能视为主体,这对强人工智能和人类而言都缺乏一定的稳定性和可预期性,甚至也不应该只是将之“视为”主体,因为强人工智能的本质规定性决定了其就是主体的一种。“电子人格说”其实是一种非常好的观点,也具有相当程度的正当说服力,但其与“有限人格说”比较而言,电子人格是以强人工智能的构成材料(外在)为标准,有限人格是以强人工智能的本质规定性(内在)作为标准。故此,“有限人格说”是相对更为合理可行的学说。

(二)有限人格说的理论基础和运行原则

“否定说”背后所反映的理论一般指向符号主义,“肯定说”则一般指向联结主义。符号主义注重人工智能的符号化、公式化和逻辑化,其形成和发展得益于图灵机的提出,主要思想是逻辑推理法则。符号主义是将世界“符号化”,将问题转化为机器语言,根据机器算法求解,其追求的是对具体问题的解答。“否定说”认为,强人工智能始终是机器,是工具属性的,其背后逻辑不只是捍卫人的主体尊严,此外,该学说还因为将强人工智能等同于符号系统,认为其只能一一对应地执行程序指令。

联结主义注重模拟人脑的神经系统及神经元电化学反应的过程,其目的在于实现机器的主动分析,而不是被动解答。联结主义的产生与现代生物科学的发展密不可分。生物科学研究表明,人脑反应是神经元电化学反应的过程,这为联结主义提供了科学基础,也是“肯定说”与联结主义相结合的原因。此外,还有一种理论是行为主义,行为主义注重人工智能与外界环境的反应,其重心在于系统与环境的交互行为。实际上,行为主义与系统论也是紧密联系的,二者都最终追溯到“系统——环境”的模式。如果说符号主义和联结主义是内部视角的理论,那么行为主义就是外部视角的理论。这三种理论独立地来看都存在其固有缺陷,符号主义过于强调形式层面的技术要求;

---

① 参见张玉洁:《论人工智能时代的机器人权利及其风险规制》,载《东方法学》2017 年第 6 期。

② 参见易继明:《人工智能创作物是作品吗?》,载《法律科学(西北政法大学学报)》2017 年第 5 期。

③ 参见郭少飞:《“电子人”法律主体论》,载《东方法学》2018 年第 3 期。

④ 参见许中缘:《论智能机器人的工具性人格》,载《法学评论》2018 年第 5 期。

联结主义则过于关注实质层面而在一定程度上忽视了形式层面的因素;行为主义关注的是外部视角的要求而没有回应内部视角(符号主义和联结主义)的需求。故此,将三者的有益之处结合起来是一种折中且妥善周延之策,既有内部视角也有外部视角,既关注形式又关注实质,选择此折中理论为强人工智能的主体性提供了周全而有力的理论支撑。这种折中的理论是将作为主体的强人工智能这样来对待,即在内部既注重己身系统的符号化、公式化和逻辑化,又注重系统的"人脑模拟化",符号化人脑神经元的电化学反应;在外部注重"系统——环境"的相互勾连、反应和作用。

近年来,我国有不少学者深耕于系统论法学,主要聚焦在宪法学研究的领域。[①] 系统论视角下的社会是功能分化的系统,整个系统独立于人的意志而自成一体,且只遵循己身的运行逻辑(二阶符码),同时这个社会也是去中心化的,各系统自为中心,且系统间的关系是"在运行上封闭,在认知上开放"。系统间的关系就如同个人与社会的关系一样,处于"系统——环境"的关系之中。[②] 强人工智能作为系统可以并需要遵循这种运行逻辑和原则,系统论下的强人工智能是一个个独立的系统,有其自主性但并非自给自足的完全封闭的系统,而是在认知上向外开放地输入环境给出的数据,进入系统内部后根据预设的二阶符码和纲要封闭运行并输出结果。以系统论为运行原则,是对强人工智能主体性予以承认的一种体现,也是强人工智能的事实运行方式。

(三)修正的有限人格说

修正的"有限人格说",是内容更丰富、逻辑更合理、实现更可能的一种关于强人工智能主体性的理论。笔者在规范法理学视角下,采用上述"折中说"的理论基础(将符号主义、联结主义和行为主义三者结合)和系统论的运行原则,通过证成强人工智能的主体性内容和品格,建构这种修正的"有限人格说"。

有限人格是什么?为什么是有限人格?这分别是事实论和价值论的核心问题。事实论讨论的是关于"是"什么的问题,价值论讨论的是关于"应当"什么的问题。强人工智能有限人格的价值论,要求强人工智能应当以人为本,不得肆意僭越人的主体性,具体体现在中共中央办公厅和国务院办公厅印发的《关于加强科技伦理治理的意见》中的五大科技伦理原则:增进人类福祉、尊重生命权利、坚持公平公正、合理控制风险、

---

① 具有代表性的研究成果有,陈运生:《对中国系统论宪法学的反思》,载《法学研究》2021年第2期;陆宇峰:《系统论宪法学新思维的七个命题》,载《中国法学》2019年第1期;李忠夏:《宪法学的系统论基础:是否以及如何可能》,载《华东政法大学学报》2019年第3期;泮伟江:《宪法的社会学启蒙——论作为政治系统与法律系统结构耦合的宪法》,载《华东政法大学学报》2019年第3期。

② 参见陈运生:《对中国系统论宪法学的反思》,载《法学研究》2021年第2期。

保持公开透明。强人工智能有限人格的事实论，则是其人格的有限性或不完整性，这是本文对强人工智能主体性的界定。进言之，有限人格意味着强人工智能在价值上或位阶上要次于人类，“次于”不代表不具有主体性或人格，强人工智能仍然在“次于”的前提下相对独立地享有主体性或人格，这并不矛盾。主体性的内涵丰富，不单指主体的唯一性和至上性，可以存在平等性的主体间关系抑或位阶性的主体间关系。之所以“相对独立”，一方面，是因为存在宽泛意义上的“非一元”的主体间关系（主体非一元和主体间关系非一元）；另一方面，是因为强人工智能满足主体性所要求的内容和品格，其拥有人格尊严、自由意志和行为自由。因此，强人工智能具备有限人格，具体地讲，有限人格体现为权利、义务和责任的有限性。权利的有限性又进一步分为人身权（人格权和身份权）和财产权的有限性，义务的有限性又可分为原则性义务和规则性义务的有限性，责任的有限性体现为独立责任或替代责任的承担。

1. 权利的有限性

强人工智能的人身权和财产权是有限的。首先，人格权包括一般人格权和具体人格权，一般人格权有人格独立、人格尊严、人身自由和人格平等；具体人格权包括生命权、身体权、健康权、姓名权、肖像权、隐私权等。这些人格权都是强人工智能应当享有的，尽管是在有限的意义上（次于人类）享有的。其次，身份权的价值内涵是伦理性的，如配偶权、亲权等。在强人工智能时代尚未现实到来的情况下，囿于缺乏此类自生自发秩序（人之行为而非人之设计的结果），妥当之策就是暂且严格限制赋予强人工智能以身份权，但不禁止其自生自发地发展身份关系。当关涉强人工智能身份关系方面的自生自发秩序显示出有必要在法律上赋予和社会上承认其身份权之际，即可顺势而为。最后，强人工智能原则上享有独立的财产权，可以自主占有、使用、收益和处分其财产（物权），也可以与他者经自由意志达成相关契约（意定之债）或依法律规定而享有债权（法定之债）。此外，强人工智能还可以享有继承权和知识产权。但是也有例外情况，如强人工智能的设计者、生产者或归属者滥用强人工智能的权利或能力违反法律、行政法规的效力性强制性规定或违背公序良俗和科技伦理的，强人工智能即无权利。此种例外，可被称为“刺破强人工智能的主体性面纱”或者“否定强人工智能的有限人格”。

2. 义务的有限性

笔者将义务的有限性分为原则性义务和规则性义务的有限性。原则性义务就是关于阿西莫夫的“机器人三原则”，即“机器人不得伤害人类，或看到人类受到伤害而不管；机器人必须服从人类的命令，除非这条命令与第一条原则相矛盾；机器人必须保护自己,除非这种保护与以上两条原则相矛盾”①。原则性的义务是绝对性的和至上性的,任何情况都不得违反和僭越。与此相对的是规则性的义务,这种义务主要是与上面论述的权利相对应和相依存的,权利的有限性与规则性义务的有限性也是相对应的,但原则性的义务则是无限性的。区分这两种义务的概念是有必要的,对于准确把握义务的有限性之内涵是有助益的。一方面,原则性义务决定了强人工智能之于人类的依附地位,但具有相对独立性或称有限性,这是地位的有限性也是性质的有限性;另一方面,规则性义务对强人工智能设定了与其有限权利相对应的有限义务,这是具体内容上的有限性。由此可见,强人工智能的有限权利和有限义务(规则性义务)是互为依存、相互对应的,但其还负有绝对的原则性义务,这意味着强人工智能的义务优于权利,强调义务本位,而且是以人为本的义务本位。这种设置是合乎政策、法理和民意的。

3. 责任的有限性

责任又称为第二性义务,系因主体对义务的违反而生。原则上,强人工智能可以独立承担责任,因为其享有权利和负有义务,这是承担责任的基本前提。具体而言,强人工智能享有人身权和财产权,前者是其承担责任的人身基础,后者是其承担责任的财产基础。人身基础决定了承担责任的可欲性,财产基础决定了承担责任的可能性。因强人工智能的权利和义务的有限性,其独立承担责任也是有限的,责任的有限性归因于或受制于权利和义务的有限性。另外,当强人工智能的主体性面纱被刺破之时,其责任的有限性就会再次被揭示出来,与此同时会发生替代责任,需要强人工智能的设计者、生产者或归属者替代其承担责任,以形成一个循环、完整的权利义务责任链条。因此,责任的有限性有二:一是独立责任的有限性,这归因于权利义务的有限性;二是替代责任的有限性,这归因于对其本质规定性的违反。

四、结语

本文对强人工智能的主体性作出了一些与主题联系紧密的反思和修正,作为结语试图从其他的可能与本文主题不甚相关的视角来进一步地反思人类的过去、现在和未来,希望能借此提供一些反思性感悟。

生命科学的第一性原理是演化。人、猿相区别,不过是磨了几块石头,但这几块石头却磨了大约七百万年。我们现在所看到的许多物种,都是自然界在经历了无数次大

① J. M. Balkin, *Sidley Austin Distinguished Lecture on Big Data Law and Policy: The Three Laws of Robotics in the Age of Big Data*, Ohio State Law Journal, Vol. 78:5, p. 1217 - 1241(2017).

灭绝之后才走到今天的，其中有奥陶纪大灭绝、泥盆纪大灭绝、二叠纪大灭绝、三叠纪大灭绝，以及白垩纪、侏罗纪大灭绝等。在恐龙被灭绝之后，哺乳动物才开始生存。所以，生命是以极其偶然的方式产生的，人类也是如此。现代科学认为地球诞生于四十六亿年前，通过考古学家的研究我们知道，恐龙生活在三叠纪、侏罗纪和白垩纪时期，这三个时期加起来一共有一亿六千万年左右，从某种意义上或许可以说恐龙曾经统治了地球一亿六千万年，恐龙凭借自己强大的体型和力量站到了食物链的顶端，而人类的祖先智人是七万年前才开始存在的。如果将每 1 万年换算成 1 天(不恰当但形象的比喻)，那么，人类存在的时间只有 7 天，而恐龙存在的时间则是 16,000 天(近 44 年)。

举这个例子，是为了提醒作为现在地球统治者切忌肆意妄为、妄自尊大，尽管人类拥有很强的创造力，但同样具有很强的破坏力，湮灭了许多各具意义的事物。或许人类自视不可替代，但至少要以地球为生存基础，并非无所不能。人类之所以自信地存在，是因为还没经历“偶然地”灭亡，人类所有的讨论之所以存在都是因为还“偶然地”活着。历史是发展的，在以前看来不可思议的想法或事物，现在看来是如此平常；同样地，在现在看来荒诞不经的想法或事物，未来再看也许就是正常的。申言之，未来的可能性是无限且不确定的，人类不必自视甚高从而不愿承认强人工智能的主体性，也不必惶惶终日而不敢承认强人工智能的主体性。

数字经济与法治

非同质代币化数字作品的
版权困境与制度革新

杨锦帆* 郑 飞**

摘 要：非同质化代币(No – Fungible Token, NFT)是区块链技术的新兴应用场景，其本质是一种"液态"的权益凭证。NFT数字作品的出现改变了以往数字作品的流通和交易模式，带来了版权确权、用权的新生态。与其广阔的发展前景相比，非同质代币化数字作品的发行、交易、传播利用的相关版权困境越发凸显，主要包括NFT数字作品的认定问题、交易性质问题、传播利用过程中相关主体的权利及义务问题。在梳理总结相关版权困境的基础上，从版权法客体、主体、特殊规定三个角度出发，可得出版权制度革新的总体思路。

关键词：非同质化代币；NFT数字作品；版权困境；公共领域保留制度

从2021年年初开始，NFT迎来爆发。NFT是非同质化代币(Non – Fungible Token)的英文缩写，代币分为同质化和非同质化两种。同质化代币可相互兑换、可分割为较小的部分，所有代币具有相同的属性。比如比特币就是一种同质化代币，不同用户所拥有的比特币之间并没有什么区别。而NFT则具有独一无二、不可分割、不可复制的特点，因此NFT可应用于数字藏品、游戏资产和虚拟世界(如元宇宙)等领域，提供了一种标记数字资产所有权的方法。2021年3月，艺术家迈克·温科尔曼(艺名Beeple)创作的NFT数字艺术作品在佳士得拍出6934万美元，彻底引爆了NFT的热潮。①

---

* 西北政法大学数字法学研究院执行院长、副教授，美国康奈尔大学访问学者。

** 西北政法大学法治与科技发展研究室研究员，西北政法大学硕士研究生。

① 艺术家迈克·温科尔曼(艺名Beeple)创作的《每一天：前5000天》，是世界上第一件在传统拍卖行出售的纯数字作品。它是一件NFT作品，2021年3月以6934万美元(约合人民币4.5亿元)落槌，成为在世艺术家作品拍卖史上价值第三高的艺术品。

随着NFT火爆全球,国内市场也迅速跟进。2021年6月,阿里巴巴与敦煌美术研究所联合发布了数款NFT;2021年8月,阿里拍卖上线“光笺”NFT数字收藏产品展示平台;2021年8月,腾讯发布国内首个NFT交易App“幻核”;腾讯音乐也联合歌手发行多个NFT数字音乐藏品。

在“万物皆可NFT”的时代,NFT数字作品的市场越来越广阔,作品的发行和传播利用形式日益复杂化、多元化,与之相关的版权问题逐渐暴露。首先,本文从NFT数字作品的概念出发,以期厘清NFT数字作品在版权语境下的法律内涵。其次,对NFT数字作品的发行、交易、传播利用三个环节进行分析,提出每个环节存在的版权问题。如NFT数字作品的认定问题、作品交易性质问题、传播利用过程中相关主体的权利及义务等问题。最后,对以上问题作出回应,并提出数字时代新型的公共领域保留制度。

一、非同质代币化数字作品在版权语境下的内涵

探究NFT数字作品的版权困境,应厘清NFT数字作品的概念内涵。NFT是区块链技术的一个应用场景,每个NFT都是独一无二、不可分割的,其利用区块链技术发行,具有权属清晰、数量透明、转让留痕等特征。① 以往数字作品始终存在确权难问题,从数字作品的版权归属,到数字作品每次流转记录的认可,都缺少长久有效且具有公信力的方案。NFT数字作品由于自身特性可以映射虚拟商品,成为虚拟商品的交易实体,使虚拟商品资产化,从而提供一种“流动”的数字资产所有权,其范围涉及艺术、音乐、社交、体育、游戏、门票等领域。基于区块链技术的NFT数字作品,使购买人拥有了数字资产,并且该资产附带有真实的数字凭证。

版权法是法律赋予民事主体对作品及相关客体所享有的权利,“保障权利人能够从他人对作品或相关客体的特定利用行为中获得报酬,从而对作品和相关客体的制作起到了激励、鼓励作用”②。可以看出,版权法通过对作品进行界定和对传播与利用行为进行规制,从而实现其促进文化事业发展,以及保障著作权人利益的功能。“一部著作权法的发展史,也就是技术发展进步的历史,每一次新技术的发展都会对著作权法造成深刻的影响”③。NFT数字作品的出现,使版权法的客体调整范围扩大到作品传播与利用行为发生改变。

NFT数字作品是一种新型的虚拟财产。“网络虚拟财产是指存在于与现实具有隔

① 参见于佳宁、何超:《元宇宙》,中信出版集团股份有限公司2021年版,第67页。

② 王迁:《著作权法》,中国人民大学出版社2015年版,第1页。

③ 吴汉东:《著作权合理使用制度研究》,中国政法大学出版社1996年版,第223页。

离性的网络空间中、能够用现有的度量标准度量其价值的数字化的新型财产”①。虽然在学术界,关于网络虚拟财产的法律解释还存在“物权说”“债权说”“新型权利说”“知识产权说”等不同观点,但《中华人民共和国民法典》已经将网络虚拟财产规定为民事权利客体,该法第127条规定:“法律对数据、网络虚拟财产的保护有规定的,依照其规定。”可见,“虚拟财产是权利客体,是毫无疑问的正确结论”②。当NFT数字作品在交易平台作为商品出售时,同一客体既是作品又是商品。“在该客体之上,既有其作为作品的著作权,又有其作为商品的财产权。”③所以,NFT数字作品在符合版权法客体特征的情形下,也应纳入其调整范围。

NFT数字作品改变了网络环境下数字作品的传播与利用行为。以往的数字作品的交易模式为用户通过向著作权人支付一定的费用可以获得特定数字作品的访问权限。比如在视频平台购买的一部电影,在音乐平台购买的一首歌曲,在文学平台购买的一部小说,用户得到的并不是电影、歌曲、小说的财产权,而是基于合同关系产生的访问作品的权利,用户在购买数字作品之后无法将其转售、赠予他人。相较之下,用户购买NFT数字作品,既拥有了访问该作品的权利,又拥有了该作品的财产权,在NFT数字作品交易过程中财产权发生了转移,NFT数字作品拥有者可以将其转售、赠予他人。

所以,NFT数字作品在版权语境下的内涵应为数字作品代币化及传播与利用行为新型化演进趋势。代币化是NFT数字作品的最终展现,传播与利用行为新型化是NFT数字作品的必然趋势。代币化的数字作品使版权法的调整范围扩大,又由于其自身可以一对一锚定数字资产,解决了数字资产唯一性问题,从而又使其传播与利用行为发生改变,使NFT数字作品在交易之后,财产权发生了转移。

NFT数字作品本身及相应的传播与利用生态对作品的发行、交易、传播产生了实质性影响,因而使版权制度面临新的困境和革新的必要。

二、非同质代币化模式中的数字作品发行与版权困境

(一)非同质代币化数字作品创作特征

NFT数字作品基于区块链技术发行,相较于传统数字作品,有如下特征。

1.作品发行便捷化。相较于数字作品著作权人将其作品(如电影、音乐、小说等)

---

① 杨立新、王中合:《论网络虚拟财产的物权属性及其基本规则》,载《国家检察官学院学报》2004年第6期。

② 杨立新:《民法总则规定网络虚拟财产的含义及重要价值》,载《东方法学》2017年第3期。

③ 陶乾:《论数字作品非同质代币化交易的法律意涵》,载《东方法学》2022年第2期。

授权给网络平台,再由用户支付对价获得访问特定数字作品权限的传统模式。NFT 数字作品的发行有两种模式:一类是著作权人通过其自己的网站或者移动 App 发行;①另一类是通过第三方发行平台,著作权人或是经授权获得许可人将作品上传到发行平台,平台收取一定的费用。② 无论哪种发行方式,著作权人经授权获得许可人均可将其数字作品高效、便捷地发行,并通过区块链技术确权,此外,区块链上记录的权属信息变更也发挥着公示效应。

2. 作品发行的“唯一性”和“稀缺性”。“区块链技术保证了加密资产的稀缺性,避免因信息的无限复制而使数字资产持有和交易变得无意义”③。“版权制度所经历的传播技术发展阶段可以被概括为印刷技术时期、模拟技术时期和数字技术时期三个阶段。”④现在所处的数字技术时期,盗版数字作品变得异常简单,只需“复制”再“粘贴”,所得到的数字作品复制件即与原版无异。基于区块链技术的 NFT 使每一个数字作品具有“唯一性”和“稀缺性”,解决了数字作品所有权证明的问题,从而使数字作品的收藏和交易变得有意义。

(二)非同质代币化数字作品发行中的版权困境

1. 作品发行的认定困境。一方面,NFT 数字作品发行的便捷性和高效性,导致第三方交易平台上的作品鱼龙混杂,且创作质量参差不齐,部分作品创作中的智力投入程度低。例如,印度尼西亚大学生哈扎尔(Ghazal)通过全球最大的 NFT 交易平台 Open Sea 市场出售他的自拍照,共计出售 387 个 NFT,总收入超过 100 万美元;2021 年 3 月,时任推特 CEO 的公司联合创始人杰克·多尔西(Jack Dorsey)在加密资产市场平台 Valuables 上出售一个 2020 年 12 月“铸造”完成的 NFT,内容是其 2006 年发布的世界上首条推文。另一方面,存在未获得著作权人许可发行的 NFT 数字作品。例如,有用户在国内第三方交易平台上,铸造并发布“胖虎打疫苗”NFT 数字作品,与知名艺术家在微博上发布的插图作品完全一致。以上类型的 NFT 是否应当认定为法律意义上的作品,还有待明确。

2. 发行中的合理使用困境。利益平衡原则是版权法的基本精神和重要基础,也是

---

① 2021 年 12 月 17 日,阿迪达斯发售名为走进元宇宙 NFT 系列(“Into the Metaverse”的 NFT),该系列在阿迪达斯官网出售。2021 年 12 月 24 日新华社通过新华社 App 发行首批 NFT“新闻数字藏品”。

② 国外的知名 NFT 发行平台有 Open Sea、Supercar、Rarible,国内的主流 NFT 发行平台有阿里巴巴的鲸探、腾讯的幻核、百度的希壤、京东的灵稀等。

③ 司晓:《区块链数字资产物权论》,载《探索与争鸣》2021 年第 12 期。

④ 李杨:《著作权法个人使用问题研究:以数字环境为中心》,社会科学文献出版社 2014 年版,第 72 页。

合理使用制度的立法动因。① 我国学者对合理使用作出如下界定：在法律规定的条件下，不必征得著作权人的同意，也不必向其支付报酬，基于正当目的而使用他人著作权作品的合法行为。② 我国著作权法受制于20世纪时代背景和技术条件确立的合理使用制度，已经无法满足当前的实践需要，也无法跟上技术发展的步伐，对此应该适时进行理论和制度更新。③ NFT数字作品的出现增加了作品的发行和利用方式，其结果必然打破了版权理论的平衡状态，只有经过制度革新才能使作品的保护和使用达到一种新的平衡状态。《中华人民共和国著作权法》第24条第1款第13项规定了“法律、行政法规规定的其他情形”，该项规定为兜底条款，我们应结合此项规定对以NFT数字作品为代表的区块链数字资产引入合理性使用制度。

3. 发行作品本身及利益归属困境。著作权人或经授权获得许可人通常选择在第三方平台发行NFT数字作品，NFT数字作品的发行相较于数字作品的传统发行与确权模式，高度依赖NFT发行平台。传统版权保护模式需要将数字作品在相关网站进行版权登记，才能确认权利人，未经版权登记的作品无法获得权利证明。且由于数字内容易于复制，难以确权，数字作品往往存储于某一商业公司的服务器中，几乎没有可供数字作品安全交易的场所。NFT发行平台将数字内容上链，从而解决了作品确权、稀缺性、存续性的问题。第三方平台在NFT数字作品的发行中扮演了至关重要的角色，在NFT数字作品的发行与流通环节具有较大的话语权，若其通过格式条款规定发行人铸造的NFT数字作品版权归平台所有，该“霸王条款”是否应当有效？此外，NFT数字作品在发行和交易过程中所涉及的利益该如何分配？（费用类型主要有NFT数字作品的首次销售服务费、二次销售服务费、创作者版税、Gas费等。）以上因NFT数字作品的发行所产生的新问题，都需要更加完善的版权法理论去指导解决。

三、非同质代币化模式中的数字作品交易与版权困境

（一）非同质代币化数字作品交易的法律性质困境

探究NFT数字作品的法律属性是研究NFT数字作品交易法律性质的立足点。毫无疑问，以区块链技术为基础的NFT数字作品应用已经落地，未来在艺术品领域、收藏品领域也具有广阔的前景，但NFT数字作品法律属性尚不明晰。NFT数字作品属于虚拟财产，“虚拟财产是指在网络环境中用数据代码形式记录并存储于虚拟空间的、以数

---

① 利益平衡是指版权方、传播方、使用方之间，个人利益与社会利益之间，权利与义务之间的平衡。

② 参见吴汉东：《著作权合理使用制度研究》，中国政法大学出版社1996年版，第149页。

③ 参见袁锋：《元宇宙空间著作权合理使用制度的困境与出路——以转换性使用的界定与适用为视角》，载《东方法学》2022年第2期。

字化形式呈现的现实世界或现象中物品的模拟物”[①]。虽然在《中华人民共和国民法典》中将虚拟财产规定为权利客体,[②]但并没有明确说明虚拟财产属于哪种民事权利客体。学界也一直存在争论,杨立新、王中和认为网络虚拟财产是物权的客体;[③]王雷认为网络虚拟财产是债权的客体,而不能是物权的客体;[④]石杰、吴双全认为网络虚拟财产属于智力成果,应当认定为知识产权的客体。[⑤]

无论是物权客体说、债权客体说还是知识产权客体说,其提出均在2008年区块链技术诞生之前,虚拟财产的研究范围主要集中于网络虚拟账号以及网络虚拟物品,如QQ号、游戏装备等。随着区块链技术的产生以及相关应用场景的落地,以NFT为代表的区块链数字资产逐渐走进人们的视野。其法律属性问题也自然引起学界的关注,司晓认为区块链数字资产属于虚拟财产中的特殊物,具有物的管理可能性、转移可能性、客观价值性,应当适用物权规则调整,而对具有弱控制性和弱支配性的其他网络虚拟财产应以财产权益进行保护。[⑥] 陶乾认为,“当数字作品的复制件进入流通领域作为商品出售时,同一个客体既是作品又是商品”,NFT数字作品交易的本质是财产权的转移。[⑦],财产权包括物权、债权以及知识产权中的财产权利,将其认定为财产权的转移而没有探究NFT数字作品具体的法律属性,也能看出学界对此问题无法达成一致意见。

可见,无论是传统类型的虚拟财产还是以NFT为代表的新型虚拟财产,其法律属性问题都引起了学界的关注和讨论。传统虚拟财产的法律属性问题至今尚未明确,NFT数字作品的法律属性在短期内也难有定论。将其划分到已有民事权利客体范围内,还是为其另设新的权利客体?在可预见的NFT数字作品广阔市场前景必然到来的情况下,明确其法律属性这一关键问题是绕不开的,这一问题也考验着立法者的智慧以及版权法的革新是否跟得上科技发展的脚步。

(二)非同质代币化数字作品交易行为引发的版权困境

虽然关于NFT数字作品的具体法律属性在学界暂无定论,但在具体的司法实践

---

① 瞿灵敏:《虚拟财产的概念共识与法律属性——兼论〈民法总则〉第127条的理解与适用》,载《东方法学》2017年第6期。

② 参见《中华人民共和国民法典》第127条规定:“法律对数据、网络虚拟财产的保护有规定的,依照其规定。”

③ 参见杨立新、王中和:《论网络虚拟财产的物权属性及其基本规则》,载《国家检察官学院学报》2004年第6期。

④ 参见王雷:《网络虚拟财产权债权说之坚持——兼论网络虚拟财产在我国民法典中的体系位置》,载《江汉论坛》2017年第1期。

⑤ 参见石杰、吴双全:《论网络虚拟财产的法律属性》,载《政法论丛》2005年第4期。

⑥ 参见司晓:《区块链数字资产物权论》,载《探索与争鸣》2021年第12期。

⑦ 参见陶乾:《论数字作品非同质代币化交易的法律意涵》,载《东方法学》2022年第2期。

中，中国 NFT 第一案的判决系统论述了数字藏品的性质、数字藏品交易模式下的行为界定、数字藏品交易平台的属性等问题。NFT 交易对象是作为数字商品的数字作品本身，交易产生的法律效果表现为财产权的转移。腾讯的 NFT 数字作品交易平台幻核在《幻核软件许可及服务协议》里规定"数字藏品的知识产权由发行方或其他权利人拥有。上述权利并不因您购买数字藏品的行为而发生任何转移或共享。除另行取得拥有数字藏品知识产权的权利人书面同意外，您不得将数字藏品用于任何商业用途"①。阿里巴巴的 NFT 数字作品交易平台在《蚂蚁链数字藏品平台用户服务协议》中规定"您购买相关数字藏品后，您的购买者信息将记录在数字藏品的元数据中，作为您持有该数字藏品的权利凭证"②。由两大互联网公司的用户协议可以看出，其仅明确了用户持有数字作品的权利，并未对其他权利进行说明。

从 NFT 数字作品交易平台的规定可以看出，NFT 数字作品交易仅发生了财产权的转移，版权仍归著作权人。但持有者是否享有 NFT 数字作品的展览权、在何种网络场合拥有何种程度的展览权？持有者拥有 NFT 数字作品的所有权，是否意味着可以使用、收益、处分数字作品，又该如何实现使用、收益、处分数字作品的权利？在 NFT 数字作品交易过程中产生的以上问题仍待商榷。

四、非同质化代币模式中的数字作品传播利用与版权困境

（一）NFT 数字作品购买者的权利边界

国外的 NFT 数字作品交易平台上，购买者在购买 NFT 数字作品后，用户可将 NFT 数字作品提取到自己的钱包，也可将其出售给他人。也就是说"NFT 持有人对其 NFT 所享有的权利包括排他性占有、访问、控制、使用、收益和处分等"③。但 NFT 数字作品进入我国后，为防范金融性风险，弱化了 NFT 作品的金融投资属性，更加强调 NFT 作品的艺术价值和收藏价值。如我国的主流 NFT 数字作品平台基本上不允许 NFT 数字作品持有者将其出售或者赠予，即使个别平台允许将 NFT 数字作品赠予他人，条件也是极为苛刻的。④ 可见，我国的 NFT 数字作品平台仅开放了一级市场，NFT 数字作品持有人所获得的财产性权利是不完整的。作品持有人仅拥有象征性展示的权利，如持有人可以将带有作品名称、作品创作者、收藏者、藏品编码、收藏时间等信息的页面下载下来展示。这是由于 NFT 数字作品进入我国的时间还不长，且政策较为严格，平台

---

① 《幻核软件许可及服务协议》第 7 条第 2 款。

② 《蚂蚁链数字藏品平台用户服务协议》第 4 条第 1 款第 3 项。

③ 司晓：《区块链非同质化通证（NFT）的财产法律问题探析》，载《版权理论与实务》2021 年第 7 期。

④ 鲸探 App 允许用户持有 NFT 数字作品满 180 天以后将作品赠予他人，但禁止交易。

方对持有人的权利规定保持谨慎。

2022年4月13日,中国互联网金融协会、中国银行业协会、中国证券业协会联合发布《关于防范NFT相关金融风险的倡议》,主要有两方面:其一,坚持守正创新,赋能实体经济,发挥NFT在推动产业数字化、数字产业化方面的正面作用。其二,坚决遏制NFT金融化证券化倾向,从严防范非法金融活动风险。2022年4月20日,在中国NFT第一案的判决中,也系统论述了数字藏品的性质、数字藏品交易模式下的行为界定、数字藏品交易平台的属性(NFT交易对象是作为数字商品的数字作品本身,交易产生的法律效果表现为财产权的转移。NFT交易平台为网络服务平台)。可见,我国无论是在政策层面还是法律实务层面,都支持NFT在促进文化艺术产业发展方面发挥积极作用。一旦我国技术和政策发展成熟,势必会逐步开放NFT数字作品二级市场,持有者的权利也会扩大,但持有者的权利边界仍需探索,需要在促进社会文化产业繁荣的前提下,保障著作权人和持有人的权利,平衡好相关方的利益。

(二)NFT数字作品交易平台在作品传播与利用中的义务与责任

NFT数字作品在发行时,部分平台对发行人是否拥有该作品的著作权未尽到审查义务。NFT数字作品平台最主要的目的是获取利润,如果对发行人是否拥有作品的版权进行审查,势必要增加其运营成本。所以,平台通常将审查义务与侵权责任转嫁到购买者与发行人身上。如阿里巴巴的鲸探App在其服务协议中规定"数字藏品的图文展示、介绍、创作者等相关信息均由发行方提供,所有数字藏品的内容和版权由发行方承担责任。您应当通过对平台接触到的内容及其准确性、完整性和有效性自行审慎判断并承担由此引起的相应风险"。其他主流交易平台也有类似规定。对于购买者来说,其没有资源和能力去验证发行人是否拥有作品的版权,平台如此规定是不合理的。目前,并没有法律明确规定NFT数字作品平台在作品传播与利用中所应承担的义务以及作品侵权后平台应承担哪些责任。仅靠平台"自律"是不可能的,应综合考虑平台性质、技术难度、审查成本、平台盈利等方面情况,规定平台应尽义务,对平台进行"他律"。

五、非同质代币化数字作品版权困境破局及制度革新的总体思路

上文通过对NFT数字作品中存在的版权困境进行梳理,为版权法的制度革新提供了思路与基础。本文限于篇幅虽不可能针对这些繁多复杂的问题作出具体分析和提出解决方案,但从版权法理论出发,对这些问题进行归纳总结,并提出版权法制度革新的初步解决思路是十分必要的。虽然NFT技术的发展带来的版权问题是繁多的、复杂的、琐碎的,但解决问题的顶层制度设计仍应尽可能做到协调和系统化,以协调一致的

思维方式将无序变得有序,使问题得到更有效、更彻底的解决。

具体来说,在 NFT 数字作品的发行、交易、传播利用三个环节中,NFT 数字作品最主要的版权困境包括 NFT 数字作品的法律属性、NFT 数字作品相关方的权利及义务、NFT 数字作品的传播利用行为,它们分别对应版权法制度中的客体、主体、特殊规定的内容,从以上三个角度出发,可得出如下较为清晰的问题解决思路。

(一)关于 NFT 数字作品的认定及法律属性困境

我国《著作权法》第 3 条规定:"本法所称的作品,是指文学、艺术和科学领域内具有独创性并能以一定形式表现的智力成果……"可见,对"作品"的这一定义,包含了四个方面:(1)"作品"必须是人类的智力成果;(2)"作品"必须是能够被他人客观感知的外在表达;(3)作品必须是文学、艺术和科学领域的智力成果;(4)只有具有"独创性"的外在表达才是"作品"。[①] 只有符合以上四个要素,才有可能被认定为"作品"。

对于 NFT 数字作品来说,由于其发行几乎没有什么门槛,任何人均可将任何类型的数字作品铸造为 NFT 发行,因此也出现了许多低智力劳动、低创造性的 NFT 数字作品。比如,有人将推特上的文字作为 NFT 数字作品发行,售价高达 290 万美元,也有人将自己的自拍照片作为 NFT 数字作品发行,同样获利百万美元。这些低智力劳动、低创造性的 NFT 数字作品能否被认定为版权法保护范围内的"作品"? 对于我国来说,为了避免炒作、非法集资的金融风险,过多强调的是 NFT 数字作品的艺术价值和收藏价值,NFT 数字作品本质上是将资产数字化、艺术数字化的一种理想载体。低智力劳动、低创造性的 NFT 数字作品是不具备艺术价值和收藏价值的,因此,对于 NFT 数字作品的认定应当符合《著作权法》第 3 条的要求。

NFT 数字作品是一种虚拟财产。虚拟财产具有虚拟性、依附性、行使方式的特殊性,但也具备物的独立性、特定性和支配性。[②] 虚拟财产作为一种民事权利客体,究竟属于哪一具体的权利客体,自 2004 年学界争议至今无果。但 NFT 数字作品相较于传统虚拟财产(网络账号、游戏装备)具有客体特定性,而物权的本质是权利人对特定客体的支配权。[③] 虽然我国的所有权的客体是指动产和不动产两类有体物,但有部分国家的民法还将无体物包含在物权的范围之内,如意大利、奥地利、荷兰的民法均认为物包括有体物和无体物。随着技术发展,在数字化、智能化时代,抽象化、非物质化的无形财产不断涌现,[④]物的范围从有体物扩大到无体物是满足时代进步的必然要求。特

① 参见王迁:《知识产权法教程》(第 7 版),中国人民大学出版社 2021 年版,第 54 ~ 59 页。

② 参见高郦梅:《网络虚拟财产保护的解释路径》,载《清华法学》2021 年第 3 期。

③ 参见孙宪忠:《中国物权法总论》(第 4 版),法律出版社 2018 年版,第 40 ~ 41 页。

④ 参见吴汉东:《无形财产权的若干理论问题》,载《法学研究》1997 年第 4 期。

别是 NFT 数字作品出现以后,著作权人对作品的支配能力,不会因为作品是以数字方式呈现而弱于传统作品。在 2022 年 4 月 21 日中国 NFT 第一案的判决书中,法官认为"NFT 交易实质上是'数字商品'所有权的转移"①。因此,将 NFT 数字作品的法律属性归为物权,在学理上和司法实践上都有据可循。

(二)关于 NFT 数字作品发行人、购买人和发行平台的权利与义务

NFT 数字作品的发行人可以是著作权人或经授权获得发行许可人,通常情况下发行人即为著作权人。在 NFT 数字作品出售之前,著作权人享有 NFT 数字作品的所有权以及作品的著作权,在 NFT 数字作品出售后,作品的所有权发生转移,但著作权不发生转移,仍归著作权人所有,除非著作权人做出书面声明。此外,著作权人在发行时,还可以通过智能合约约定从作品未来的每次转让中获得报酬,这种权利类似于部分国家版权法中规定的追续权,追续权是艺术家从作品的转售中分享利益的权利。② 目前,全世界有 80 多个国家规定了追续权制度,我国在 2012 年《著作权法》修改草案中也曾提出要建立追续权制度。

国内 NFT 数字作品购买人享有有限的权利。相对于国外 NFT 数字作品购买人享有完整的排他性权利,包括占有、处分、使用、收益等权利,国内购买人所享有的权利仅限于占有,部分平台规定购买人可以在满足特定条件时将作品赠予他人。在技术和政策成熟之前,购买人的权利应当保持现状,以避免产生投机、非法融资等金融性风险。随着 NFT 市场走向成熟,可以适当扩大国内购买人所享有的权利范围。

"网络服务提供者在网络社会交往中负有一定注意义务以维持网络环境中的知识产权秩序。"③NFT 数字作品发行平台作为网络服务提供者,有义务在发现发行人上传的作品侵权的情况下,制止其侵权行为。同时,NFT 数字作品发行平台对数字作品具有较强的控制能力,具备著作权审查的能力和条件,发行平台在作品的交易中也会收取一定比例的佣金。因此,发行平台应负有较高的审查注意义务,包括事前审查注意义务和事中审查注意义务。例如,要求发行人出具著作权登记证书等证明。NFT 数字作品发行平台还应当根据平台服务的类型和特点、技术成本和可行性,结合平台的盈利模式、审核模式,制定具体的管理规则。

---

① 深圳奇策迭出文化创意有限公司诉杭州原与宙科技有限公司侵害作品信息网络传播权纠纷案,杭州互联网法院(2022)浙 0192 民初 1008 号民事判决书。

② 参见戴哲:《论我国创设追续权制度的正当性》,载《北方法学》2020 年第 4 期。

③ 司晓:《网络服务提供者知识产权注意义务的设定》,载《法律科学(西北政法大学学报)》2018 年第 1 期。

(三)建立数字时代的新型公共领域保留制度

为了加强对版权的保护,我国不仅制定了《著作权法》,而且还加入了《伯尔尼公约》、《与贸易有关的知识产权协定》和《世界知识产权组织版权条约》等重要的国际公约。其中《伯尔尼公约》第9条第2款规定:“本联盟成员国法律有权允许在某些特殊情况下复制上述作品,只要这种复制不致损害作品的正常使用也不致无故危害作者的合作利益”;第10条第1款规定:“从一部合法向公众发表的作品中摘出引文,包括以报刊摘要形式摘引报纸期刊的文章,只要符合善良习惯,并在为达到正当目的所需要范围内,就属合法”。可见,只要符合不影响作品的正常使用(不构成侵权)、不危害作者的利益、在为达正当目的所需范围内这三项条件,《伯尔尼公约》成员国公民就有权合法使用该作品。上述规定体现了“公共领域保留”这一原则,在国际知识产权公约中,“公共领域”这一概念也最早出现于《伯尔尼公约》当中。

公共领域保留制度引入,有利于作者与社会公众之间的利益平衡。[①] 版权本质上是一种私权,对著作权人的保护并不是版权法最终目的,它还承担着促进社会文化发展的功能。“但是,我们看到,在现代知识产权制度发展过程中,私人知识财产权得以扩张,知识财富的公共领域却不断缩小,从而造成权利拥有者个人利益与知识利用者的公众利益之间的冲突。”[②]尤其是NFT技术的出现,其不可篡改、可溯源、公开透明的特性,增强了著作权人对作品的版权控制,打破了个人利益与公众利益之间的平衡状态。人类的创作行为是一个吸收、参考、整合和利用先前智力成果的过程,作为创作行为的产物的作品势必会包含前人作品的元素。在数字时代,不管是个人单独创作NFT数字作品,还是机器自动化创作,都更加离不开公共领域的素材。因此,应当在版权法范围内建立数字时代的新型公共领域保留制度。

数字时代的公共领域保留制度并非以作品过了保护期限为前提,只需数字作品创作者同意该作品进入公共领域即可,从而使作品被其他创作者使用。美国宪法的知识产权条款,通过规定公共领域保留制度,将创造者的专有权利限制在一定时间和范围之内。[③] 但在数字时代,数字作品的创作需要更多的基础数据信息等要素,比传统作品更加依赖公共领域的素材基础,而且互联网上也有部分创作者自愿放弃自己数字作品的版权,希望作品进入公共领域传播。这说明以限制著作权保护期为特征的公共领域保留制度并不能很好地适应时代发展。

---

① 参见冯晓青:《公共领域保留视域下作品著作权保护研究——以作品中不受保护事实、题材为考察对象》,载《湖南大学学报(社会科学版)》2021年第1期。

② 吴汉东:《知识产权总论》(第3版),中国人民大学出版社2013年版,第233页。

③ 参见吴汉东:《知识产权多维度学理解读》,中国人民大学出版社2015年版,第340页。

知识共享组织(Creative Commons)提供了CC0版权许可协议,该协议为国际所广泛接受。该版权许可协议代表了原始创作者或拥有者在全球范围内放弃他们对作品的所有权利。采取了CC0协议的作品,表示著作权人已将其贡献到公共领域,无须著作权人同意,就可以复制、修改、发行和演绎。目前,NFT数字作品"Mfers"项目就已经采用了CC0协议。

公共领域保留机制的完善,增进了创作者信息的存储与获取,保障了社会公众的表达自由,能够实现信息的自由流通,促进公共教育,推动民主文化,契合文化强国、科技强国之战略。① 鉴于此,我国应当建立数字时代的新型公共领域保留制度,将已经过了保护期的作品、著作权人同意放弃版权的作品纳入公共领域,以避免数字作品权利无限扩张。但应注意的是,除获得作者同意外,还应考虑作品使用的目的、作品本身的性质、作品的数量以及对社会的潜在影响等因素。

通过以上对非同质代币化数字作品版权困境的分析,对解决思路的初步探索可知,制度革新并非一蹴而就。只能在正确思路的指导下,从版权法的客体、主体、特殊规定三个角度出发,平衡好发行人、购买人、发行平台之间的利益,平衡好个人利益与社会利益。同时,制度革新应当结合我国本土的实际需求,发挥非同质代币化数字作品的艺术价值和收藏价值,促进社会文化产业繁荣,努力实现产业数字化、数字产业化。

---

① 参见杨利华:《公共领域视野下著作权法价值构造研究》,载《法学评论》2021年第4期。

区块链何以改进公司治理：以监督为视角*

林少伟**　王玺凯***

摘　要：完善公司治理机制对于促进社会经济发展具有重要意义。促进公司治理能力发展，可通过改进公司内部监督与外部监督机制加以实现。传统的内部监督方式主要包含"一元模式"下的独立董事与"二元模式"下的监事会机制，但实践证明，上述两者"舶来品"在实现本土化的路径中表现出"水土不服"症状。而外部监督中的市场作用与社会治理又往往在实践中呈现出"姗姗来迟"的效果。区块链本身具有去中心化、分布式记账、不可篡改和自动执行等技术特征，对于增强公司治理的透明性、改进公司内外部监督具有重要作用。故此，通过区块链技术与监督机制的耦合可改进公司治理并提升公司治理能力现代化发展，如在内部监督中为独立董事与监事赋能、降低财务造假风险；在外部监督中完善信息披露机制、改良高级管理人员薪酬激励以及增强股东知情权。

关键词：公司治理；公司监督；区块链；监事会

区块链技术自 2008 年由中本聪发表的《比特币：一种点对点的电子现金系统》一文肇始，便逐年呈现迅猛腾飞之势。尤其近年来大数据、云计算、人工智能等科学技术及算法不断更迭换代与突破，更是令区块链技术的发展如虎添翼，迎来了"黄金时代"。2019 年 10 月 24 日，在中央政治局第十八次集体学习时，习近平总书记强调："我们要

---

* 重庆市教委人文社会科学重点研究基地项目"法定数字货币规制路径研究"（21SKJD018）、重庆市教委科技项目 2022 年基础研究项目"智能合约背景下法定数字货币契约之治探究"（KJQN202200309）阶段性成果。

** 西南政法大学民商法学院教授，公司治理法律研究中心主任。

*** 西南政法大学民商法专业硕士研究生。

把区块链作为核心技术自主创新的重要突破口,明确主攻方向,加大投入力度,着力攻克一批关键核心技术,加快推动区块链技术和产业创新发展。”①“区块链”已然走进大众视野,成为社会的关注焦点。实际上,现阶段区块链技术在现实世界中的应用早已令人应接不暇。2021年11月,在最高人民法院、最高人民检察院等6部门联合举办的“区块链在司法领域应用研讨会暨信息技术与法治建设科学与技术前沿论坛”中,最高人民检察院副检察长张雪樵表示,区块链以其独特的技术优势,在司法存证、跨部门数据共享互信等司法领域具有巨大的应用潜力。区块链司法联盟体系、电子数据信任体系的建立对于“数字公正”的实现至关重要。在域外,2016年美国最大的众筹“DAO”组织(Distributed Autonomous Organizations)利用区块链技术建立了一个没有任何科层结构的直接由投资者投票治理的风险投资基金,开创了纯粹分布式治理的先河,区块链在公司治理中的运用已不再是遥远的设想。然而,在传统的公司法语境中,公司权力结构往往由单一的少数群体所控制。在这种信息高度集中化的背景下,现行公司治理中的核心机制,即监督规则并不顺遂人意。内部监督中的独立董事与监事会形同虚设,无法在公司内部发挥其应有的作用,“监督疲软症”的现象屡见不鲜。外部监督中的“用脚投票”与社会规范又往往“姗姗来迟”,难以与内部监督相互协同发挥作用。而信息技术在公司治理中的应用,对组织内部主体参与治理的能力提升与成本降低具有重要意义。区块链技术中所使用的分布式记账和共识机制实现了从信息中心化到信息分散化的变革,使公司治理有可能实现从中心之治到分布治理的变迁。鉴于此,本文拟从现行公司监督机制的缺陷出发,探析采用区块链技术改进公司治理的可能承载形式,试图在降低法律制度成本与回应智能科技发展之间取得平衡。

一、公司治理的基础缺陷:理论反思

(一)公司治理相关理论的厘定与发展

公司治理,包括结构、行为和绩效三个层面,关注的是公司“责权利”关系,即权力配置、行为规则和各方的权利义务。公司治理作为一个有约束力的规则体系,首先源于公司法中的基础性权利义务框架配置,其次源于政府的指导性文件和证券交易所颁布的上市准则,以及会计准则等。而行业自律协会基于自我规制(self regulation)所颁布的规则,和商业伦理、社会责任等共同构成了外围规范。②

---

①《习近平:把区块链作为核心技术自主创新重要突破口　加快推动区块链技术和产业创新发展》,载《人民日报》2019年10月26日,第1版。

②　参见邓峰:《普通公司法》,中国人民大学出版社2009年版,第47页。

在不同的公司目的指引下,公司治理存在不同的理解方式。首先,最为狭窄的观念是将其理解为股东与管理人员之间的关系,即公司治理的目的就是确保股东的利益。[①] 现代公司法学者普遍认为,股东至上主义是影响现代上市公司董事会日常业务决策的主要因素。股东至上论(此处指激进的股东至上主义)思想高潮出现于2001年年初,当时来自哈佛大学和耶鲁大学法学院的克拉克曼和汉斯曼两位权威教授发表了《公司法历史的终结》,他们认为,股东至上思想战胜了其他企业目标理论。"学术、商业和政府精英"达成了一项规范性共识(normative consensus),即"对公司的最终控制权应该属于股东;公司管理者应为了股东的利益管理公司,……公开交易公司股票的市场价值是衡量股东利益的主要标准"。此种以股东为本位的公司价值观通常被称为"股东至上主义"。[②] 其次,对公司目的较为中性的理解是所有公司的参与者与利益相关者(包括股东、董事、经理人、员工、债权人、客户、供应商、所在地居民、政府等)之间的关系。[③] 企业管理学大师弗里曼(Freeman)在1984年将利益相关者定义为:任何能够影响或者受到"公司业绩""组织目的""企业目标""组织目标"或"绩效"影响的团体和个人。[④] 一般而言,弗里曼的定义被视为利益相关者概念明确化的重要标志,但从相关文献的梳理可以看出,利益相关者并非一成不变的概念,甚至也不是一个三言两语就可以描述清楚的概念。如果跳出商业活动这一狭窄领域,从更为广泛的视野看待利益相关者,则可将之描述为一个整体或者集合、集体、市场、社区网络、公众或社会。如果将利益相关者看作是一个个具体的个人组合,则其包括代理人、成员、参与者、伙伴、政党或其他载体。最后,对于公司目的中最为宽泛的理解则是将其视为一个复杂的约束集,以影响就"厂商"所产生的准租金所进行的事后谈判。[⑤]

(二)公司治理的缺陷反思

毋庸置疑,上述公司目的之间的差异,对于公司治理理论的发展具有重要的推动作用。但不可否认的是,两种理论均存在偏差,即理想化的制度设计在实践中屡遭碰壁。股东至上理论的优点不止寸善片长,如聚焦于单一目标有助于为董事提供更确定

---

① See Andrei Shleifer & Robert W. Vishny, *A Survey of Corporate Governance*, 52 Journal of Finance 737 (1997).

② See Henry Hansmann & Reinier Kraakman, *The End of History for Corporate Law*, 89 Georgetown Law Journal 439, 450 (2001).

③ 参见张维迎:《产权、激励与公司治理》,经济科学出版社2005年版,第2页。

④ See R. Edward Freeman, *Strategic Management: A Stakeholder Approach*, Cambridge University Press, 1984, p.46.

⑤ See Luigi Zingales, *Corporate Governance*, Macmillan Reference Limited, 1998, p.497.

的管理;为股东作出承诺并激励股东投资,有利于投资市场的"经久不衰";等等。然而在褒贬与夺之中,对股东至上的批评之声随着商业经济的持续发展越发震耳。股东至上本身的理论基础显然存在一些缺陷,如它并没有真正如我们所预想的那样为管理者带来更多的确定性,且许多正当性基础也存在诸多待商榷之处。

首先,股东至上主义的支持者认为股东至上主义当下应当致力于对股东长期价值的实现,如此该理论将不存在任何可与之过招的对手。[①] 可现实却是,近些年涌现的公司治理丑闻已然让股东至上的短视缺陷暴露无遗,甚至连狂热的拥护者也无法忽视这一明显缺陷。

其次,无论是传统的股东至上主义,抑或20世纪70年代崛起的激进股东至上主义,股东介入公司治理的程度或多或少大不如前,伯利最终也认识到现代商业公司这一现实。在《20世纪资本主义革命》一书中,伯利观察到公司法已经朝着这样一个方向发展,即允许董事在决定如何使用公司资产方面拥有几乎完全的自由裁量权,甚至包括决定将它们捐给慈善机构的权利。[②] 商业判断规则将董事的自由裁量权推向近乎绝对化的地位,股东至上论摇摇欲坠,甚至"名存实亡"。即便承认董事在法律上有义务实现股东利益最大化,但商业判断规则却几乎总是能够阻止法院审查据称违反该义务的董事决定。除此之外,目前流行观点认为公司权力重心从股东会向董事会的转移是公司发展的必然趋势。公司治理从股东会中心主义转变为董事会中心主义,是自由主义和社群主义互相牵制的博弈结果,二者呈现此消彼长之态势。社会思潮的演变,促进了社群主义对自由主义的修正,而董事会中心主义,则是实现社群主义价值观的最佳保障。

最后,股东至上论驱使管理者将企业的道德追求抛之脑后,其中因由在于实际上委托代理关系的"助纣为虐"。道德风险是委托代理关系的必然产物,而有限责任的发明进一步放大了风险外化的道德风险。代理人被要求按照他人要求行动,虽然代理人相较于委托人更了解营运情况,其极可能按自己的利益行事并忽略委托人的利益,但绝大部分时候代理人是一个"顺从"的执行者,他们几乎贯彻委托人即股东的最大化利益指令。

若董事只关心股东利益,对于需要资本、人力等多要素投资的公司而言,反而会妨碍资源要素的自由流动与配置。而随着资本多元化、人力多样化等推进,唯股东独尊

---

① See Henry Hansmann & Reinier Kraakman, *The End of History for Corporate Law*, 89 Georgetown Law Journal 439, 450 (2001).

② See Adolf A. Berle, *The Twentieth (20th) Century Capitalist Revolution*, Harcourt, Brace and Company, 1954, p. 169.

的局面已无可避免地遭受质疑和挑战,利益相关者论也由此勃兴。利益相关者论不再一味强调股东利益保护的沉疴旧路,转而对公司所涉及的诸多主体的利益进行通盘考虑和贯通性衡量。在公司治理结构上,推崇从股东利益独尊的治理方式转向多方利益主体参与的共治模式。利益相关者论的崛起,不仅动摇了股东至上论的牢固基础,也改变了公司内部权力配置模式,进而对公司法理念和规则安排产生了巨大影响。

尽管利益相关者论相较于股东至上论而言,具备其固有的优势,但利益相关者论却遭到学者的诸多质疑。例如,斯通尼(Stoney)与温斯坦利(Winstanley)教授将利益相关者论解读为"天真、肤浅与不切实际的"①,更有甚者认为,利益相关者论实际上"非常危险且毫无道理",因为其破坏了私有财产地位,否定了代理人对委托人之责任,进而变相破坏了财富。② 利益相关者论之理论缺陷与实践不足,主要存在以下几点。

第一,利益相关者论容易形成股东与董事的间隙与隔离。利益相关者理论使董事在决策中更加自由,进而会增加董事与股东之间的隔离,降低他们对股东的责任感。事实上,这些预期的结果可能在一定程度上促使一些公司高级管理人员支持利益相关者主义。对他们来说,对利益相关者的支持很可能是战略性的,即试图推进一个披着利益相关者外衣的管理主义,以获得公众青睐,但实际上高级管理人员可擅作主张,不必对任何主体承担实质性责任。

第二,利益相关者的概念难以精准界定。③ 主要困难之一在于难以确定与界定实际利益相关者之范围。④ 尽管众多学者对此有所尝试,如以是否具有合同关系、是否为公司生存必要条件、是否享有权利、是否能够直接与之交流、是否投入专用性资产以及是否对企业产生影响等五花八门的标准予以界定利益相关者的范围,但这一概念仍被认为是模糊、不清晰的。⑤ 而且,不同学者对于"利益相关者"外延范围的划定呈现出从窄到宽的趋势。然而,这一概念外延的不断扩伸,也会导致利益相关者论变得毫无价值。正如西蒙·迪肯(Simon Deakin)教授与艾伦·休斯(Alan Hughes)教授所言:"倘

---

① See Christopher Stoney & Diana Winstanley, *Stakeholder Confusion or Utopia? Mapping the Conceptual Terrain*, 38 Journal of Management Studies 587 (2001).

② See Elaine Sternberg, *The Defects of Stakeholder Theory*, 5 Corporate Governance: An International Review 1, 3 (1997).

③ See Mohammed Omran, Peter Atrill & John Pointon, *Shareholders Versus Stakeholders: Corporate Mission Statements and Investor Returns*, 11 Business Ethics A European Review 318 (2002).

④ See Yves Fassin, *The Stakeholder Model Refined*, 84 Journal of Business Ethics 113 (2009).

⑤ See Eric W. Orts & Alan Strudler, *The Ethical and Environmental Limits of Stakeholder Theory*, 12 Business Ethics Quarterly 215 (2002).

若利益相关者论涉及范围之广,以至于涵盖更为广泛的个人与群体利益,例如潜在的消费者与社会利益,则利益相关者论可能变得无关紧要。”①

第三,利益相关者论会导致董事决策困难。利益相关者论预先假定一个事实,即董事在经营管理中会平衡所有利益相关者的利益。这种所谓的利益平衡可谓是利益相关者理论的一个关键要素,也是该理论具有吸引力和诱惑力的缘由之一。但实际上,用该理论支持者的话来说,“平衡和整合多重关系和多重目标”是一种“永无止境的任务”。② 因此,对于利益相关者论而言,其所谓的利益衡平实质上难以实现。同时,这也提出了进一步的担忧,即平衡利益的过程可能导致董事走向机会主义,以牺牲他人的利益来满足自己私利,或者逃避本应承担的责任,因为董事最终只对一个模糊的群体负责。由此可见,利益相关者论使董事在决策之时面临以下问题:第一,董事需要考虑哪些利益相关者;第二,董事如何解决不同群体的利益诉求;第三,利益相关者群体内部异质化如何解决。

二、公司治理的现实困境:脱离监督

有人说,公司制度的发明改变了整个人类社会的经济发展史,其产生的意义甚至超过了蒸汽机和电的发明。从某种程度上来说,没有发达的公司制度就无法形成有效的市场机制。因此,完善公司治理机制对于整个资本市场的发展意义重大。公司治理体系的核心因素,就法律规则而言,通常源于不同的监管者。③ 如今,人们普遍区分公司内部和外部治理机制。前者涉及运用公司法给予的手段对公司中的决策施加影响,而后者根植于有关公司股份的资本市场,因为出售股份的可能性是一种具有多面性的反应和施压手段。在上述公司目的分歧的背景下,股东至上主义与利益相关者理论分别从不同的角度出发,延伸出一系列公司的内外部监督机制。不同的公司目的理论会影响监督目标,如公司绩效,公司决策合理性,内部系统的权威服从,不同利益攸关者的权利与利益,法律、社会规范人权标准或道德尺度的遵守等。有时候,即使双方拥有同一目标,由于公司处在法律权威之下和市场之中,也会存在内部监控和外部监控之间的权衡问题。这与公司的管理权力和股东权利的多重实现机制原理是一致的。

---

① Simon Deakin, *Comparative Governance: An Interdisciplinary Agenda*, 24 Journal of Law and Society 1 (1997).

② See R. Edward Freeman & John McVea, *A Stakeholder Approach to Strategic Management*, Blackwell Publishing, 2001, p. 194.

③ 参见[德]斯蒂芬·格伦德曼:《欧盟公司法(上册):基础、公司治理和会计法》,周万里主译,法律出版社2018年版,第306页。

(一)内部监督

内部监控(internal control),或者称为监督(monitor),是指对公司内部的行为,尤其是管理人员的行为进行监督、控制的公司治理制度。在 Enron 丑闻后[①],成文法不断加强对公司内部监控的要求。有学者认为,公司监督者的作用本来是直接阻止公司贪赃(looting)和毁坏文件,后来,他的角色和义务慢慢地扩展。在取得当事人完全同意的基础上,现在他不仅仅是一个财务看门人(watchdog)(这要求他有节省公司成千上万的金钱的能力),同时也是一个监督者(overseer),需要采取大量措施以改进公司内部监控和公司治理。[②] 实践中,尽管《中华人民共和国公司法》通过法律移植或本土创新等顶层设计添置了诸多内部监督规则,但囿于实际情况的复杂性与多变性,公司内部监督的实际情况不够理想。

1. 独立董事不独立

独立董事制度源于英美法系,有时候也被称为外部董事,或者称为外部独立董事。通说认为,独立董事源于美国。由于美国公司的股权结构是高度分散的,股东之间因为利益冲突往往难以形成高度紧密的集合体来对抗公司的直接管理者。因此,遵循此种逻辑制定独立董事制度的目的在于削弱管理层利益,维护股东意志。通说认为,独立于公司董事会的非执行董事在理论上能够解决管理层剥削股东的问题。[③] 然而,这种被认为是金科玉律的独立董事制度在我国运行的 20 多年可谓是一路坎坷:实践中的效果乏善可陈,理论上的批评不绝于耳。“花瓶董事”“人情董事”的标签也一直如影随形,甚至有学者总结了独立董事在我国的现状:上市公司选择可能对公司有帮助的人担任独立董事,独立董事每年参加数次董事会,尽其所能审阅议案并签字通过,默默祈祷公司千万不能发生需要董事承担责任的不法事项,监管机构及投资者大体上也对这个群体温柔以待,如此各自安好。制度运行的整体基调是“不求有功,但求无过”。[④]

独立董事制度相较于监事制度能够发挥至少三方面的优势:第一,独立董事具有

---

① 安然事件(the Enron Incident),是指 2001 年发生在美国的安然(Enron)公司破产案以及相关丑闻。安然公司曾经是世界上最大的能源、商品和服务公司之一,名列《财富》杂志“美国 500 强”的第 7 名,自称全球领先企业。然而,2001 年 12 月 2 日,安然公司突然向纽约破产法院申请破产保护,该案成为美国历史上企业第二大破产案。严重挫伤了美国经济恢复的元气,重创了投资者和社会公众的信心,引起美国政府和国会的高度重视。

② See Vikramaditya Khanna & Timothy L. Dickinson, *The Corporate Monitor: The New Corporate Czar?* 105 Michigan Law Review 170 (2005).

③ 参见易仁涛、闫梓睿:《独立董事制度取舍论》,载《法学杂志》2011 年第 8 期。

④ 参见曾洋:《重构上市公司独董制度》,载《清华法学》2021 年第 4 期。

某些监事会不享有的特殊权利,如在决策过程中对关联交易发表意见,深度影响决议形成的过程;第二,独立董事是董事会内部的一员,独立董事的存在把监督过程与公司的经营决策行为密切结合,更容易发现问题;第三,独立董事大多由会计、法律领域的专家担当,比监事更具专业优势。然而,独立董事制度在实际中的运行效果却不尽如人意。上市公司中的重大事项往往由股东大会决定,无论是生产经营、投资担保、并购分立还是人事任免等皆是如此。有研究表明,独立董事的数量、任期与公司业绩成反比,与其行业专长对公司业绩的促进作用同样成反比。① 更具有讽刺意味的是,具有法律背景的独立董事与上市公司披露的违规犯罪次数呈显著负相关关系,而与犯罪行为被稽查出的时间呈显著正相关关系,说明有法律背景的独立董事在上市公司中不仅没有起到监督作用,反而包庇了上市公司的违规行为。②

从逻辑上讲,让股东选举出的董事监督股东本身就违背了"监督者不能自我监督"原则,更不要说独立董事往往只是一部分人的兼职,如果兼职担任独立董事的收入大致相当于甚或远高于本职的薪资时,其难免对这份兼职以及兼职服务的公司,甚至提供这个机会的大股东产生依赖的情感和继续保留这份兼职的愿望。独立董事制度在美国生根发芽有其独特的传统文化制度和经济背景,独立董事在英美等国被发展、强化的宏观背景是财务丑闻曝光、市场信心不振、金融危机爆发,微观原因是经理权力膨胀、代理成本畸高、内部监督失衡,战略投资者和长期股东的比例明显提升后,公司中形成了强化内部监督的强烈需求。我国虽然也存在大股东控制的情形以及监事会失效的困境,但独立董事制度的形成并非市场的自发选择,更多缘于公司在我国香港特别行政区等市场融资的要求与监管强制性制度变迁的综合作用。③

2. 监事与监事会虚置化

监事会的信息权是其监督权的基础和根本保障。在保障监事会行使职权方面,现行《中华人民共和国公司法》与《中华人民共和国证券法》开具了诸多"药方"保障监事及监事会的信息获取权。例如,《中华人民共和国公司法》第78条规定:监事会可以检查公司财务;对董事、高级管理人员执行职务的行为进行监督;可以依照第189条的规定对董事、高级管理人员提起诉讼。第79条规定:监事可以列席董事会会议,并对董事会决议事项提出质询或者建议。监事会发现公司经营情况异常,可以进行调查;必

---

① 参见朱慈蕴、林凯:《公司制度趋同理论检视下的中国公司治理评析》,载《法学研究》2013年第5期。

② 参见吕荣杰、郝力晓、吴超:《法律背景独立董事:监督还是包庇?》,载《上海对外经贸大学学报》2017年第6期。

③ 参见方流芳:《独立董事在中国:假设和现实》,载《政法论坛》2008年第5期。

要时，可以聘请会计师事务所等协助其工作，费用由公司承担。《中华人民共和国证券法》则更侧重于从信息披露的角度去推动监事义务的落实，投资者（股东）也可以向董事、监事、高级管理人员提起损害赔偿的诉讼。在上市公司监管方面，证监会以信息披露违法作为处罚的依据，即一旦公司信息披露的真实、准确、完整性出现问题，那么就可以判断监事没有尽到其监督的义务。2014 年《中华人民共和国证券法》（已被修正）第 68 条规定：上市公司监事会应当对董事会编制的公司定期报告进行审核并提出书面审核意见。上市公司董事、监事、高级管理人员应当保证上市公司所披露的信息真实、准确、完整。[①]《中华人民共和国公司法》和《中华人民共和国证券法》一个从赋权主义出发，授予监事充分的信息获取权，另一个从激励惩戒机制出发，督促监事积极行使自己的监督权。这看似是一剂“猛药”，只可惜两种法律为监事开具的“药方”并没有从根本上祛除信息不对称的“病根”。

有学者通过调查问卷的方式研究发现：各类公司监事会获得监督所必要的信息仍以列席董事会为主要渠道，采用其他途径获取信息的比例极低，而列席董事会获得的信息大多是迟到的信息，无法满足监督公司的需要，尤其无法满足适时监督董事会决策的需要。[②] 曾有监事为调查公司状况试图提起知情权诉讼，但法院在最终说理部分认为《中华人民共和国公司法》第 79 条规定的监事调查权属于公司内部的经营管理事项，而非诉权；监事发现经营异常，可以提议召开股东会，向股东会汇报，不能通过司法途径获得知情权。[③]

除监事知情权之外，监事的独立性也饱受诟病。实践中，很多监事是公司内部人士。而由于实行职工监事制度，1/3 以上的监事为职工。但职工毕竟是经理的下属，所以有学者指出，“被监查的人”反而成为事实上的“监查者”，因为职员的升降由经理决定，所以前者不可能充分发挥其功能。即便抛开隶属关系不谈，当监事会和董事会成员同为内部人时，监督职能也可能受到影响，独立性大打折扣，这种情况在国有控股公司中尤甚。

现有完善监事会的关注点仍集中在增加行使职权的保障措施、实现监事会成员结构的合理化和充实职权上，对于监事获取公司经营信息情况以及参与公司治理方面的具体制度设计仍然缺乏必要的考量。

---

① 参见蔡伟：《公司内部监督责任体系的困境　基于对监事的再考察》，载《中外法学》2018 年第 6 期。

② 参见王保树：《非上市公司的公司治理实践：现状与期待——公司治理问卷调查分析》，载《当代法学》2008 年第 4 期。

③ 参见天津市第二中级人民法院民事判决书，(2008)天法民二初字第 193 号。

(二)外部监督

内部监督与外部监督能够在相互补充的基础上相得益彰。内部治理系对公司内部权力进行的分配,而那些不以公司组织为基础对公司决策及决策者施加影响的路径则被归纳到外部治理这一概念之中。[①] 外部监督的制度基础主要源于市场机制和社会规范。然而,外部监督却时常因种种原因不能及时地对公司治理进行调整。

1. 资本市场与股东压制

对公司的董事会、经营层进行监督的根本法理在于,保障股东让渡出资的经济权利与组织民主权利之后的基本权益。[②] 因此,各国资本市场法律的主要目标主要包含以下两种:一是促进境内外资本市场的相互融合进而构建与统一市场相匹配的法律机制;二是充分保障市场参与者获取必要信息。一个平等、透明、开放的资本市场能够准确地反映公司价值,从而使公司价值的高低、升降和变化成为衡量管理人员业绩的主要标志,进而为股东"用脚投票",实现对公司管理层的间接监督提供制度基础。[③] 但由于资本贪婪成性的基因使然,市场中不可避免地存在股东压制行为。源于英美法系的股东压制,是一个描述性的概念,指多数股东利用其有利地位通过操纵公司的股利派发、人事任免、薪酬政策等手段排挤、欺压其他股东,使后者不能正常参与经营管理或不能获得相应的投资回报。[④] 如果投资者为散户,由于其专业程度低、持股比例低、被代理人成本高,中小投资者不会倾向于直接参与公司的治理去监管管理层,而是倾向寻求法院的事后救济来弥补公司治理缺陷给他们带来的损失。[⑤]

随着近年来公司混合所有制改革的推进、机构投资者的兴起以及资本市场对外开放程度的提高,我国公司股权结构的组成成分可望进一步优化。但本土化的股东本位在公司权力配置中未被根本动摇,需要强调的是,股东本位原是借助股东会的集体合议机制实现的,如今却沦为为少数大股东滥权、压制、攫取其他股东利益的手段。有研究显示,在股权分置改革之后,大股东的资金优势和信息优势犹在,以获取"控制权私人收益"为目的的滥权行为依旧泛滥,只是手法更为隐晦:非效率投资和擅自改变募资

① 参见[德]斯蒂芬·格伦德曼:《欧盟公司法(上册):基础、公司治理和会计法》,周万里主译,法律出版社2018年版,第306页。

② 参见季奎明:《中国式公司内部监督机制的重构》,载《西南民族大学学报(人文社科版)》2020年第4期。

③ 参见邓峰:《普通公司法》,中国人民大学出版社2009年版,第569页。

④ 参见李建伟:《股东压制的公司法救济:英国经验与中国实践》,载《环球法律评论》2019年第3期。

⑤ See Zohar Goshen & Sharon Hannes, *The Death of Corporate Law*, 94 New York University Law Review 266 (2019).

用途的情况减少,劣质资产参与配股、向大股东定向增发收购资产的做法出现;通过股利派现直接输送利益的行为被抑制,减持、高比例送股、转增相结合的方式增多;关联交易在外观上"非关联化",但其本质未变。①

股东压制的成因主要集中于资本多数决的滥用。资本多数决对于现代公司法治发展的价值毋庸置疑,但不可否认的是,若资本多数决异化,②即资本多数决被滥用,则大股东极易披着合法形式的外衣行违法之事,股东压制行为由此而生。《中华人民共和国公司法》第 21 条原则性地对股东提出了不得滥用权利的要求。然而,该条与其他防止"公司暴政"③的股东保护制度缺乏法律层面的内在逻辑关联,很难形成一个全面的保护网。因对如何适用《中华人民共和国公司法》第 21 条缺乏统一指导原则,在实际适用中存在困难。此外,救济手段的单一也大大限制了股东寻求救济的动机。④

2. 社会规范和社会治理机制

社会规范和社会治理机制,也可以被看成是声誉市场的另一种表现形式。这包括证券交易所、行业协会甚至新闻媒体等的监督。例如,各大证券交易所都有对公司治理的特殊要求,可以对违反交易所规则的公司乃至管理人员采取市场禁入、罚款等处罚措施。这些机构也会设定一些事前规则,如证券交易所对公司治理的强行规定,纽约证券交易所最早要求上市公司必须设立审计委员会;或借助于证券公司去改良待上市公司的治理(上市辅导),甚至对辅导人和被辅导公司采用连带责任;或通过对职业群体的责任要求,如会计师的监督责任;或以职业责任的要求,通过鼓励告密者的方式来达到要求公司遵守程式和强行法的目的。还有一些属于自我规制的方式,如纳斯达克证券交易所对做市商关于社会责任的系列规定,会计师协会对内部监控体系的完善建议等,这些措施均在实践中发挥了一定的作用。在一些机构投资者的推动下,以股东为主要组成成分的研究机构、非营利组织等,定期公布不良业绩公司的"黑名单"等,也构成了公司治理中的有效监督。

除了上述规制机关之外,司法实践中,法院是对公司董事和高级管理人员的诚信义务的判断和责任追究的外部监督的最后武器。传统上对公司董事和高级管理人员的监督,主要是通过对股权的保护,即用财产观念进行司法调整来实现的。公司权力

---

① 参见朱慈蕴、林凯:《公司制度趋同理论检视下的中国公司治理评析》,载《法学研究》2013 年第 5 期。

② 参见朱慈蕴:《资本多数决原则与控制股东的诚信义务》,载《法学研究》2004 年第 4 期。

③ 参见张国平、汪亚菲:《论我国股东直接诉讼规则的不足与完善》,载《政治与法律》2012 年第 9 期。

④ 参见翁小川:《受压迫股东的救济路径研究:股东受信义务与法定压迫救济制度》,载《比较法研究》2021 年第 4 期。

的“监督性司法调整”,恰恰是最晚发展出来的,其判断标准也主要集中于“合法性、公平和理性”,部分原因来自法院并不能替代所有者的判断。但近几十年来,随着司法调整能力的不断增强,法律思维不断和商业实践、经济分析、产业政策相结合,从而扩大了对公司权力行使的审查范围。这也意味着事后的“责任规则”对事前规制的“财产规则”的替代。显然,公司所生存的社会、市场和公共政策环境,决定了外部监控机制的广泛存在。①

社会规范机制尽管能够对公司治理形成一种看似有效的外部监督,但从监督效果上来看,其更倾向于一种事后的补充与救济。除此之外,此种外部监督往往更依赖于内部人“鱼死网破”式的自我曝光。在企业外部经营状况良好时,看似彼此安好、相安无事,殊不知公司内部早已风卷云涌,即将触碰公司的“明斯基时刻”。

三、公司治理的改进可能:技术突破

从社会学的角度来理解法律,我们可以发现,法律的主要功能也许不在于变革,而在于建立和保持一种可以大致确定的预期,以便于人们的相互交往和行为。例如,韦伯认为,资本主义生产和发展都要求法律可以理性地算计。卢曼认为,法律的功用就是协调人们的预期,以排除偶然性。波斯纳的法律经济学分析更是以人的理性作为基础,认为规则的作用就在于减少信息费用,减少不确定性。因此,埃里克森指出,是规范,而不是法律规则,才是权利的根本来源。也就是说,规范是本,而法律规则是表。这里的规范主要表现为人与人之间的信任规则。② 既有的公司法规范从制度信任的角度出发,设计并制定了一系列的法律来维护公司社群的信任基础,而区块链则是从技术理性的角度描绘出未来公司治理的宏伟蓝图。

(一)何为区块链?

区块链(blockchain)是一种由多方共同维护,使用密码学保证传输和访问安全,能够实现数据一致存储、难以篡改、防止抵赖的记账技术,也称为分布式账本技术(distributed ledger technology)。典型的区块链系统中,各参与方按照事先约定的规则共同存储信息并达成共识。为了防止共识信息被篡改,系统以区块(block)为单位存储数据,区块之间按照时间顺序、结合密码学算法构成链式(chain)数据结构,通过共识机制选出记录节点,由该节点决定最新区块的数据,其他节点共同参与最新区块数据的

---

① 参见邓峰:《普通公司法》,中国人民大学出版社2009年版,第570~571页。

② 参见苏力:《法治及其本土资源》(第3版),北京大学出版社2015年版,第7页。

验证、存储和维护,数据一经确认,就难以删除和更改,只能进行授权查询操作。[①] 简而言之,区块链是一种加密的分布式记账技术,其中“加密”是一个密码学概念,“分布式”是一个“互联网”概念,“记账”则是一个金融概念。[②]

马克斯·韦伯(Max Webber)和维尔纳·桑巴特(Wener Sombart)等社会学家指出,复式记账法是现代资本主义的基础。[③] 风险投资者阿尔伯特·温格(Albert Wenger)认为,区块链在逻辑上是中心化的(因为只有一份分类账),但在组织结构上却是去中心化的(多个实体均保有该分类账的副本)。[④] 相对于传统的分布式数据库,区块链体现了以下几个对比特征:一是从复式记账演进到分布式记账。传统的信息系统,每位会计各自记录,每次对账时存在多个不同账本。区块链打破了原有的复式记账模式,变成“全网共享”的分布式账本,参与记账的各方之间通过同步协调机制,保证数据的防篡改和一致性,规避了复杂的多方对账过程。二是从“增删改查”变为仅“增查”两个操作。传统的数据库具有增加、删除、修改和查询四个经典操作。对于全网账本而言,区块链技术相当于放弃了删除和修改两个选项,只留下增加和查询两个操作,通过区块和链表这样的“块链式”结构,加上相应的时间戳进行凭证固化,形成环环相扣、难以篡改的可信数据集合。三是从单方维护变成多方维护。针对各个主体而言,传统的数据库是一种单方维护的信息系统,不论是分布式架构,还是集中式架构,都对数据记录具有高度控制权。区块链引入了分布式账本,是一种多方共同维护、不存在单点故障的分布式信息系统,数据的写入和同步不仅仅局限在一个主体范围之内,需要通过多方验证数据、达成共识,再决定哪些数据可以写入。四是从外挂合约发展为内置合约。传统视域下,财务的资金流和商务的信息流是两个截然不同的业务流程,商务合作签订的合约,经人工审核、鉴定成果后,再通知财务进行打款,形成相应的资金流。智能合约的出现,基于事先约定的规则,通过代码运行来独立执行、协同写入,通过算法代码形成了一种将信息流和资金流整合到一起的“内置合约”。

(二)公司应与何种区块链匹配?

按照系统是否具有节点准入机制,区块链可分为许可链和非许可链。非许可链是

---

① 参见中国信息通信研究院、可信区块链推进计划:《区块链白皮书(2018年)》,载中国信通院网,http://www.caict.ac.cn/kxyj/qwfb/bps/201809/P020180905517892312190.pdf。

② 参见崔志伟:《区块链金融:创新、风险及其法律规制》,载《东方法学》2019年第3期。

③ See Max Weber, *Economy and Society: An Outline of Interpretive Sociology*, University of California Press, 1978, p.91-92.

④ See Albert Wenger, *Bitcoin: Clarifying the Foundational Innovation of the Blockchain.* Continuations (Sept. 15, 2021), http://continuations.com/post/105272022635/bitcoin-clarifying-the-foundational-innovation-of.

完全开放的,亦被称为公有链,任何节点都可以随时自由加入和退出,公有链中任何人都能读取区块链信息,发送交易并能被确认,参与共识过程,是真正意义上的去中心化区块链,比特币区块链即是公有链最好的代表。由于系统中没有中央管理员或主版本,每个节点拥有副本的内容具有同一性;许可链中节点的加入和退出则需要区块链系统的许可,根据拥有控制权限的主体是否集中可分为私有链和联盟链。私有链一般由特定的机构开发并服务于该机构,它不向外部人开放,挑选出来的节点完全控制交互。节点有权根据机构预先选择的协议查看全部或部分区块链内容。私有链不需要节点之间达成共识,更多是听从管理者的指令,这样可以提高效率。私有链上的交互速度明显更快,但私有链仅仅发挥了区块链的信息存储功能,不具有与公有链相同的分布式安全性。联盟链则是指区块链系统本身是"封闭"的,节点的加入需要经过许可,或者节点被限定于特定用户的区块链。与私有链相比,联盟链中各节点之间是合作关系,相互之间监督。与公有链相比,联盟链中的节点往往较少,各个节点之间的权限并不相同,并且联盟链是经过许可的区块链,即节点的产生需要审核和验证。例如,联盟链超级账本(hyperledger)的软件 Fabric 将链上的节点区分为客户节点(client)、对等节点(peer)和订购节点(orderer),不同节点之间的权限有所区别。私有链是纯粹的集中式架构,虽然区块链技术的目的是信息存储和共享,但最终服务于单一主体的利益,信任的原点是该单一主体。公有链是纯粹的分布式架构,要在众多的节点之间形成信息共享,需要信任的并非某一个主体,而是区块链本身。在联盟链中,用户减少了分布式存储和共识协议等区块链技术的信任,信任的原点是有限的节点,此时的区块链信任架构可以表现为对可信第三方(Trusted Third Party,TPP)的信任。①

从上述区块链类型的比较分析中可以看出,公有链和私有链不适宜作为公司区块链的底层链形,联盟链可以结合两者的优势发挥促进公司治理的作用。从节点的数量和权限上看,由于公有链中的节点可以自由地加入和退出,任何人都可以获取公司内部财务信息或决策信息,极易造成公司商业秘密泄露的后果。私有链由于只面向公司内部特定主体开放,无法形成有效的外部监督,进而不能充分发挥市场"看不见的手"的作用。联盟链则可以通过增删节点的方式改变利益相关者的范围,并且根据不同主体的职责需要设置查阅权限。从有无中心机构看,公有链缺乏中央管理员进行统一的调度指挥,极易陷入"51%"陷阱,造成区块链系统的崩溃。私有链中管理员权限又过于强大,无法有效规制篡改数据、隐藏内幕交易等损害公司利益的行为,导致私有链中的主体无法摆脱科层制的束缚。相较而言,联盟链中的管理员只具有许可节点进退及

---

① 参见王延川、陈姿含、伊然:《区块链治理:原理与场景》,上海人民出版社2021年版,第24~27页。

权限设置的权力,是监督公司治理的理想链型。

(三)区块链何以能与公司监督相耦合?

区块链技术的应用与谋求公司内外部监督两者的价值定位是一致的:从封闭到互信协作。公司内外部监督的关键在于破除公司各机构权力间相互联通的现实掣肘,但在传统的公司治理背景下,归于特定主体的监督权利通过穿行或并行的方式历时性地发生作用,区块链的共识机制却将掌握信息资源的治理主体在分布式的网络上连接起来,以互信互助的均势姿态进行信息资源的有效对接、深度融合,打破了原有公司内部信息数据共享的封闭、紧密耦合模式。传统公司的信息共享机制是在典型的金字塔式科层结构中运行的,以股东会或董事会为指挥中心与决策中枢,一定程度上弱化了独立董事、监事对信息获取的自主性,忽视了市场主体对信息数据的可为性。而区块链"去中心化"的分布式数据存储促使公司结构呈现出扁平化的特点,点对点式传输使各节点间地位平等、处于均衡状态,时间戳、加密算法等底层技术使运行过程可溯源、可监督,其强大的技术属性与应用能力让信息治理主体间的权力配置发生变化,董事、高级管理人员将不再拥有信息唯一的解释权和话语权,从而打破了以董事会或股东会为中心的一元权力结构。这可以借助"均衡配置"倒逼公司权力结构重组,还可以促进公司组织机构扁平化改革,让股东、董事、监事、高级管理人员、债权人、社区等多方利益主体均能获得公司治理的话语权和参与权,使区块链技术体系的治理潜能得以放大,有助于实现公司治理的良性循环。①

公司治理中的重大命题如"代理成本""信义义务"等可以归结为信息不对称所引发的成本问题,究其本质是无法在双方乃至多方之间建立完全的信任。从理论上讲,再理性的制度设计也无法彻底消融彼此间的不信任,只能通过不断地优化与完善弥补其中的信用沟壑。区块链由于其本身的去中心化、分布式记账、自动执行等技术特点可以在一定程度上促进各方当事人之间的信任形成。在本文的语境下,这种信任形成指的是区块链与公司具体制度相耦合,通过强化利害关系人的监督权,进而实现公司治理机制的良性发展。具体而言,围绕《中华人民共和国公司法》规则设计的公司监督机制在本质上属于制度理性的范畴,而区块链本身也属于技术理性的范畴。这种技术理性将公司监督的关注点从制度设置拓展到制度执行,聚焦公司规则的执行效果。②正如凯伦·杨所指出的,区块链技术与法律具有"相辅相成"的关系,可以"利用区块链

① 参见张翠梅、方宜:《区块链架构下政府数据开放共享治理研究》,载《南通大学学报(社会科学版)》2021年第6期。

② 参见吴维锭:《区块链技术与公司治理的融合——价值、路径和法律因应》,载《证券市场导报》2021年第6期。

支持和增强传统法律的执行效率”。①

从我国公司治理中的实践情况来看,这种监督机制的优化对于中小股东及公司债权人的保护具有重要意义。实践中关于董事、高级管理人员、控股股东等借助职权恶意损害中小股东及债权人利益的报道屡见不鲜。中小股东与债权人在举证时也常囿于取证困难承担败诉的风险。基于此,可以使中小股东及债权人成为公司链中的节点,实时观测公司的财务状况及决策信息,从而更好地发挥“用脚投票”的市场作用。这也可以帮助中小股东及债权人及时发现特定主体的不法行为,并且及时积累证据,由于区块链的不可篡改性,这种证据形式在实践中具有更强的真实性。

四、公司治理的可行构想:督之以链

(一)区块链融入内部监督的新路径

1. 完善独立董事与监事会的监督职权

对于股份有限公司,特别是上市公司而言,《中华人民共和国公司法》对董事、监事、高级管理人员的基本义务进行了规定。《中华人民共和国证券法》更是从信息披露的角度落实了独立董事与监事的责任。《中华人民共和国证券法》第82条第3款规定:发行人的董事、监事和高级管理人员应当保证发行人及时、公平地披露信息,所披露的信息真实、准确、完整。第197条第2款进一步规定:信息披露义务人报送的报告或者披露的信息有虚假记载、误导性陈述或者重大遗漏的,责令改正,给予警告,并处以100万元以上1000万元以下的罚款。然而,这些严苛的法律责任未能有效倒逼独立董事或者监事充分履行职能。如第二部分所论述的,独立董事和监事不能行权的一部分原因在于,其获得的公司内部信息往往是滞后的,或者是经过管理层修改的虚假信息。独立董事与监事在错误的信息源基础上进行分析判断,进而行使手中监督的权利,在效果上往往也事与愿违。

推动独立董事和监事监督公司内部治理的目标要求《中华人民共和国公司法》和《中华人民共和国证券法》不能仅仅给两者赋权,更需要给两者赋能,使其具备行权的条件,并减少行权成本。对独立董事与监事赋能的关键在于减少信息不足所带来的认知成本。区块链技术可以有效地增强两者获取信息的及时性和真实性:在公司联盟链基础上,将公司资产交易数据作为区块链账本上的记录对象,借助区块链的哈希运算、共识算法、默克尔树和时间戳等技术,使公司资产或会计报告等数据实时地展示在独

① 凯文·沃巴赫、林少伟:《信任,但需要验证:论区块链为何需要法律》,载《东方法学》2018年第4期。

立董事和监事面前。由于区块链账本处在公司全体成员的监督下，任何对数据进行的修改都将一目了然，这无疑增加了管理者虚假报告的违法成本。例如，公司管理者不能使用诸如将销售合同回溯到上一报告期，或摊销应立即支出的运营费用并将其推到未来期间等策略操纵会计报告。[①] 区块链分布式决策的特点还可以通过提升提案的透明性进而对内部监督规则加以改造。以比特币改进计划（Bitcoin Improvement Proposal，BIP）为例，BIP中的每一个参与者，如开发商、矿工、节点运营商、用户等都可以对比特币中的区块链协议提出改进方案，方案对每一个参与者均可见。在这种情况下，没有提案会被管理者所隐藏，该提案经过所有用户共同选出的管理层审核后，将被添加到特定的社区中进行讨论。如果该提案获得95%的用户支持，将会自动更新到比特币协议中。这种BIP规则可以为区块链嵌入公司内部监督提供参考，公司中的股东提案或董事会决议等如果能以透明的方式展现在所有的董事、监事、管理层及股东面前，就能避免有些提案或决议等被特定人员隐藏的情况。因为提案置于众目睽睽之下，独立董事、监事等在审议草案时将会更加谨慎，不会随意放任或通过某项提案，也不必担心上述“花瓶董事”的情形发生，可以一种更为公正、公开的心态参与审议。同时，基于区块链的实时性功能，独立董事与监事获取的信息也不再是滞后的。此外，2001年中国证券监督管理委员会颁布的《关于在上市公司建立独立董事制度的指导意见》（已失效）赋予了独立董事对重大关联交易的认可权。区块链对于帮助独立董事及时发现关联交易行为也具有重大作用，公司资产交易区块链化可以帮助参链节点及时观测到公司与这些特定主体之间的交易往来，为公司损害求偿权的行使积累证据，同时也能对潜在的不公平关联交易形成威慑。

2. 降低公司财务造假风险

由于审计风险受到企业固有风险因素的影响，如管理人员的品行和能力、行业所处环境、业务性质、容易产生错报的会计报表项目、容易遭受损失或被挪用的资产等导致的风险，又受到内部控制风险因素的影响，即账户余额或各类交易存在错报，内部控制未能防止、发现或纠正的风险，此外，还受到注册会计师实施审计程序未能发现账户余额或各类交易存在错报风险的影响，职业界很快开发出了审计风险模型，即审计风险=重大错报风险×检查风险。审计风险模型的出现，从理论上解决了审计人员以制度为基础采用抽样审计的随意性，又解决了审计资源的分配问题，要求将审计资源分配到最容易导致会计报表出现重大错报的领域。此后，以国际“四大”为代表的大型会计师事务所对审计方法进行了创新，提出了“从被审计单位经营风险入手进行审计”

---

① See Yermack D, *Corporate Governance and Blockchains*, 21 Review of Finance 17 (2017).

(以下简称“经营风险基础审计”)和“透过战略系统棱镜审计”的审计新思维。“经营风险基础审计”和“透过战略系统棱镜审计”继承了把审计资源的分配向容易发生错报的领域倾斜的理念,改良了评估财务报表重大错报风险的方法,使审计人员对于风险的评估结果更为全面、正确,能够更有效地实现审计目标。这些新思维并没有否定传统的风险导向审计思想和审计风险模型,而只是风险导向审计思想在新审计环境下的深化和发展。

然而,在传统的复式记账法下,由于公司内部各项信息是中心化存储的,管理层可以根据需要肆意地篡改数据,且现代财务信息系统纷繁复杂,作假手段越来越高明,审计人员难以发现隐藏在公司账本下的漏洞,从而导致财务审计的风险增加。鉴于此,可以要求企业采取以区块链技术为基础的分布式记账。每一条链上的区块包含了前一区块的信息,按照时间戳的顺序进行排序,前面所有区块的信息通过加密算法,变成可记录的数据,单个或者多个节点无法影响其他节点的数据库,最终实现对数据真实性的确认。除此之外,区块链所具有的集体维护特点,可以把会计信息及其形成过程中产生的各类证据保全在由公司、供应商、销售商、金融机构、社会职能机构、审计机构乃至法院等权威机构联合构建的联盟区块链上,实现相关证据的去中心化存证,保证了数据的真实性和可追责性。利用区块链统一账本的实时共享特点,可消除信息转移慢,解决信息收集难等桎梏,审计人员可以实时获取准确、可靠的审计证据,并且区块链本身所具有的时间线性推进的特点可以帮助审计人员鉴别发现违规操作,降低检查风险,从而降低审计风险。同时,区块链具有无法篡改且可追溯等特点,由源头录入信息,解决了人工重复核验、验真难、虚假审计等问题,区块链的智能合约功能,可大幅提高审计效率,精简审计流程,降低人工成本。综上所述,区块链技术的应用可以帮助实现审计智能化,从源头降低审计风险,对于降低财务造假风险具有重要意义。①

(二)区块链融入外部监督的新路径

1. 信息披露

由于股东并不直接参与公司日常经营事务,对于公司事务难以做到充分知情,也缺少足够的激励机制去获取信息进而作出正确决策,最终可能因为信息缺乏而作出错误的决定。因此,对于公司股东而言,管理者向股东披露内部信息可以促进股东和管理者一起作出最佳选择。② 但在现行的公司治理架构下,信息披露制度至少存在两个

---

① 参见赵建辉:《区块链技术对我国财务管理及审计领域影响的研究》,载《中国注册会计师》2019 年第 11 期。

② See Ian Ayres & Robert Gertner, *Filling Gaps in Incomplete Contracts: An Economic Theory of Default Rules*, 99 Yale Law Journal 87 (1989).

方面的问题。第一,信息披露制度所披露的信息具有滞后性。[①]《中华人民共和国证券法》第80条规定:发生可能对上市公司、股票在国务院批准的其他全国性证券交易场所交易的公司的股票交易价格产生较大影响的重大事件,投资者尚未得知时,公司应当立即将有关该重大事件的情况向国务院证券监督管理机构和证券交易场所报送临时报告,并予公告,说明事件的起因、目前的状态和可能产生的法律后果。但对非重大性的信息内容,只能在公司的年度报告或中期报告中进行披露。然而,年度报告仅需要在会计年度结束之日起4个月内、中期报告仅需要在会计年度上半年结束之日起2个月内进行报送和公告。这期间的时间差往往对于股东决定增资还是抛售股票至关重要。第二,信息披露的虚假性。尽管《中华人民共和国证券法》第85条对于虚假陈述和违规披露苛以严格责任,但仍有高级管理人员为谋求不正当利益对需要披露的信息进行篡改。如在康美药业虚假陈述案中,涉案董事、监事、高级管理人员因在年度报告中虚增营业收入、虚增利润而被判决承担连带责任。

区块链技术可以有效地解决这一难题。区块链技术的应用使信息可以迅速地传递给分布在世界各地的节点,能够保证信息披露和传递的时效性,提高证券市场的效率,让股价更加精确地反映市场上的信息。分布式的数据传递加上智能合约的运用可以极大地节约披露的人力成本,使信息披露能够实现一定程度上的自动化,尤其是对于常规事项的披露可以设置规则要件,在满足要件时自动披露。在信息披露成本降低的前提下,信息披露的频率可以得到提高。我国证券法未来修改关于信息披露的频次的规定时可不再限于年报、半年报和重大事项的披露,转而要求增加到每月披露或者更高的频次。智能合约在信息披露中的运用还可以避免信息抑制的问题,尤其是重大事项下内部管理层为了获得不当利益,不披露信息或者延迟披露信息的问题。一旦法定的要件满足,智能合约将自动执行信息披露。区块链上分布式记账和共识机制提供了信息验证的技术可能,公司内部各个机构,以及外部中介机构(如会计师事务所)对于信息的链状核验,也使财务造假和其他虚假信息披露的问题能够得到一定程度的缓解。[②] 对于区块链的信息存储,未来公司法修改关于公司财务账簿的规定时,可以考虑承认区块链记账的合法性。典型的立法如美国特拉华州,2017年特拉华州《普通公司法》第224条规定“公司在其正常业务过程中管理或代表公司管理的任何记录,包括其股票账簿、账簿和会议记录,均可保留或以任何信息存储设备或多个电子网络或数据

---

① 参见楼秋然:《区块链技术应用背景下公司法的变与不变》,载《证券市场导报》2021年第9期。

② 参见高丝敏:《论股东赋权主义和股东赋能的规则构造——以区块链应用为视角》,载《东方法学》2021年第3期。

库的形式保存或保留”。此外,公司区块链数据的真实性和实时性使作为区块链节点的公司股东和债权人等群体能够实时观察公司最新动态并积累证据资料,及时发起相关法律程序。这种情况下,公司制度实效性得到提升的同时,制度参与者对公司制度的信任也自然得到提升。①

2. 高级管理人员薪酬激励

从理论上讲,高级管理人员薪酬从合同法中的问题演变为公司法中的问题,根源在于两权分离所造成的公司独立性。所有权与经营权的分离,产生了股东与董事之间的分歧,形成了委托代理关系。首先,董事与高级管理人员签订薪酬合同后可能存在消极应对的问题,董事不论工作好与坏,都有薪酬可以领取。其次,股东投入公司的仅仅是资本,可以通过资本市场分散自己的风险,而董事和高级管理人员等投入的人力资本无法分散,这就导致股东趋向于高风险高收益,而董事、高级管理人员等趋向于风险厌恶。最后,薪酬合同是有期限的,而股权伴随公司往往是无期限的。一方面,股东和管理者之间的利益分化,会导致合同确定的薪酬过高,或者基于薪酬的分配价值容易招致公众质疑。另一方面,由于存在控股股东与小股东的区分,在两权分离的背景下,大股东掌控权力,常常借助分配机制向自身分配利润。因此,兼顾了一个矛盾,就会引起另一个矛盾,这常常引发冲突。②

鉴于此,为了解决上述冲突,薪酬机制的改革侧重于由公司股票或者未来能够以特定价格购入公司股票的期权构成,促使董事与高级管理人员以提升公司质量为目的而拉高股价,在实现自身薪酬最大化的同时增进股东利益。然而,这一制度变迁却并未如预想的那样彻底解决问题。在宏观方面,首先,正如第一部分所述,董事、高级管理人员追求的股东至上主义往往忽视了其他主体的利益。其次,薪酬激励改革引发了大量的财务造假事件。安然事件中的高级管理人员就认为,与其勤勉尽责地努力提升公司业绩进而拉高股价,不如通过财务造假更能快速地获取报酬。最后,薪酬激励制度往往导致短视主义的发生。由于薪酬往往与公司业绩挂钩,高级管理人员在决策时往往更青睐于能够在短期内提升公司股价的项目,忽视为了公司长远发展而应采取的措施。在微观方面,首先,由于股票期权的价格与期权获取当天的市场价格相等,高级管理人员有强烈的动机“倒签”日期从而最大化期权的价值。③ 其次,高级管理人员可

---

① 参见吴维锭:《区块链技术与公司治理的融合——价值、路径和法律因应》,载《证券市场导报》2021年第6期。

② 参见邓峰:《普通公司法》,中国人民大学出版社2009年版,第592页。

③ See Lazonick W. & O'Sullivan M., *Maximizing Shareholders Value: a New Ideology for Corporate Governance*, 29 Economy and Society Journal 13 (2000).

能凭借掌握的内幕信息进行交易从而提升公司股价。

区块链技术的应用可以在某种程度解决上述问题。例如,为顺应薪酬机制改革的需要,可以将授予公司管理层股票或购买未来期权的权利置于联盟链中完成,由于区块链技术具有不可篡改的特性,管理层不可能像之前一样通过倒签期权授予日期的方式肆意篡改购买股票的期限。同时,由于所有的交易都在链上进行,股东、董事、监事等人员可以实时监督跟踪每一笔交易,当发现高级管理人员的行为可能损害股东利益时,及时进行干预从而避免高级管理人员借助内幕交易肆意抬高股价等短视主义行为发生。

3. 股东信息权

作为公司所有者的股东有必要充分了解公司经营的所有信息。而股东为了监督公司的运营情况,对公司信息的获取、检查、核实、咨询等也必不可少。《中华人民共和国公司法》第57条、第110条分别对有限公司和股份公司的股东查阅权作出规定,法定的查阅对象包括公司章程、三会记录(决议)、财务会计报告以及股份公司的股东名单、债权存根等。《关于适用〈中华人民共和国公司法〉若干问题的规定(四)》进一步规定了不得通过约定排除股东的查阅权。但实践中有关股东知情权诉讼的焦点仍定格在两权分离背景下公司文件掌控在高级管理人员手中,股东无法在知情的基础上行使权利。从上述规则群中也可以看出,立法者仅仅赋予了股东查阅的权力,对于具体查阅程序、方式、场所等并未作出详细规定。此外,相关规则群也未对股东查阅信息的真实性加以约束,即使股东可以通过会计、律师事务所等对公司信息真实性进行查阅,其时间成本及精力成本也受各种客观条件的制约。

区块链技术在公司治理中的应用,为股东行使知情权提供了技术上的可能。区块链的分布式记账特征,使之前由公司高级管理人员掌握的信息分散在全体成员手中,股东获取信息将更加方便、透明,[①]也省去了股东向公司提起查阅请求的麻烦。区块链技术不可篡改的特性也能够解决伪造信息的问题。在当前公司治理中,公司管理层、大股东等联合信息造假的问题屡见不鲜,即使股东能够查阅到公司内部信息,也可能是经过粉饰后的信息。区块链能够保证股东查阅的信息是真实的。在公司区块链中,通过公司董事会授予股东查阅内部信息的权利,既可以保证股东监督公司治理过程,又可以防止信息泄露。

---

① 参见[法]普里马韦拉·德·菲利皮、[美]亚伦·赖特:《区块链与法律——程式码之治》,王延川译,台北,元照出版有限公司2019年版,第248页。

五、结语

大胆变革的先行能力是保持和扩大领先优势的强大驱动力。1867年,爱德温·卡拉汉发明了第一台股票自动报价机,这台机器能够把从交易所大厅通过电报传过来的股票价格自动打在纸袋上。在此之前,全美的经纪人通过阅读定期报告了解市场行情,自此以后,他们可以实时跟踪每一笔交易状况。随后,美国南北战争迅速扩展了华尔街的规模,而股票自动报价机的发明则大大提高了华尔街的影响力。[①] 就目前公司治理中的监督机制而言,无论是内部监督中"一元模式"下的独立董事与"二元模式"下的监事会,还是外部监督中的市场作用与社会治理机制,均是从制度理性的视角出发,无法有效规避人为操控的可能性。而区块链从技术理性的角度出发,依靠其独有的去中心化、分布式记账、不可篡改和自动执行等特征,在增强公司治理的透明性、改进公司内外部监督方面具有重要作用。具体而言,区块链技术可以在内部监督中为独立董事与监事赋能、降低财务造假风险;在外部监督中完善信息披露机制、改良高级管理人员薪酬激励以及增强股东知情权。当然,需要说明的是,本文关于区块链技术赋能公司监督机制的探讨仅限于提供一个可能的思路,并不能从根本上颠覆传统公司中的科层制结构。毕竟,公司事务中存在太多不可预测的复杂变量,但可以确定的是,区块链必将在未来公司治理占据一席之地。

---

① 参见[美]约翰·S.戈登:《伟大的博弈:华尔街金融帝国的崛起(1653—2019年)》(第3版),祁斌译,中信出版集团2019年版,第185~186页。

重大突发公共卫生事件中人工智能应用的伦理问题研究

张建文* 刘 畅**

摘 要:当前重大突发公共卫生事件中的人工智能应用,缺乏明晰的健康医疗大数据处理准则,存在数据收集与数据处理规则的矛盾、公共决策主体错位、算法歧视、程序正当性存疑等伦理问题。为解决重大突发公共卫生事件数字化应对中产生的伦理问题,应确立人类根本利益、生命权利、公平公正等人工智能伦理原则,从算法、数据和社会影响3个维度设计人工智能应用风险指标体系,明确在重大突发公共卫生事件中应用人工智能的卫生健康行政部门、相关应用单位和数据主体的权利、义务与责任,以便推动重大突发公共卫生事件领域中人工智能产业的良性、健康发展。

关键词:重大突发公共卫生事件;人工智能伦理;健康医疗大数据;风险指标体系

引 言

现代数据技术的不断突破,为改进和创新重大突发公共卫生事件应对和健康医疗行业发展提供了技术可能。通过数据收集、整合、挖掘和分析等步骤不断完善算法,人工智能逐步具备了处理以数据密集型、数据驱动型为主要模式的健康医疗大数据的能力。① 技术的进步也不断推动重大突发公共卫生事件应对的数字化转型以及人工智能技术的广泛运用。从全球范围来看,随着人工智能扮演的角色日益重要,政府和社会扩大了健康医疗领域中人工智能的应用范围,尤其是2020年年初,为了应对医疗系统、生活方式、社会稳定和经济发展所面临的挑战,②人工智能技术被很多国家运用于应对

* 西南政法大学教授、博士生导师,法学博士。

** 西南政法大学硕士研究生。

① 本文所称健康医疗大数据,是指在人们疾病防治、健康管理等过程中产生的与健康医疗相关的数据。

② 参见王晨光:《疫情防控法律体系优化的逻辑及展开》,载《中外法学》2020年第3期。

重大突发公共卫生事件,包括传染病大数据分析、重点人群快速筛查和流行病学调查等。人工智能技术在新冠病毒的检测和防疫过程中发挥重要作用的同时,也引发了各界对人工智能应用伦理问题的担忧,重大突发公共卫生事件中人工智能的应用需要防止"泛在应用"理念的扩张。人工智能应用有助于更快速、精确、有效地应对大流行病蔓延,但这一美好的公共卫生追求不应当以大幅牺牲个人数据权利为代价。数字接触追踪的成本远远低于人工接触追踪的成本,如果政府部门不断加强对个人数据的收集与使用,整个社会就有滑向"零隐私时代"的可能。如何处理人工智能技术进步、个人数据保护和重大突发公共卫生事件应对三者间的关系,是新冠疫情给世界各国提出的崭新考验和严峻挑战。

一、重大突发公共卫生事件中人工智能应用的实践

重大突发公共卫生事件中的人工智能应用,是指政府部门和社会各界运用人工智能技术对重大突发公共卫生事件的各类应对行为进行的深度融合性应用。以新冠疫情为例,对病毒接触者的排查、对隔离人员的监控、对已有病例的分析、对疫情形势的研判,都需要借助大数据和人工智能等科技手段。①

目前,在政府部门和社会各界的重大突发公共卫生事件中,人工智能应用实践主要有:其一,汇聚数据并建立医疗大数据开放平台,为重大突发公共卫生事件应对提供医疗大数据资源。重大突发公共卫生事件的应对,离不开应对行为与医疗大数据资源与数据开放平台的结合。在美国,政府部门推出专门针对健康医疗的数据开放平台"health-data. gov",在疫情大流行期间,约翰·霍普金斯大学系统科学与工程中心也发布了新冠病毒数据存储库,基于Web的交互式功能实时追踪全球新冠病例。在英国,政府主导建设了国家医疗服务系统,②牛津大学发布的新冠疫情响应追踪器系统地收集不同国家政府的政策响应数据,提供了一种全球化、全周期的政策展示平台。事实表明,当代重大突发公共卫生事件应对高度依赖人工智能技术与数据开放平台,从疫情暴发和新冠疫情大流行的早期预警,到病毒基因测序和为个人定制个性化药物,再到支持卫生系统的管理,抗击和遏制新冠疫情蔓延的每个阶段都离不开海量开放医疗数据的支撑。在我国,人工智能技术也被应用于多种抗疫场景,丁香园在新冠疫情暴发后建立的数据集——2019－nCoV时间序列感染数据仓库,基于Python爬虫每小时对中国报告的感染病例数据进行更新;北京市博云视觉科技有限公司开发的"智慧社

---

① 参见季卫东:《数据、隐私以及人工智能时代的宪法创新》,载《南大法学》2020年第1期。

② 参见刘宁、陈敏:《医疗数据开放方法及策略研究》,载《中国医院管理》2015年第9期。

区疫情防控网格化平台”,可以进行人体测温快速筛查、未戴口罩预警、陌生人员预警等。其二,运用数字接触追踪技术监控社会人员流动。① 政府部门联合互联网科技公司通过数字接触追踪技术这一现代疫情防控工具,作出建议或强制采取居家或集中隔离措施的“自动化决策”。在美国,采取自愿——分布式接触追踪模式,个人数据的处理和储存分布于个人的手机上,公民可以自主选择是否应用并且不承担相关不利后果。在澳大利亚,采取自愿——集中式接触追踪模式。我国则采取强制——集中式接触追踪模式,以健康码为典型的数字接触追踪工具,采取个人自主申报与后台主动收集数据的方式,收集公民的个人行程数据、地理位置数据和个人就诊数据等大量数据,通过算法模型分析风险程度,最终在应用程序端自动生成红、黄、绿三种颜色的健康码。其三,利用人工智能在高密度人流中快速、准确识别体温异常者。通过运用大数据、人脸识别、红外热成像等技术,监测并记录呼吸、心率、体温等数据,进行人员核对、证件查验、数据登记录入等人员管理工作,甚至可以抓拍经过的陌生人。其四,运用人工智能实现智能医疗、智能医疗辅助技术,包括 AI 远程问诊,人工智能影像辅助诊断,人工智能病毒检测,快速筛选化合物、生物标志物,预测药物理化性质等促进药物研发等。

综合来看,政府部门在应对重大突发公共卫生事件时越来越依赖人工智能技术。正如李兰娟院士在世界人工智能健康云峰会 · AI + 公共卫生专题论坛上指出的,AI 在疫情防控中发挥了非常重要的作用,包括公共卫生、疫情研判、情绪管理、地图服务、基因检测、药物研发、互联网医院等方面。

政府部门青睐人工智能应对重大突发公共卫生事件的深层原因可能在于:其一,人工智能技术有助于推动重大突发公共卫生事件应对机制的现代化。以数字接触追踪技术为例,接触追踪技术历来是公共卫生机构遏制、抗击传染病传播蔓延惯用的传统方法,但不同于传统的人工化接触追踪,数字接触追踪技术基于现代大数据、移动互联网、生物识别和传感器技术对个人进行接触史追踪,并基于算法模型自动判定特定人员是否为病毒接触者或者其风险等级,是一种快速、高效的数据驱动工具。其二,运用人工智能技术能使重大突发公共卫生事件应对更加高效。相比传统的重大突发公共卫生事件应对模式,人工智能技术模式的优势在于:(1)实时监控。人工智能可以实现对重大突发公共卫生事件的全领域、全流程、全天候的监控、追踪、记录。(2)自动化挖掘健康医疗数据。人工智能应用可以实现健康医疗数据的自动化挖掘,通过数据实

① 参见程学旗:《“数字接触追踪”技术》,载《中国科学基金》2021 年第 3 期。

时聚合和分析技术,①在匿名化、碎片化的健康医疗数据自动化分析出私人数据,尤其在重大突发公共卫生事件大范围收集数据的背景下,人工智能自动化挖掘的数据量将大大增加,在一定程度上,满足了疫情防控对医疗大数据的需求。(3)精准高效。人工智能有助于聚合不同时间和空间的碎片化健康医疗数据。借助人工智能技术强大的数据采集、分析和协同能力,政府部门可以更加精准地构建疫情预警、疫情控制、紧急救治等多位一体的疫情智能防控系统。其三,人工智能可通过回归分析、聚类分析等数据挖掘技术,发现疫情可能之发展规律,并在此基础上做出一定预测。预测功能有助于及时调整重大突发公共卫生事件应对政策、树立战胜大流行病的信心。

二、重大突发公共卫生事件中人工智能应用的伦理风险

多地运用人工智能技术开展重大突发公共卫生事件应对,有利于提高决策科学性、制定重大突发公共卫生事件应对策略,②但由于实践先于制度建构,当前重大突发公共卫生事件中的人工智能应用既缺乏系统、统一、规范化的健康医疗数据来源,也缺乏具有前瞻性、可操作性、指引性的人工智能应用规范、标准和操作程序,导致人工智能发展中涉及的个人数据保护、数据共享等问题引起广泛社会担忧。

(一)数据收集与数据处理规则的矛盾冲突

在重大突发公共卫生事件背景下,利用人工智能技术收集、存储、分析与挖掘健康医疗数据极易违背个人数据处理规则、损害公民隐私权等人格权益。一方面,重大突发公共卫生事件更具突发性、公共性及不确定性等特征,防控难度极高而且易引发民众的恐慌情绪,③因此,需要更为特殊的大数据作为趋势研判和应对决策的支撑资源,立法上往往给予重大突发公共卫生事件数据控制者更大的权限;另一方面,人工智能技术强大的数据收集和分析能力可以在脱敏处理后的公共数据中分析出个人数据,在大数据时代,只要有足够的数据,无论如何都做不到完全的匿名化,④这一特性使人工智能技术在严格规制下仍然容易侵犯个人数据权利,举轻以明重,数字紧急状态下的

---

① 参见蒋佳妮、堵文瑜:《促进人工智能发展的法律与伦理规范》,科学技术文献出版社2020年版,第192页。

② 参见刘峰、李振叶、张洁:《健康医疗大数据的应用范围与价值分析》,载《信息记录材料》2019年第10期。

③ 参见李嘉兴、王雷等:《重大突发公共卫生事件驱动的医疗数据开放治理模式研究》,载《图书情报工作》2022年第4期。

④ 参见[英]维克托·迈尔·舍恩伯格、[英]肯尼思·库克耶:《大数据时代:生活、工作与思维的大变革》,盛杨燕、周涛译,浙江人民出版社2013年版,第200页。

隐私风险将明显增长。①

首先,与一般性健康医疗数据相比,重大突发公共卫生事件收集的医疗大数据具有的特殊性在于:(1)重大突发公共卫生事件中医疗大数据更具实时性、时效性。在重大突发公共卫生事件中,社会面临的整体形势更加严峻、变化更加频繁,要求实时更新的动态医疗大数据作为决策与应对的基础数据资源。(2)重大突发公共卫生事件中医疗大数据的收集范围更广、体量更大。② 重大突发公共卫生事件的有效应对需要建立在充足的数据基础上,及时追踪密切接触者、次密切接触者和一般接触者,并采取有效的管制措施,避免政府在重大突发公共卫生事件应对决策中出现“数据赤字”和“数据饥馑”状态。③ 出于公众健康高于一切的理念,我国加大了对个人数据的收集力度。例如,我国采取强制——集中式数字接触追踪技术模式,利用人工智能技术收集并储存了公民大量的个人数据,如个人姓名、身份证号码、详细居住地址、当前个人健康状况、个人行程数据、地理位置数据、个人就诊数据等。(3)重大突发公共卫生事件中医疗大数据的收集门槛低。在公共卫生应急状态下,收集个人数据已经突破知情告知——同意原则,《中华人民共和国民法典》《中华人民共和国传染病防治法》《突发公共卫生事件应急条例》赋予卫生行政部门等疫情防控部门在未经个人同意的情况下收集个人数据的权利。

其次,人工智能技术与健康医疗行业深度融合,人工智能技术收集个人数据能力增加,移动设备、传感器、监控器等工具架构出一张大网将公众生活记录在电子设备中,从个人一般数据到私密数据,技术触及人格数据的各个角落,人工智能下数据的分析和整合能力得到强化,通过对碎片化数据的分析,数据控制者能够迅速得到立体化人物侧写。

综合来看,重大突发公共卫生事件中医疗大数据在收集广度、深度、实时性、权限等方面均远超一般健康医疗数据,利用医疗大数据会提高抗击疫情效率,但也可能出现“结论不准确、侵犯隐私、非故意歧视”,以及有关部门权力不当增加的消极后果。

(二)公共决策主体错位

人工智能越发深入公共决策过程,其从大量数据中找出规律,利用数学模型产生

---

① 参见沈伟伟:《论数字紧急状态的恢复机制——以新冠疫情防控为例》,载《清华法学》2021 年第 2 期。

② 参见邢丹、姚俊明:《医疗健康大数据:概念、特点、平台及数据集成问题研究》,载《物联网技术》2018 第 8 期。

③ 参见戴昕:《“防疫国家”的信息治理:实践及其理念》,载《文化纵横》2020 年第 5 期。

信息,[①]为决策者提供分析问题、建立模型等方式方法,提高决策的科学性。[②] 但在某些场景下,政府正在从决策者的角色退位,将核心决策的论证拱手交由人工智能完成,重大突发公共卫生事件中医疗大数据的分析结果逐渐成为抗疫决策的"自动售货机"。[③] 公共决策主体的错位不符合民主政治的基本要求,通过民众选举产生的政府有亲自作出决策的义务与责任,这意味着对于限制人身自由等核心决策的论证应亲力亲为,不可以交由难以归责的人工智能,自动化决策的效率虽然可以大幅度提高,但不可避免地导致人工智能决策的可追溯性降低。由于算法的复杂性和机器执行的种种运算,较深的处理层(隐藏层)在决策标准及权重层面并不透明。

公共决策主体错位的情形目前尚不多见,但若不加限制,政府对人工智能的应用将向自动化决策这一方向不断靠拢。在英国,人工智能系统除了能够提供"支持决策系统"(decision support system),还可以通过组合相关的数据作为支持决策的顾问,无独有偶,我国在通行防疫健康数据码之后,杭州市卫生健康委提出开发渐变色健康码的设想,通过集成个人病例、体检、生活方式管理等相关数据,对个人健康状况进行打分并建立个人健康指数排行榜,基于大数据自动化生成的健康分数,健康码将呈现出不同的颜色,由此作为城市人口健康管理依据。苏州市提出在健康码中嵌入文明码的设想,试图对当地居民的公共生活的文明程度进行量化打分,由此作出城市管理领域决策。[④]

政府已经陆续发现人工智能提供重大突发公共卫生事件应对数字服务的价值,然而政府所要做的很多决策并不能完全移交给人工智能系统,在新的技术条件下,政府在应对重大突发公共卫生事件时,是否仍然将保持对社会的开放、坚持平等原则和保护基本权利,决定公共决策的基本规则是否能够得到贯彻。

(三)人工智能应用理念有待更新

得益于数据、算法、算力三大要素的全面突破,人工智能在健康医疗行业中已显现出媲美甚至超越人类的实力,然而医疗大数据控制者在构想制度模式时,容易忽视算法偏见的存在。事实上,算法、大数据并非如同宣称的那样中立,大数据的偏见和不公是现代人工智能技术不容忽视的问题,人工智能医疗在我国的大规模部署带来了歧视

---

① 参见张晨:《电子信息工程在医院管理中的应用》,载《数字技术与应用》2021年第9期。

② 参见胥婷、于广军:《健康医疗大数据共享的应用场景及价值探析》,载《中国数字医学》2020年第7期。

③ 参见郭锐:《人工智能的伦理和治理》,法律出版社2020年版,第127页。

④ 参见张恩典:《数字接触追踪技术的实践类型、社会风险及法律规制》,载《法学论坛》2022年第3期。

数字化的法律风险。

人工智能的歧视是数字时代前沿科技耦合了歧视的产物,个体层面由内隐偏见驱动的无意识歧视和社会层面由结构性不平等驱动的系统性歧视,在各个环节将歧视和偏见嵌入人工智能,诱导其输出歧视性结果。① 医疗大数据的运用有先天的技术门槛,既需要有一套科学的医疗大数据分析系统,并辅以自动化决策的科学算法,还需要通过建立在海量健康医疗数据上的机器学习、模拟训练以改进算法。受制于认知局限、刻板印象、过往不利数据样本及法律专业知识匮乏等因素,大数据算法模型的设计人员有可能将一些不合理的政策、价值需求编入数据算法中,形成潜在的算法价值偏见。具体而言,当前人工智能仍处于弱人工智能阶段,只能按照开发者设计的逻辑对各个环节进行判断、决策和执行,尚不具备自主识别、修正开发者或其他利益相关方将自身偏见写入代码的能力。② 并且当前人工智能的技术发展路径以深度学习(deep learning)等算法为主,③其底层逻辑是算法基于"大数据集"通过自我学习以形成"规则集"的过程,实质上是基于过往人类社会模式特征的总结而对未来社会进行感知与预测,不可避免地复制并延续传统社会矛盾。④ 机器能解决处理效率问题,却不能避免"过往数据"本身造成的缺陷。⑤

另外,所有的算法模型均基于代理工作,由于代理选择与数据准确性问题,各国基于算法模型的数据分析结果均会存在错误,以我国各地采用的健康码算法模型为例,有可能产生假阳性和假阴性两种错误类型,假阳性意味着个人实际上没有感染新冠病毒而被系统错误地判断为高风险感染,假阴性则意味着个人实际上感染了新冠病毒而被错误地认为没有感染。

个人数据的泄露不仅会出现侵害自然人隐私权、相关联人权及财产权的恶果,⑥也会催化对人工智能的歧视与偏见。因为识别个人的集体身份,完成"我们"抑或"你们"的归类,是歧视发生的根本前提。

(四)人工智能应用的程序正当性有待提升

联防联控机制,是我国应对重大突发公共卫生事件常用的防控措施,也是我国应

---

① 参见李成:《人工智能歧视的法律治理》,载《中国法学》2021 年第 2 期。

② 参见周辉:《算法权力及其规制》,载《法制与社会发展》2019 年第 6 期。

③ 参见雷明:《机器学习与应用》,清华大学出版社 2019 年版,第 3 ~4 页。

④ 参见贾开:《人工智能与算法治理研究》,载《中国行政管理》2019 年第 1 期。

⑤ 参见郭锐:《人工智能的伦理和治理》,法律出版社 2020 年版,第 126 页。

⑥ 参见程啸:《论大数据时代的个人数据权利》,载《中国社会科学》2018 年第 3 期。

急管理制度的重要特色,强调通过社会和政治动员集中力量抗击和遏制大流行病的蔓延。[①] 在联防联控机制下,流调机构通过大数据技术进行流行病学调查,医疗机构、交通运输单位、居民委员会、村民委员会等部门也基于疫情防控需要,收集与疫情相关的健康医疗数据。[②] 总地来说,政府及所属部门、医疗机构等具有收集、生产数据能力的重大突发公共卫生事件医疗数据控制者,与企业、科研机构、社会公众等具有数据处理能力和数据使用能力的数据使用者,均有接触医疗数据的可能性。各部门在自己的职责范围内收集与应对重大突发公共卫生事件有关的大数据,并实行健康医疗大数据的共享,但相关制度尚未明确可以共享的数据的具体范围和方式,此类"开放结构",为各部门留下了"自我赋权"的空间,也为限制各部门的健康医疗大数据的收集、存储、分析的正当性提出了新课题。

目前,重大突发公共卫生事件中医疗大数据既缺乏统一的数据汇聚标准和高效的数据开放平台支撑,如可以汇聚哪些数据、如何汇聚数据、按照何种规范标准汇聚数据等,也缺乏有关联防联控主体共享、处理医疗大数据的明确的制度赋权,有关主体开展医疗大数据收集和存储的法律法规规定模糊。易言之,医疗大数据的采集、流通、交易、应用等环节在一定程度上处于"野蛮生长状态",如果缺乏必要的、合理的制度制约,医疗大数据收集、存储、分析、共享等应用于数据处理规则的矛盾就有可能加剧,进而引发医疗大数据滥用,强化社会歧视,形成算法偏见,导致个人数据泄露。除个人隐私外,也关乎群体隐私。在医疗大数据的背景下,原本孤立的个人隐私利益彼此关联,同时产生群体层面的隐私问题。群体隐私是保护完整的、不可复原的群体身份,一旦公布往往会对群体身份产生负面影响。[③] 例如,对某一基因数据的分析,可能推知其家族或社群成员的基因数据,而此种数据公开可能会导致对该部分群体产生保险、就业等方面的歧视,从而产生对相关群体隐私的侵害。最终将加大重大突发公共卫生事件中人工智能应用的伦理风险,乃至激化人工智能技术进步、个人数据保护与公共卫生安全三者之间的矛盾。

此外,从事公民个人数据收集的人员是否需要经过专业的数据保护培训,当前的医疗大数据收集是否存在过度收集与疫情防控无关数据的问题等,都是既有制度没有给出明确指引但现实中亟须解决的问题。

---

① 参见陶鹏:《论突发事件联防联控制度多元建构的理论基础》,载《行政法学研究》2020年第3期。

② 参见高玉玲、徐咏军:《公共卫生安全下健康医疗大数据使用中的法律问题及应对》,载《中国卫生事业管理》2021年第12期。

③ 参见刘士国、熊静文:《健康医疗大数据中隐私利益的群体维度》,载《法学论坛》2019年第3期。

三、重大突发公共卫生事件中人工智能应用的规范构建

当前,关于重大突发公共卫生事件中人工智能的规范化应用,最大的难题为如何对重大突发公共卫生事件中涉及的健康医疗数据进行规范化的收集、存储、处理、使用和共享。诚如学者所言,“在公共卫生法中,在自愿与强制之间,在公民自由与公共卫生之间存在明显的紧张关系”①。重大突发公共卫生事件中人工智能伦理问题实则反映出人工智能技术进步、个人数据保护与公共安全三者间的紧张关系。笔者认为,重大突发公共卫生事件中人工智能应用的规范构建首先应明确原则,以人工智能伦理原则为引导,设计相应的风险指标体系,对人工智能在重大突发公共卫生事件中的应用提供风险管理指引,以便为人工智能伦理的健康医疗行业实践提供初步的应用指南,推动重大突发公共卫生事件领域中人工智能产业的良性、健康发展。

(一)重大突发公共卫生事件人工智能应用伦理原则

目前,国内外主要达成了两个影响较为广泛的人工智能伦理共识:“阿西洛马人工智能原则”(Asilomar AI Principles)和国际电气电子工程师协会(Institute of Electrical and Electronics Engineers ,IEEE)组织倡议的人工智能伦理标准。② 强调人工智能的伦理和价值原则包括安全性、透明性、优先考虑人类福祉、保护隐私、尊重自由、确保它们的设计者和操作者负责任且可问责等。

在人工智能与数据保护方面,2018 年第 40 届数据保护与隐私专员国际大会(International Conference of Data Protection and Privacy Commissioners,ICDPPC)通过了《人工智能伦理与数据保护宣言》(Declaration on Ethics and Data Protection in Artificial Intelligence),该宣言提出了公平原则、持续关注和警惕、系统透明度和可理解性、保护隐私原则、个人授权、消除偏见和歧视六个原则。

在借鉴国际社会已有的对人工智能的广泛共识伦理与数据保护伦理的内容和讨论之后,我国在重大突发公共卫生事件背景下,人工智能的原则应进一步厘定。因此,笔者提出重大突发公共卫生事件中人工智能应用四项原则,即人类根本利益原则、生命权利原则、公平公正原则与合理控制风险原则。

其一,人类根本利益原则。任何场景下人工智能技术的应用都应该以实现人类根本利益为终极目标,尤其是重大突发公共卫生事件与公民人身利益关联密切的领域,

---

① [美]劳伦斯·高斯汀、[美]林赛·威利:《公共卫生法》,苏玉菊等译,北京大学出版社 2020 年版,第 13 页。

② 参见 2019 年 4 月,国家人工智能标准化总体组发布的《人工智能伦理风险分析报告》。

更应强调尊重和保障人权,人类根本利益原则要求:(1)人工智能的研发与应用以促进人类向善为目的(AI for good),重大突发公共卫生事件中医疗大数据禁止用于不合抗疫目的的用途。(2)人工智能的研发与应用应当符合人的尊严,保障人的基本权利与自由,确保人工智能决策的透明性,确保算法设定避免歧视。(3)人工智能的研发与应用要关注个人数据保护与隐私权利,加强个人数据的控制,防止数据滥用。

其二,生命权利原则。重大突发公共卫生事件中人工智能应用应最大限度避免对人的生命安全、身体健康、精神和心理健康造成伤害或潜在威胁,尊重人格尊严和个人隐私,保障数据主体的知情权和选择权。

其三,公平公正原则。在重大突发公共卫生事件中应用人工智能时,应注意来源数据的广泛性与均衡性,尊重宗教信仰、文化传统等方面的差异,公平、公正、包容地对待不同社会群体,防止歧视和偏见。重大突发公共卫生事件中人工智能技术的开发设计保证数据主体了解自主决策系统的工作原理,从而预测其输出的结果,即人工智能如何以及为何做出特定约定。公开透明原则的实现有赖于人工智能算法的可解释性(explicability)、可验证性(verifiability)和可预测性(predictability)。数据来源的透明度也十分重要,病毒基因测序数据、病毒溯源数据、匿名化病例数据等数据应当尽可能全面反映社会情况。

其四,合理控制风险原则。一方面,在重大突发公共卫生事件中人工智能技术的开发和应用两方面,都应客观评估和审慎对待不确定性和技术应用的风险,力求规避、防范可能引发的风险,防止科技成果误用、滥用,避免危及社会安全、公共安全、生物安全和生态安全。另一方面,合理控制风险原则还要求权责一致,即重大突发公共卫生事件人工智能的设计和应用应当保证能够实现问责。应对重大突发公共卫生事件时,政府及所属部门掌握几乎全部健康医疗资源,对人工智能技术应承担主体责任,医疗机构、科研机构、企业、公众承担次要责任。

(二)重大突发公共卫生事件中人工智能应用伦理风险评估指标

基于重大突发公共卫生事件人工智能应用伦理原则,本部分分别从算法、数据和社会影响三个方面提出评估人工智能伦理风险的指标。

其一,算法方面。(1)透明度,算法的透明性是指在不伤害算法所有者利益的情况下,公开其人工智能系统中使用的源代码和数据,避免"技术黑箱"。要求适当公开算法的操作规则、创建、验证过程,或者适当公开算法过程、后续实现、验证目标的适当记录。(2)可靠性,是指在一定时间内、一定条件下可以无故障地实现特定的功能,并且,当输入数据非法时,人工智能算法也能够适当地作出反应或者进行处理,而不会产生具有伦理风险的输出结果。[①] (3)可解释性,是指算法所有者或使用者应尽可能地对算法的过程和特定的决策提供解释,有助于维护算法消费者的知情权,避免和解决算法决策的错误性和歧视性。可解释性要求算法本身具备解释产生某结果或某现象的原因的能力,如人工智能算法输入的哪些特性引起了某个特定的输出结果等。(4)可验证性,是指在一定条件下可以复现算法运行产生的结果。算法的可验证性有助于解决算法解释与算法追责问题。可验证性要求当输入某组特定数据时,同一算法会产生相同的结果。

其二,数据方面。(1)个人敏感数据处理的审慎性,在个人数据中着重认真对待个人敏感信息,要求严格限制对个人敏感数据的自动化处理,并对其进行加密存储或采取更为严格的访问控制等安全保护措施。(2)隐私保护的充分性,对个人数据的使用不得超出于收集个人数据时所声明的范围。要求当出现新的技术导致合法收集的个人数据可能超出个人同意使用的范围时,相关机构必须对上述个人数据的使用作出相应控制保证其不被滥用。[②] (3)数据采集合理目的性,针对个人健康数据设置合理目的原则,对数据处理者的数据处理范围进行限缩,当个人权益受到侵害时,应当允许数据主体主张数据处理者违背合理目的原则,以诉讼的方式请求赔偿。[③]

其三,社会影响方面。(1)向善性,人工智能的目的不应违背人类伦理道德的基本方向,在使用过程中不作恶,包括考察人工智能是否以促进人类发展为目的,以及考察人工智能是否有滥用导致侵犯个人权利、损害社会利益的危险,如是否造成歧视、侵害弱势群体利益等。(2)无偏性,人工智能的算法不能具有某些偏见或者偏向,这既可能和算法的设计相关,也可能和训练模型使用到的数据相关。无偏性要求使用的数据无偏性(使用的数据应该保持相对的中立与客观)和完备性(数据应该具有整体的代表性,并且数据应该尽量全面地描述所要解决的问题)。

(三)重大突发公共卫生事件中人工智能应用主体的权利、义务与责任

在重大突发公共卫生事件的人工智能应用中,卫生健康行政部门、相关应用机构与数据主体等三类主体的权利、义务与责任应当明晰。具体而言,基于重大突发公共卫生事件中人工智能应用伦理问题频发的现状,更应落实卫生健康行政部门与相关应用机构的义务与责任,明确数据主体享有的权利,从而更好地平衡人工智能技术进步、个人数据保护与公共安全三者间的紧张关系。

---

① 参见2021年7月,中国信息通信研究院发布的《2021认知智能发展研究报告》。

② 参见杨延超:《机器人法:构建人类未来新秩序》,法律出版社2019年版,第453页。

③ 参见唐林垚:《数字抗疫的部门法联动之维》,载《暨南学报(哲学社会科学版)》2022年第1期。

卫生健康行政部门应当统筹规划、组织制定全国健康医疗大数据标准,监督指导评估全国健康医疗大数据标准的应用工作。首先,充分发挥医疗卫生机构、相关企业等市场主体在全国健康医疗大数据标准应用实施中的积极性和主动性,建立激励和促进全国健康医疗大数据标准应用实施的长效管理机制。其次,卫生健康行政部门应当建立相应的健康医疗大数据标准化产品生产和采购的激励约束机制,并积极推进健康医疗大数据标准规范和测评工作,将测评结果与医疗卫生机构评审评价挂钩。

在健康医疗大数据的数据采集、存储、挖掘、应用、运营、传输等多个环节中加强安全管理,落实健康医疗大数据相关应用机构的主体责任。重大突发公共卫生事件中人工智能的设计师、开发人员或运营者,每个人都应当有自己特定的责任,以达到每个人工智能应用方案都有一个法人或自然人对该人工智能应用方案负全责。尤其是在使用自动化决策时,相较于困难地使用公开算法对极为复杂的人工智能系统的决策逻辑进行具体验证,在外部监控人工智能系统的决策过程,即通过对照系统的预定目标审查决策本身和道德治理,更具实用性。必须查明超出预期结果或决策范围的自动化决策,并进行干预。在监测过程中,要避免完全由机器监控机器的风险,换句话说,需要精确检测自动化决策的使用,不应鼓励在最终决策中使用自动化决策方案,而只应将其作为某些领域决策支持的一部分,人权评估应始终与数据保护评估一同进行,以全面了解必要的框架条件。人工判断必须始终主导人工智能监控过程,以确保即使在自动化决策的情况下,仍有适格的责任主体。另外,引导人工智能研究人员自觉遵守科技伦理要求。人工智能研究人员要主动学习人工智能伦理知识,增强人工智能伦理意识,自觉践行人工智能伦理原则,坚守人工智能伦理底线,发现违背人工智能伦理要求的行为,要主动报告、坚决抵制。

首先,数据主体应当享有处理透明权,健康医疗大数据控制者必须告知数据主体所具有的公平、透明地处理其健康相关数据的权利,具体而言,应当告知数据主体以下信息:健康医疗大数据控制者和处理者的身份信息和详细联系方式;健康医疗大数据的来源、类别、存储时长、处理目的及法律依据;告知数据处理的各个环节向谁提出此类投诉;健康医疗大数据的拟议数据处理有关的进一步信息。其次,数据主体应当获取健康医疗大数据的可移植性,纠正、擦除以及反对处理健康相关数据。数据主体有权擦除处理方式与法定方式相悖的健康医疗大数据,有权纠正不准确或误导性的健康医疗大数据,有权以与其生活和福祉有关的理由反对对其健康医疗大数据进行数据处理。最后,数据主体有权不服从仅基于对其产生重大影响的自动处理作出的健康医疗大数据决定。只有与所追求的目标、尊重健康医疗大数据保护权、隐私权以及为保护数据主体的基本权利和自由所提供的适当和具体保障措施相称的法律,才能允许豁免。

智慧司法

智慧法院建设视域下智能裁判系统在民事诉讼中的定位与未来*

戴可婧** 洪海林***

摘　要：智慧法院建设作为我国法院信息化建设中的重要组成部分，是当前我国司法改革进程的关键内容之一。随着试点的放开，各地积极探索推动人工智能与司法改革的深度融合，但随着法理思考与实践开拓逐渐向纵深发展，一些新兴智慧法院建设产品开始引起人们的警惕与反思。本文提取了智能裁判系统这一典型产品作为范例、借鉴马克斯·韦伯对于工具理性与价值理性的界分思维自中央政策向地方实践进行剖析与反思，由此发现智能裁判系统在政策与规范上拥有进一步的发展空间，但在技术与司法伦理价值上均存在一些问题，进而提出了一些分析与解决思路，并集成前沿研究，形成一些具备普适意义的评价规范，以期推动智慧法院建设良好健康发展。

关键词：智慧法院建设；智能裁判系统；技术理性；价值理性

引　言

在习近平总书记系列重要讲话精神和全面依法治国战略的指引下，人民法院的信息化建设被赋予重要价值，成为我国司法事业迈入新阶段必不可少的重要环节。其中，智慧法院建设作为服务我国民主法治建设的一大路径，主要围绕我国法院案多人少的矛盾、人民群众对便捷司法服务的需求以及移动互联发展的客观趋势进行规划。当前，在审判中心主义的改革理念下，审判阶段智能化的研究备受关注，然而，受限于技术与司法伦理价值的理性站位，其仍处于一个与未来接轨的模糊空间中。由此，针

---

* 2021 年重庆市研究生科研创新项目（编号：CYS21190）资助成果。

** 西南政法大学民商法学院 2020 级学术型硕士。

*** 西南政法大学民商法学院副教授。

对智能裁判系统内涵与外延的讨论逐渐增加,国内外法院在这一层面的探索与实践进入了学界视野。

立足我国审判实践的现实需求去正确定义及看待智能裁判系统,是妥善推进智慧法院建设、优化智慧审判路径的重要一步。因此,我们应当尽可能全面地审视我们构想中的智能裁判系统,审视其功能与真实的司法需求是否匹配,在智慧法院建设中是否存在向纵深发展的空间,以及是否能在保持司法公正的前提下更深层地融入科技革命的浪潮。

本文试图在我国推进"智慧法院"建设和法院信息化建设的大背景下,结合国内外实践现状,探索民事诉讼中"智慧审判"环节应当如何基于司法价值、围绕现实需求去塑造这一科技产物的伦理形态,以及如何正当化、合理化该产品对传统审判程序的改变甚至重塑。

一、制度回应:人工智能变革下的司法体制

(一)智慧法院建设与法院信息化建设

"智慧法院建设"和"法院信息化建设"两个概念常常交替出现,有必要厘清二者关系以深度聚焦智慧法院的各环节优化。时任最高人民法院院长周强曾经强调,"司法改革和信息化建设是人民司法事业发展的车之两轮、鸟之双翼"①。由此可见,从宏观规划来讲,信息化建设与司法体制改革应当是并行的战略举措,二者相互依托、相互促进。从作用范围来讲,人民法院的信息化工程贯穿案件办理全流程,亦作用于法院的人员与业务管理,具备更广泛、更基本性的功能意义。因此,智慧法院建设必然以一定的信息化水平为前提和基础。近年来,我国以互联网为载体,通过自上而下的政策支持以及地方因地制宜的求实创新,形成了有序的线上工作样态,并向"全业务、全流程、全方位"的目标拓展。这一司法新生态的形成与健全,在新冠疫情期间展现了巨大的优势。在法院信息化建设全面升级的背景下,智慧法院立足于人民法院的司法职能定位,得益于信息化建设全面开展的工作模式创新,承载着社会公众关于法院智能化改革发展的诸多关切与思考。

(二)智慧法院建设的顶层设计

1.智慧法院的宏观政策方案

回顾来时,智慧法院从试点到铺开的步子迈得扎实、稳健,这与阶段性政策指导密不可分。自2016年被列入国家信息化战略,智慧法院建设之构想逐渐清晰并形成了一

① 周强:《以习近平总书记系列重要讲话指导司法改革和司法实践》,载《中国审判》2015年第19期。

个庞大的体系。2017 年,周强在全国法院第四次信息化工作会议上指出,智慧法院建设要求充分利用好信息化系统,实现“全业务网上办理、全流程依法公开、全方位智能服务”,以科技赋能审判业务的网络化、阳光化和智能化升级工作。[①] 但是,以上的政策表述主要还是停留在信息化建设的要求上。2017 年发布的《最高人民法院关于加快建设智慧法院的意见》,在智慧法院建设的技术层面强调了“创新驱动、安全发展”的观念,要求地方结合审判工作实际,加强技术研究、促进成果转化、保障信息安全。这一表述实际上肯定了法院与外部技术支持者进行深度合作的可能性,为开发智能化特征更鲜明的审判工具提供了政策支持。此外,《人民法院信息化建设五年发展规划(2019—2023)》也鼓励人民法院信息化科技创新工程有序推进,支持结合地方实际开展技术创新和本地示范工程。如今,随着法院专网全覆盖工程告捷以及智慧法院地方试点成果的丰富,宏观性的政策指导难以面面俱到,因而较多的配套实施机制便应运而生。

2. 智慧法院的配套实施机制——以智慧审判为视角

近年来,最高人民法院制定并发布了针对智慧法院建设具体问题的一系列规范性文件作为统筹指导,形成统一化、规范化的形态。自 2021 年发布《人民法院在线诉讼规则》和《人民法院在线调解规则》之后,最高人民法院在 2022 年 1 月发布了《人民法院在线运行规则》(以下简称《在线运行规则》),三者均为司法解释性质,其中《在线运行规则》在制定目的、规范内容等方面均更为完备,是对当前司法活动开展特点和智慧法院建设实际进行全面考察后制定的集成规则,在第四条明确了智慧法院信息系统用以支撑在线司法系统的各个要素。在实施原则上,除了基础的便利性和实效性外,《在线运行规则》突出了对创新性和安全性的重视,即要求在创新在线司法运行模式的同时应当兼顾安全与理性。

为更好理解并有针对性地优化智慧法院建设的各环节,有学者将当前的建设模式归纳为一种“平台化 + 智能化”的形态。所谓“平台化”即在线平台的全流程应用,以高效、透明为突出特点;所谓“智能化”则突出体现人工智能技术与司法实践的融合,且该智能化以合乎司法规律、满足实践需求为目标,[②]相对于“平台化”而言,“智能化”更能体现智慧法院建设与时俱进的需求,当然也包含更大的理论实践难度。在司法运行的各个环节中,作为中心的审判环节的“智能化”(智慧审判)理所应当成为改革的焦点部

① 参见《加快智慧法院建设 推进审判体系和审判能力现代化》,载《人民法院报》2017 年 5 月 12 日,第 4 版。

② 参见魏斌:《智慧司法的法理反思与应对》,载《政治与法律》2021 年第 8 期。

分。《在线运行规则》明确列举了智慧审判系统所囊括的应用类型,其中的智能裁判辅助系统、量刑规范化系统在当前国内仍没有较为清晰的界定,仅有“裁判辅助”的功能定位,该定位表述虽明确了智慧法院信息系统的工具属性,但其中用于辅助法官办案的智能裁判系统究竟是如何深度介入审判中的人力工作及其正当性是否拥有足够的理论支撑,是仍待审慎考虑的问题。下文将继续以“智能裁判系统”统称该类智慧审判前沿应用方式并进行探讨。

(三)智能裁判系统触及的程序价值

智能裁判系统是“利用大数据资源、法学理论研究成果和AI模型算法,通过横向对案件标准化要件提取与标注、纵向对裁判思维的梳理与整合进而构建的一种办案系统”[①]。在辅助工具的定位下,智能裁判系统的设计目的和运行原理均是基于法官角色的部分职能与特点展开的。以下将选取传统的“大前提——小前提——结论”推理规则,结合当前智能裁判系统在民事诉讼中的运用思路,对传统民事诉讼程序价值可能面临的挑战进行梳理与思考。

1. 事实判断

在民事诉讼中,针对原被告所主张的案件事实,法官有“查明”的职责。这一过程是需要依靠程序法则进行的,离不开庭前的证据交换和庭审中的质证手段,经过这些步骤达到相应的证明标准后才能使法官对该事实形成内心确信。这在民事诉讼原理中,与法定证据主义及自由心证主义密切相关。在法定证据主义框架下,应当采用的证据方法类型、证据的种类和证明力等均有法律的明确规定,法官须受此规定约束;在自由心证主义框架下,法官对于证据采信与事实认定拥有一定自由判断的空间,但仍受到高度盖然性证明标准的约束。

在事实判断的思维模式里,尤其是在自由心证主义框架下,我们构想的智能裁判系统对于案件事实的认定仍然会高度依赖司法人员所给出的特定结论。即使法官能够调用类案数据库及算法得出一些结果,但从输出结论到生成裁判文书前,法官必然需要运用证据与证明规则去进行严密的审核,这实际上未必能在整体上减轻司法资源的消耗。但在拥有明文规定的法定证据主义范围里,智能裁判系统有更为清晰的标准可抓取,进而能够较为精确地生成事实认定部分的内容,有效降低司法人员的工作量。然而,须依靠自由心证与高度盖然性标准认定事实的情形在实务中极为常见,因此在“证据——事实”的判断过程中,人的认知活动占据极大比重,且不同案件都有自己或

---

① 蔡一博:《智能辅助:AI下民商事办案系统的建构——以裁判思维与要件标注为切入点》,载《东方法学》2018年第3期。

大或小的独有特征，算法对这一部分的信息处理能力是相对有限的。由此，在事实认定环节，人的贡献程度较大，将认定案件事实的实质性工作交由司法人员完成，而由智能裁判系统通过人工标记截取有效句段置于最终的裁判文书中，使裁判系统呈现辅助性的特点与功能。

2. 法律适用

适用法律以找法为前提，而找法的结果有三种可能——有、无或不确定概念。① 智能裁判系统在理论上的基础功能便可以通过要素匹配来完成对法律规则的检索，而后按匹配度进行排序以供法官采纳，并提供相应建议。此处的"不确定概念"指的是不存在客观判断标准的概念，如"显失公平""合理期限""不合理危险"等。在这类模糊状态下，法官在审理过程中必须对该案事实是否符合该不确定概念进行表态，即通过论证过程让此概念具体化，针对此概念从个案视角进行价值补充。② 这类不确定概念在智能裁判系统的应用中，可以借助民法理论赋予通用性的定义，随着案例库数据量不断增加，特殊情形不断被纳入，不确定概念的界定任务或将不断与时俱进，逐渐进入高效、平稳的运行状态。按照这一逻辑，智能裁判系统在法律适用这一推理步骤中能够起到一个"设置一般操作规则"的作用——在法条检索明显得出无解（法无明文的）状态时，及时指引法官重新审视案情，调动基本原则、立法目的和其他法律渊源进而作出针对性阐释；智能裁判系统在进行法条检索时，一旦定位到含有不确定概念的法律条文，将会把针对此概念的普遍性解释方法呈现给法官，便于法官展开法律解释和论证。

3. 自由裁量

法定程序规范的边界应当在多大程度上加以固定，以及在多大空间内给予司法机关和当事人自主选择的权利，这是一个原理性、政策性课题。③ 智能裁判系统在智慧法院建设中的适用问题或许也如民事诉讼程序中"强制——裁量"之边界那样难以言说，因此在技术上和程序价值上都是人工智能需要突破的瓶颈。

目前存在一个较为普遍的共识：人工智能的逻辑论证过程不能取代人类的思维活动。但是在智慧法院建设构想中，我们始终会期待智能裁判系统在"撰写"裁判文书时能够完成一定的裁量性工作并产出具有一定示范意义的结果，尤其是当涉及运用价值观念、伦理感情进行利益衡量时，期待智能裁判系统也能发挥所长。在存在法定赔偿原则的争议领域中，法官在判定赔偿额时须以法定赔偿额为上限，在这类领域里，"人

---

① 参见梁慧星：《裁判的方法》，法律出版社2003年版，第36页。

② 参见梁慧星：《裁判的方法》，法律出版社2003年版，第37~40页。

③ 参见王亚新：《对抗与判定——日本民事诉讼的基本结构》（第2版），清华大学出版社2010年版，第123页。

工智能借助机器学习的原理会给法官提供强有力的裁判示范参考"①。机器学习的原理结合类案检索的相关要求,②对于法定赔偿原则主导的民事案件审判效率将有较大助益,即由经过类案学习的人工智能打造智能化工具来确定一个合理的赔偿金额参考值(或区间),使司法机关体系内部在同类案件中的裁判尺度保持一致,保障体系内部的协同,同时提升司法公信力。

4. 延伸思考

法官裁判的"逻辑公式",是"区别于其他的解决争议方法的标志"。③ 当前学界的很多讨论均聚焦在智能裁判系统介入该逻辑推理全局的宏观理论假设上,往往会提及在算法语言下人工智能是否能够复刻这一演绎推理过程的现实问题。如前所述,在最终的裁判文书中,智能裁判系统在事实判断问题上,较难发挥出算法逻辑的优势,但其有望在案件概要、判决主文部分根据事实和理由中的关键信息进行自动生成,并根据机器学习成果,形成一个范式化的论述体系。而裁判文书中事实与理由部分中围绕争点展开的归纳和法律判断,仍需要法官倾注脑力。这既是受制于技术限制的结果,也是为了尽可能避免个案中论证分析的针对性和具体性在引入辅助工具后显著弱化,导致裁判文书的专业性程度降低。

二、实践观察:智能裁判系统的建设现状与框架思考

(一)信息化建设下我国智慧审判新样态

"十四五"建设时期,人民法院以司法数据中台、智慧法院大脑、在线法院建设为牵引,大力推进人民法院信息化4.0建设。④ 在智慧审判领域,人民法院着力构建全业务网上办理平台,打造审判辅助工具,积极探索无纸化庭审模式,塑造互联网审判新模式,⑤减少法官在审判之外的大量事务性工作。当前,智能案例推送、裁判文书自动生成、文书自动纠错等功能已经在多地投入使用,有助于审判辅助工作一站式建设的落

① 杨延超:《人工智能应用于司法裁判的法理分析》,载陈甦、田禾主编:《法治蓝皮书:中国法院信息化发展报告No.5(2021)》,社会科学文献出版社2021年版。

② 最高人民法院于2020年7月发布的《关于统一法律适用加强类案检索的指导意见(试行)》第二点明确了人民法院办理案件时应当进行类案检索的条件。

③ 梁慧星:《裁判的方法》,法律出版社2003年版,第6页。

④ 参见周强:《科技创新驱动智慧法院建设　司法服务保障科技创新——在"信息技术与法治建设"科学与技术前沿论坛上的讲话(摘登)》,载《人民法院报》2021年5月17日,第2版。

⑤ 参见中国社会科学院法学研究所法治指数创新工程项目组:《中国法院"智慧审判"第三方评估报告(2020)》,载陈甦、田禾主编:《法治蓝皮书:中国法院信息化发展报告No.5(2021)》,社会科学文献出版社2021年版。

成。但是,各地仍存在平台重复化建设、智能化水平不足、信息精确度欠缺等问题,“智慧”往往仅停留在“无纸化”的阶段,未能向纵深发展,各地建设水平也不一致。当前,推动全国法院形成数字化办案生态和探索诉讼全流程的在线开展是多数法院重点宣传的智慧法院建设主要成果,裁判本身的智能化或是下一阶段应当尝试与挑战的目标。

(二)智能裁判系统搭建方式的归谬与破局

从现代计算机诞生之初,我们便在各类领域展开了对“机器人”能力界限的无尽遐想。关于人类法官是否会被替代自然而然也成为该类话题在法律领域的分支。有学者认为,“人工智能是否能代替人类法官”这一问题至少包含了五个方面的内容——分别是在技术上、司法道德上、商业运行上、法治文化上及在法理上的正当化可能性。[①]而当前,我们的司法系统已经将大数据、人工智能产品定位为司法辅助工具(智能裁判辅助系统),[②]“替代”这词实难在我国目前的司法语境下占据一席之地,但对于“机器人法官”地位的决绝否定和对此类辅助工具发挥出色效用的期待,是相对而言较能形成普遍共识的一种态度,具体而言,即将“模仿法官的思维方式”作为开发这一系统的目标,之所以依旧要研究和归纳法官的思维习惯与行为模式,是为开发智能裁判系统提供参考资料与建构思路,而非是一种将自然语言“强加于”机器的做法。总之,若将智能裁判系统看作人工智能参与实体性司法活动的唯一表现,将容易陷入技术层面或伦理层面的无尽对比中,推荐转变思路,以“目的——结果”为导向。笔者认为,后续研究中,学界应当摒弃一味地用“模仿”去概括和描述智能裁判系统的规划设计。应明确:智能裁判系统作为辅助工具,其应用的最终目的是使人力能够借助智能裁判系统以正当合理的方式产出社会公众能够接受的裁判文书,为实现此目的/达成此结果,由此引申出有关的分支讨论话题,如类案推荐的针对性优化、预测模型的构建、法律关系的挖掘等。

(三)智能裁判系统构建思路

随着技术的进步,人们在看到人工智能在事实查明和法律适用环节的辅助实践后,自然会进一步期待智能裁判系统依靠其强大的知识采集能力与可靠的算法流程设计,在自由裁量环节的考验中也能有优秀的表现。对此,有学者认为,可推动该类智能

① 参见[英]理查德·萨斯坎德:《线上法院与未来司法》,何广越译,北京大学出版社2019年版,第283页。

② 最高人民法院《人民法院在线运行规则》第6条第2款规定:“智慧审判系统包括审判流程管理系统、电子卷宗流转应用系统、智能裁判辅助系统、量刑规范化系统、庭审语音识别系统等。”

裁判系统在案例与解释的智能搜集方面为个案裁判结论提供可靠支持,[①]实际上在2015年前后,司法资源智能推送、诉讼结果预判、审判偏离度预警分析系统等功能便已经在司法实践中初步实现。[②] 这些成果无疑是智能审判新的发展点,但目前仅承担当事人终端或法官终端部分任务的辅助工作,系统性、精确性、全面性等方面仍有欠缺,也未能得到大范围推广。

人工智能介入自由裁量环节时,必然离不开对于"大前提"与"小前提"是否匹配的判断任务。早在20世纪80年代就有学者指出了一条路径(实际上现在依然是主流思路之一),即由系统建设者通过访谈等形式,提取法律知识与推理过程并将其编写为复杂的决策树形式,最后将流程清晰化以便普通用户使用。[③] 这一路径仍是以模仿法官思维方式为出发点的,机器学习原理是该路径的底层逻辑,同时,也是司法人工智能能够对个案展开分析的必备要素。关于这一算法逻辑如何搭建,即该智能裁判系统的机器决策与人为干预的各自内容与比重如何确定的问题,成为智慧法院建设研究中技术与司法的关键交融点,并在实践中具象化为不同的问题。

(四)智能裁判系统实践反思——以"凤凰金融智审"为例

2019年9月,无实体的AI法官助理"小智"在浙江省杭州市首次亮相。据相关报道文章,该智能裁判系统选择民间借贷等三类案件作为攻关对象,构建知识图谱和模型算法,一并采用了模拟法律推理过程的专家系统和机器深度学习两条技术路线。目前,在程序性工作之外,"小智"还能对案件资料进行智能分析、实时归纳庭审争议焦点、计算数额、撰写文书等。其间,法官能够清晰获知系统工作进程并介入修改。对此,"小智"会自动向法官进行类案裁判偏离提示,并能够据此实时更新后续算法进程,实现自我学习迭代。[④]

从"目的——结果"视角来看,"小智"在表面上呈现出了与法官思维近似的特征,如能够根据关键词分析文书与证据、概括案件争点等,但其实际上仅在产出结果上做到了基本一致。如今,媒体将"机器人法官"作为宣传对象一方面确有展现我国智慧法院建设成果的良好社会效益,但另一方面,却忽略了人类法官道德推理与价值判断能力的独特性,也忽略了人类法官是拓宽裁判思路、不断丰富现有案例甚至制定法的不

---

① 参见张卫平:《民事诉讼智能化:挑战与法律应对》,载《法商研究》2021年第4期。

② 参见余建华、高焕良:《浙江高院联手阿里巴巴打造"智慧法院"》,载《人民法院报》2015年11月25日,第1版。

③ 参见[英]理查德·萨斯坎德:《线上法院与未来司法》,何广越译,北京大学出版社2019年版,第270页。

④ 参见刘克勤、孟焕良、徐琦:《AI法官助理开启智能审判新模式》,载《浙江人大》2019年第11期。

竭动力。制定法不会停止与时俱进的步伐,但当前技术仍无法达成相应目标,因而我们不能淡化法官的重要地位,我们仍需要大力培养法官队伍以应对新领域及新问题,而非盲目向人工智能"逃逸"。

三、理论引介:智慧裁判系统的价值理性与技术理性

(一)理性视角的应用

马克斯·韦伯在其论述中,对社会行为里的"价值理性——目的理性"这一对范畴进行了概念框架的建构,对后世影响甚广。首先,韦伯所讨论的社会行为包含了两个构成要素:一是行为目的与他人行为相关;二是为了与他人交往而实施。在此定义下,马克斯·韦伯对于社会行为的分类大致可以划归为理性行为与非理性行为:属于非理性行为的有感情支配下实施的行为以及依传统作出之行为,属于理性行为的有"目的——理性"行为与"价值——理性"行为。[①]

其次,马克斯·韦伯认为,基于目的理性的行为是人们受某种目标驱使且经过合理决定后作出的,且行为主体将其对外界个体或群体会采取同样行为的期待视作自身作出该行为的条件或方法;而基于价值理性的行为则不受任何目标驱使,而是人们根据对该行为之价值的信仰作出、以非强制性规范(道德、美学或宗教)为行为标准的行为。[②] 进一步讲,前者的合理性体现在行为方式与期待目标的衔接上,类似行政法上的合目的性思维,重点在于"手段"和"工具";后者的合理性体现在行为本身是否符合主体的主观价值标准与立场,重点在于"价值"。由此,马克斯·韦伯将这两种不同的行为倾向称为价值理性和工具理性,便于其考察社会行为并展开逻辑分析。[③] 这两种理性行为具有较强的讨论范式性质,对智慧法院建设的宏观探讨和微观理解均有一定助益。

依据我国的智慧法院建设规划,智能裁判系统具有显著的辅助性,进而凝结了要求手段与目的紧密衔接的工具理性思维。与此同时,智慧裁判系统以融合科学技术推动为显著特点,而技术作为人类改造客观世界的手段,与工具理性之间存在天然的契合性。但是,纯粹的工具理性思维排斥价值判断因素和人为干扰,亦排斥创造性的存

---

① 参见[德]马克斯·韦伯:《经济与社会》(上卷),林荣远译,商务印书馆1997年版,第55~56页。

② 参见[德]马克斯·韦伯:《论经济与社会中的法律》,[英]埃德华·希尔斯、[英]马克斯·莱因斯坦、张乃根译,中国大百科全书出版社1998年版,第1页。

③ 参见王彩云、郑超:《价值理性和工具理性及其方法论意义——基于马克斯·韦伯的理性二分法》,载《济南大学学报(社会科学版)》2014年第2期。

在,如此种种使其饱受批判。[①] 显然,这一思维并不符合对一项存在政策、实践、制度等多方面要素影响的改革制度进行全面评价的要求。由此,我们认为,技术与司法伦理价值呈现出了一个紧密交织的形态,因而在运用工具理性思维分析智能裁判系统议题时,不应完全抛开主观价值因素,使得在"技术"与"司法价值"之间筑起壁垒。基于这一思路,下述分析将以"技术理性"作为智慧法院建设的工具意义探讨视角,将传统司法伦理等主观价值因素作为"价值理性"在本议题下的定义,立足"技术"二者对立统一的关系,以智能裁判系统为切入点,分析其在"双理性"视角下展现的两条矛盾主线及其背后各自的理论问题,并揭示两类理性在推进智能裁判系统应用的冲突与平衡中融合而成的跨学科前沿议题及相关研究发展方向,最后试形成一个能够用于评估智慧法院建设各类前沿技术应用的"双理性"分析框架,为我国智慧法院建设整体协调推进保驾护航。

(二)技术理性方面的影响因素

该部分关注的是应用于智慧法院建设的技术基于其本质属性与特征产生的相关议题,其中最根本的话题便是人工智能引入审判环节的技术可能性。显然,当前司法人工智能的发展与法院信息化建设的卓著成果几乎能够消除我们对于该类技术实现可能性的初步担心,进入下一轮更具挑战性的技术攻关中。

1. 数据基础的完备性

数据是指通过观测得到的数字性的特征或信息,可以用于一切人类组织性活动形式中。经过分析,数据可以借助表格、图像等方式实现可视化。当前,计算机方面的很多重大进步其实并非来自明确的编程系统,而是由机器从大量沉淀数据中进行"学习"得来的,[②]因而智能裁判系统的建设必然要以大量案件数据作为机器学习的信息来源与基础。

近年来,人民法院着力实现移动专网与后台数据的对接。最早迈开大步的试点地区在前期法院信息化建设的成果之上,引入了大数据和云计算工具。根据中国社科院法学研究所统计,截至2020年年底,人民法庭工作平台已接入法庭1万余个,完成400多万个案件的数据采集工作,采集人员数量达3.9万人,总共采集全国基础数据128项。此外,最高人民法院牵头建设了作为中国首个案例大数据融合服务平台的法信平

---

① 参见徐骏:《智慧法院的法理审思》,载《法学》2017年第3期。对于工具理性的批判可参见仰海峰:《法兰克福学派工具理性批判的三大主题》,载《南京大学学报(哲学·人文科学·社会科学版)》2009年第4期。

② 参见[英]理查德·萨斯坎德:《线上法院与未来司法》,何广越译,北京大学出版社2019年版,第282页。

台，截至2020年年底，法信平台已累计2.99亿人次的浏览量，并实现了与全国3200家法院内外网的同步，成为目前中国容量最大的法律应用知识资源库。①

从这一建设成果看，我国智慧法院建设已经在一定程度上突破了法院仅有内部数据流通的瓶颈，逐渐形成全国统一的"一盘棋"，借助数据驱动发展，在法律框架下实现人民法院内部管理与外部沟通的流畅化、公开化、整合化，避免出现信息孤岛现象阻碍地方司法改革。但缺陷必然是存在的。在标准化数据开发模式下，前期调研、模型设计、性能测试直至系统上线运行是一个完整的链条，且后期可能需要根据不同应用场景进行再次优化，这便需要稳定且充足的资金支持，另外，可能会要求司法工作人员投入一些时间成本。在先前的建设中，由于各地法院在信息化建设中普遍存在重复建设的问题，智能裁判系统的数据土壤并不坚实，存在较大的资源浪费。

现今经过优化的统一数据平台，应当已较好解决数据重复的问题，但是在浏览法信、中国裁判文书网等平台时，我们仍能发现，各地上传的裁判文书质量良莠不齐，且关键词查找的检索系统智能程度近年来仍未能得到明显改善，意味着智能裁判系统所依赖的类案推送等工具的运行基础是一个不完备的数据库，对于该系统的开发产生了较大的障碍。这是在技术理性视角下应当攻克的首要问题。司法大数据平台的充分运用，能够使数据服务于具体案例，服务于法院案件管理和数据分析工作，还可以作为智能裁判系统的改良依据，并从其运用中获取新的司法需求用以改良产品。2015年，最高人民法院印发的《人民法院案件信息业务标准(2015)》成为"人民法院信息化3.0时代"的基础性标准。该文件强调了集中全国案件数据、严抓数据质量、促进数据共享、保障数据公开的要求，②可见，司法数据的完备性始终是智慧法院建设的一大重要课题。

2. 数据可控性和安全性

在法庭进行事实认定和法律适用的过程中，确定性是重要的目标追求，因此才会有多重的标准对相应的事实与规范作出限定。智能裁判系统的建设过程则体现为对数据可控性与安全性的要求。司法活动的参与者愿意真实、详尽地提供各类信息，是出于对数据使用者的信任，相信他们具备相应能力且将会审慎地保管、使用和处理获取的数据。③ 另外，智能裁判系统在进行机器学习的过程中涉及大量隐私信息，即使法

---

① 参见中国社会科学院法学研究所法治指数创新工程项目组：《中国法院"智慧审判"第三方评估报告(2020)》，载陈甦、田禾主编：《法治蓝皮书：中国法院信息化发展报告No.5(2021)》，社会科学文献出版社2021年版。

② 参见罗书臻：《最高人民法院印发案件信息业务标准》，载《人民法院报》2015年9月7日，第1版。

③ 参见徐骏：《智慧法院的法理审思》，载《法学》2017年第3期。

院信息平台的隐私保护在多轮信息化建设中已经建设得较为成熟,但由于存在信息技术服务机构这一非诉讼活动主体的参与,因而应当在数据和隐私安全方面加强建设,取得社会公众的充分信任。

针对这一要求,2020年,最高人民法院牵头建设并上线了内外网一体的“人民法院司法区块链平台”,并组织相关信息化标准编制,为全国法院提供通用的存证和验证能力,面向各类应用系统和司法数据开展了区块链存验工作,目前全国累计已有数百家法院、上千个系统对接实现了上链。[①] 在智能裁判系统建设视角下,这一新模式能够在案例数据库全国“一盘棋”的基础上进一步加强地域合作,推动区域性案件快速高效办理。在各类通行标准之外,地方法院亦在探索本地化标准体系以提升数据的可控性与安全性,为智能裁判系统的机器学习建立一个稳定安全的互联网案例库环境。

此外,学界和实务界已开始重视区块链技术的应用,依托其禁篡改、可回溯的特性,采用新式的真实性认证方法,在获取、使用、处理等多个环节构建隐私安全保障体系,加强对在线审判的支撑,[②]在保护诉讼参与人信息的同时,保护国家秘密、法院的内部信息以及司法人员的个人信息,防范信息窃取、信息篡改等不法行为。区块链这一技术在我国智慧法院实践中亦积累了一定的经验,如北京法院鉴于区块链去中心化的特征,认为不能排除存在恶意攻击的极端情况,采取了多重源头加密和全生命周期保护加强数据传输环节的安全性能,降低传输过程中数据信息泄露的风险。[③]

3. 理想的智能裁判系统

一方面,如前所述,可以试着勿将理想化的智能裁判系统理解为模仿人类法官开展事实洞察、法律发现、推理创造等工作的辅助性产物抑或是替代性产物,而是遵循结果主义导向,将“能够相对独立地产出法官依据传统办案逻辑做成的判决书的人工智能”——作为智能裁判系统的实用定义。在当前的技术发展水平下,我们已经拥有了“凤凰金融智审”这样振奋人心的实践成果,我们也可以畅想等到某个技术成果出现,

---

① 如四川省人民法院从数据标准、业务标准、组织保障和管理要求四个维度开展标准化体系建设,实现全流程的规范性和标准化。参见四川省高级人民法院课题组:《基于大数据平台的新型智慧法院应用生态构建》,载陈甦、田禾主编:《法治蓝皮书:中国法院信息化发展报告 No.5(2021)》,社会科学文献出版社2021年版。

② 参见中国社会科学院法学研究所法治指数创新工程项目组:《中国法院“智慧审判”第三方评估报告(2020)》,载陈甦、田禾主编:《法治蓝皮书:中国法院信息化发展报告 No.5(2021)》,社会科学文献出版社2021年版。

③ 参见北京法院“区块链”课题组:《北京法院区块链建设调研报告》,载陈甦、田禾主编:《法治蓝皮书:中国法院信息化发展报告 No.5(2021)》,社会科学文献出版社2021年版。

那时的智能裁判系统将会在一定的案件范围中做到极致,即不仅能够产出附有说理内容的判决结果,还能注意到个案差异,在每个案件中实现最大化的公平正义,并得到当事人的认可。

另一方面,应当警惕功能主义走向盲目化。从经验逻辑上讲,智能裁判系统是一种具有前瞻性的智慧法院技术产品,其当前实践较少,且在各环节都与人工智能的技术突破息息相关,须依靠计算机工程领域的专家学者去完成,但技术工作开展必然需要司法工作人员或相应领域学者根据业务需求为技术研究指明方向,否则容易陷入"手段导向"的技术开发路径,为实现"智能化"而忽略司法实务中真正的需求。总之,在研发智能裁判系统的方向问题上,应当注重目的导向的技术理性,再度审视信息化建设与智慧法院建设在概念层次、功能定位与实施内容上存在的本质性差异,将价值理性(司法伦理)作为一种前提性、保障性的因素置于这一审视环节中。

4. 类案推送功能的优化

为贯彻落实"同案同判"的要求,类案推送成为当下司法实务部门较为重视的改革内容和最抱有期待的技术类型。当前我国法院审判阶段的智能化主要集中在类案推送与类案检索方面,即依靠法官根据具体案件情况提取关键法律要素,并主动在数据库中检索近似案例,作为审判的参考依据。从技术视角看,类案检索技术具有一定的发展前景,在当前中央加强类案检索、确保统一司法适用的号召与政策要求下,智能裁判系统由于包含类案检索机制,能够在一定程度上起到拓宽裁判思路、发散裁判思维的作用。但当前传统搜索存在数量过多、精度较低的缺陷,深层次原因则是技术瓶颈仍未有重大突破、数据库不全面、类案检索制度不健全等。① 为解决这一系列问题,有学者提出,应当树立场景化思维,结合审判具体情境和实际需求,提供个性化的类案推送,根据法官审判习惯给出智能提示,在审判期间提供全量相似庭审环节和情形的案例样本和知识点,在庭后提供类案集合的全量数据分析,②也就是在场景上区分各种类型,在数据上做到标准化、追求完整性、维持可靠性、确认有效性、保证唯一性,在计算上完成将信息从提取、排列到标注、输出,真正推动"检索"向"推送"的转变。另外,也有学者对主要的关键要素进行总结,归纳出构成要件、法律法规、争议焦点、案件推理类型、案件论证模式等带有可识别性的要素特征。③

---

① 参见左卫民:《如何通过人工智能实现类案类判》,载《中国法律评论》2018 年第 2 期。

② 参见陈琨:《类案推送嵌入"智慧法院"办案场景的原理和路径》,载《中国应用法学》2018 年第 4 期。

③ 参见魏斌:《智慧司法的法理反思与应对》,载《政治与法律》2021 年第 8 期;左卫民:《如何通过人工智能实现类案类判》,载《中国法律评论》2018 年第 2 期。

(三)价值理性方面的影响因素

价值理性以主观价值因素为核心衡量标准,而不注重目的与结果,此处聚焦的是技术的非本质特征所引起的价值理性方面的议题及细节内容。这一部分最基本的话题是智能裁判系统在司法伦理价值上的可接受度。当前,智慧法院建设迈出的步伐较为大胆,且已有"凤凰金融智审"等实践成果走在前沿,但仍有一系列伦理问题亟待解决。

1. 法官决策者角色的弱化

对现代人而言,线上活动已经占据了生活的很大一部分。鉴于智能裁判系统辅助工具的定性,人类法官仍需要发挥人类智慧和自由裁量权得出裁判结论,并最终收录在文书数据库中。这一过程折射出一些司法决策性质的细微变化,也可能会导致司法功能的重塑。

如前所述,智能裁判系统或能根据法官个人的办案习惯进行分析研判,总结法官对于某类案件裁判习惯的综合数据,并基于该类数据完成一些预测性工作,为司法标尺提供一致性服务。这在宏观上是符合司法改革方向的,但从微观上看存在决策依赖的风险。例如,一审法官均会在意其办理的某类案件在二审中是否会被推翻,其可能会受到这一考虑的影响,进而在裁判中偏离其对该个案的事实认定与法律适用的真实看法。这一因素的引入就使个案中的是非曲直在裁判中的决定性被削弱。换句话说,关于智能裁判系统的此种功能设想可以理解为是大数据在为法官画像。法官总会对裁判一致性产生一些隐性的遵从甚至依赖。这样的技术应用能够逐渐训练出一个仅仅重视一致性而非重视自由裁量和个案差异作出判决的系统。此时,法官的决策者角色存在工具化的风险,因为其对决策一致性的隐性依赖一旦外部化,其结果可能就是其他诉讼参与者能够运用法律预测消除很多对审判的未知,使外部主体在预测案件走向时,对法律的理解与把握可能让步于针对解释案件数据的算法的推崇。

那么,为坚守智慧法院建设的价值理性对司法伦理的追求,在面对智能裁判系统带来的这一可能产生的弊端时,法官群体应当转变思路、提升素养、追求理性。首先,从技术开发目的出发,这类智慧产品的开发目的是要转换为实实在在的"审判生产力"。其次,从发展方向上看,我国将继续着力推动审判方式及诉讼程序与新技术的深度融合,而非形式上的结合。再次,从运作机理上看,技术范畴上的数据、算法等表征因素之下的数据阐释和算法设计是计算机语言转换为自然语言的关键环节,虽然法官基于其定位和知识壁垒不能完全掌控智能裁判系统的运行流程与产出结果,但其能够介入修改与调试的环节,并在这些环节保持理性判断,避免机械地采纳类案的数据分析结果。[①] 最后,从责任承担上看,法官始终是司法责任的最终承担者,由于智能裁判系统产出裁判结果的过程缺失了一些伦理价值因素的参与,法官在道德判断和价值衡量的问题上始终处于核心的位置。

由此可见,人工智能参与下的司法决策存在一个所谓"机器决策"与"人工决策"交错运行的地带,这一现象衍生出两个问题。

第一个问题是该现象是否有悖于传统司法权运行的规律。我们认为,在民事诉讼中,人民法院的审判权蕴含着判决本身的价值及其能够体现公平性的各个细分环节,而自人工智能介入民事诉讼以来,这一界限正在逐渐变得模糊,智能裁判系统的机器学习也并不像人类法官那样将规则或经验作为核心或基础,[②]最终,不仅使形式层面上的审判中心主义被分解,还使实质层面上的个案裁量失去意义。面对这种可能出现的价值偏离,我们首先应当在观念上肯定"机器决策"之概念在智能裁判系统辅助工具的定位下是一个伪命题,并做好技术标准体系、风险评估防控等相应的安全监管机制建设,[③]制定相关政策规范以保障当事人的知情权,划清程序自由与强制规程之间的界限。

第二个问题是这种融合型的裁判模式可能产生责任分配问题。如前所述,如果法官全盘采纳智能裁判系统做出的参考判决书中的内容,且这一"机器裁判"到"最终裁判"的转变过程难以在流程中控制风险,更难以通过事后监督进行管理。当这样的裁判方式导致结论错误时,如何判定法官的责任?虽然法官无疑是责任承担主体,但对于法官是否应承担完全责任仍有较大争论。

对于交通事故、民间借贷等法律关系较为简单的案件而言,既已确定的司法责任制度符合当事人采取诉讼手段解决纠纷的期待,足以赢得当事人的信任,也足以约束法官勤勉负责地完成审理与裁判。在辅助工具的理念指导下,机器辅助的表现形式从传统的单向交互发展成为一种"协作"关系,无论司法责任如何固定于自然人法官,案件裁判结果的确是包含了人机的共同参与,但是,当前已在试点中的智能裁判系统显然未暴露出明显的隐患。囿于目前的政策、技术等限制,至少在民事领域,人工智能介入所导致的司法责任变革还没有足够的实践样本供学界分析。然而,国内外在刑事案件审理中出现的问题已警示我们应注重识别技术与司法伦理价值在具体领域的理性冲突,思考未来须有的研究方向,以求在智慧法院建设尤其是智慧审判体系中更有条

① 参见薛忠勋:《提升法官科学素养　助力智慧审判发展》,载《人民法院报》2019 年 12 月 5 日,第 8 版。

② 参见魏斌:《智慧司法的法理反思与应对》,载《政治与法律》2021 年第 8 期。

③ 参见韩振文:《司法裁判的人工智能化反思》,载《中国社会科学报》2017 年 11 月 8 日,第 5 版。

理地抛出并解决问题。须注意的是,“法官全责制”与“设计人/生产者全责制”两种极端的责任设计都不利于推动智慧审判的发展,但是在这两种“简单的极端”之外的归责方式,势必也会给裁判法官带来较大的压力,如需要复刻裁判形成过程并制作某些额外的陈述性文书等。

2. 智能裁判系统的程序适用限定

智能裁判系统的首次适用无疑集中在第一审审理中。虽然当前对于智能裁判系统的程序适用限制没有太多探讨,但是学界默契地以主张限制为主流态度。譬如有学者在探讨智能裁判系统的可适用审级时表示,对于智能裁判系统,应当在上诉、重审、再审等审判环节不适用或少适用,即在这些环节中“限缩智能裁判系统的使用”。①

具体而言,在二审中,法院审理对象是上诉人的上诉请求,二审法院不得超出该上诉范围进行审理和裁判,这是民事诉讼中“处分权”所涵盖的要求;若被发回重审,则原一审的审理程序将全部归于无效,法院应当对案件重新审理;于再审中,原判存在错误的可能性较大,这一错误的诱发因素可能是法定事由中的一个或多个。依此可见,非第一审案件中均会存在阻却先前审理过程正当性和裁判结果公正性、正确性的因素。因此,若支持人工智能适用于非第一审案件,一方面,智能裁判系统将需要对先前的审理过程及裁判内容进行评价,这可能会涉及是否应当在非第一审裁判中纳入对算法本身及其在本案事实下展开思路的价值评判,进而引发我们思考设置算法监督审查机制的必要性与可行性;另一方面,智能裁判系统亦可以针对性地开发各类诉讼辅助工具,如为二审审理裁判创设“请求范围审核预警系统”,帮助法官无遗漏且无逾越地在当事人上诉请求中完成裁判文书的写作。

总而言之,主张限制是司法改革激进性和谦抑性之间的一个合理的妥协地带。智能裁判系统适用的一个重要目的就是缓解法院“案多人少”的矛盾,非第一审案件的审判法院的审判压力显著少于第一审法院,因而此时效率要让位于公平和纠偏。另外,二次使用智能裁判系统的作用十分有限。面对第一审未能化解的纠纷,在较短的时间内再次使用智能裁判系统确实可以定义为一种“简单重复”。最后,重复使用智能裁判系统对司法责任的分配无明显意义,上下级纠偏还是需要以人力为主。

3. 智能裁判系统应当向社会公众开放部分功能

仅就数据而言,开放是必然的。此处的“开放”在广义上还包含法院之间、法院与其他职能部门之间的数据共享,但在狭义上——这也是最普遍的含义——指应当向社会公众的开放。理论上,越多样化的数据越有挖掘价值,越能够分析出有价值的结论。

① 参见秦汉:《人工智能司法裁判系统的学理反思》,载《北方法学》2021年第3期。

在智能裁判系统的数据库建设中，法院方面单一开展的信息输送并不能满足协同与互动的要求，不利于增强司法行为的透明度，提升社会公众对司法行为的监督意识和参与意识，数据开放的层次会始终处于低位。因此，裁判文书、法律法规这一类传统的基础司法数据资源应当继续保持开放并不断优化，全国范围或地域范围内的一些具备较大参考价值的统计数据（如地方裁判标准、数额规定等）的开放也应当逐步进入探索阶段，从而减轻当事人查阅此类司法信息的时间成本，增强司法透明度。

从向公众开放的内容范围看，有两个对象需要讨论。其一，作为一个技术产品的智能裁判系统是否应该向公众开放？换言之，智能裁判系统是否应当开放公众接口，或是向公众提供算法原理或是实质内容相同的公众版本？其二，智能裁判系统运作中所包含的技术原理、算法逻辑和数据研判过程是否应当让公众知晓并理解？

这两个问题是一个由浅入深的递进的关系。具体而言，第一个问题通常暗含一个前提——该人工智能的设计者与制造者此前没有披露其算法原理和算法逻辑。因此，这一问题主要是单纯地涉及法律预测，即是否要为诉讼当事人以及未涉讼的社会公众提供一个具备参考意义的判决预测系统。这一做法的优点是可以增进审判的透明度和当事人对最终判决的可接受度，增强当事人对自身案件的法律适用及最终结果的可预测性，也能间接地提升社会公众的法律素养，深化法律的预测作用和教化作用。

针对第二个问题，一方面，从公众或当事人的视角来看，他们对于智能裁判系统的技术开发亮点或许并无太大兴趣，而是会基于其诉求去重点关注该系统的运行逻辑，进而寻找更多的突破口使事实和证据均在最大程度上有利于己方诉讼请求的实现。另一方面，让公众知晓并理解智能裁判系统运作中的技术原理、算法逻辑等也能够使诉讼当事人在诉讼流程中有更加充分的准备，以强化法官的自由心证，使其自由裁量权的行使更能够体现法律、道德及其他价值因素的综合参与。此外，这一做法也能实现直接开放系统所带来的优势，因此，它是更深层次的开放。但不容忽视的是，社会公众对于法官裁判所参考的智能裁判结论与自己根据公开的系统或算法逻辑推演的结果是否一致，以及法官将会在多大程度上接受智能裁判系统生成的裁判内容都是无法知悉的。看似这一公众知情权利只能止步于此，但其在一定程度上避免了审判管理细节的过度曝光，在技术飞速发展的背景下来到了一个“喘息点”，并能从外部对法官的主观能动性发挥施加一定的约束。

4. 如何看待地域性因素

在当前智慧法院建设的政策方针及“同案同判”的口号下，智能裁判系统的基础数据库应当是向建设全国统一信息平台的方向努力的，这就表明不同地域的裁判文书将会汇集。此时，这种统一信息平台便做到了技术上的统一。但是，裁判文书的依据并不一定是全国通行的法律法规,可能有地方性法规、地方性标准等规范作为依据或参考,这就导致了地域性差异的出现。单从法律最为庞大的民事领域看,民事法典的初成应当在很大程度上减弱了这种地方立法能动性带来的裁判尺度差异,即使是与地方人均收入相关的一些民事赔偿领域,若在全国性法律渊源中有统一的计算方法,其裁量性并非主要由地域因素左右,应当能在较大程度上被纳入类案体系。

对于那些地域性因素作用较大的裁判领域,应当在案例遴选阶段被优先识别并剔除,或是在进行标记之后被保留。因此,地域影响程度的识别在案例库建立中应当是主动的,而不应被看待为智能裁判系统推行的一个被动阻滞点。但总体而言,由于地域差异的存在,全国各地在推进智能裁判应用系统的过程中,保留地域性特征是允许的,那么这类要素的识别和剔除可以交由智能裁判系统的开发人员在技术层面予以体现。

5. 如何保护那些"与互联网背对背的人"

智慧法院建设成果在理想状态下能够为更多的公众提供便利的诉讼服务,尤其是那些因为昂贵的诉讼而放弃向人民法院寻求救济的人。然而,虽然这些在线应用能够大大地为需要司法服务的社会公众减负,但一些人群或许并不会直接因此受益。根据中国互联网络信息中心2021年发布的《第47次中国互联网络发展状况统计报告》,截至2020年12月,我国网民规模已达9.89亿,互联网普及率达70.4%,其中城镇地区互联网普及率为79.8%,农村地区则仅为55.9%。由此可见,我国仍有相当一部分人基本被排除在"互联网+"诉讼服务对象之外,成为"与互联网背靠背的人"。

是否只有那些熟悉和适应使用这种在线程序的人才能享受智能裁判系统带来的好处?这是一个无法回避的事实和隐忧。这些群体参与智能裁判系统发挥作用的民事诉讼时,假设如上所述存在一些复刻该智能裁判系统原理和操作的公开电子资源,他们是否会因无法获取和运用这类信息资源从而导致在诉讼中存在显著劣势?这一问题只能待智能裁判系统试点进一步放开后在实践中检验。另外,有学者提出,法官可能会因为追求结案量而更加偏爱高效快捷的在线案件,进而律师在与法院的沟通对接过程中也将逐渐偏向在线方式,长此以往,传统诉讼方向的人力资源将逐渐向网络平台倾斜。① 这一预测似乎使在线诉讼方式显得极为冷漠,但我们可以在几个环节中设置一些约束,尽力保护这类人群免受隐性歧视:

---

① See Alison (Lu) Xu, *Chinese Judicial Justice on the Cloud: a Future Call or a Pandora's box? An Analysis of the "Intelligent Court System" of China*, Information & Communications Technology Law, Vol. 26:1, p. 59 - 71(2017).

第一,当事人的程序选择环节。人民法院可以通过充分告知当事人电子诉讼和传统诉讼的异同,当事人可以在二者费用、期间等差异中进行价值衡量,再依照其程序意愿、在法定期限内有限度地选择互联网因素介入诉讼的程度,并通过兜底制度的规定来避免双方当事人的程序选择出现僵局从而影响审判效率的情形。

第二,法律援助的保障环节。这一类人群较有可能会向法律援助律师寻求帮助,因而我们可以在法律和相关工作规范中要求法律援助律师就此对援助对象进行告知,并在深度参与诉讼的过程中考虑这类风险,倾听被代理人的实体与程序要求及意见。

第三,法官的自由裁量环节。此要点关注的是实体方面。在程序选择环节结束后,若最终适用存在智能裁判系统参与的诉讼程序,那么"未被互联网抛弃的一方"无疑是能够通过公开资源获取一定法律预测利益的,而"与互联网背靠背的一方"将不可避免地从一开始就陷入某种不利境地,如在通过公开资源获知有益答辩思路等方面更为滞后。即使这一方之后通过外界帮助或自身学习掌握这一法律预测资源的使用方式,其似乎仍处于下风。针对这种情形,法官应当在程序选择结束后履行某种释明义务,督促这类群体针对该问题寻求帮助或进行自我学习,并可以提供一定的渠道建议,此时这类群体或将受实现诉讼请求的愿望之驱使,接受并认真了解其后续将经历的传统诉讼服务和智能化诉讼服务。当然,立法者和政策制定者应当充分考虑一些极度困难的情况,尽量维持当事人双方在智能化诉讼面前的平等地位,如设置专门的帮扶方式,防范"预置的程序/实体倾斜"。

6. 私营部门介入司法服务

当前,外包服务商已经在智慧法院建设中为智慧法院建设提供数据存储与云计算服务,与司法部门的决策者就智能裁判系统的优化发展进行商谈合作。以浙江法院的"凤凰金融智审"系统为例,浙江省高级人民法院联合了多家知名企业组建联合项目组推动智能审判建设。在合作过程中,外包服务商通过采集、处理、分析来自法院内外的海量数据并开展建模,探寻新形势下审判执行工作的特点与规律。仅就审判环节来说,外部服务商主要是在大数据服务、审判偏离度预警系统、辅助裁判系统上进行技术攻关,并在其间大量调取了法院内外的案例等数据资源。这一过程显示了私营部门介入司法程序的范围。这一动态的、系统的、全方位的服务运作究竟受到何种程度的约束与限制,由于缺乏可供外界查阅的详细信息,实际上并未能令外界知晓。

众所周知,国家的背书是司法公信力最坚实可靠的来源。从价值理性的角度来看,无须讨论技术的可行性问题,而是应当理性归纳与分析外部服务商的介入可能造成的影响。首先,如何确保外包服务商完全理解抽象的司法需求。法院须依照我国现今的管理体系和司法权运作规范与外包服务商进行精准沟通,避免微小的偏差引发蝴蝶效应。其次,如何处理外包服务商与司法公正之间可能产生的冲突。一方面,我们要关注当外部服务商自身成为涉讼的主体时,是否可能通过篡改算法、数据甚至结论等方式不当介入和干预智能裁判系统;①另一方面,我们要关注外部服务商是否会演变为一个数据垄断的主体,从而出现泄露隐私等滥用现象。一旦出现了这一渠道的隐私泄露,则会导致不堪设想的后果。

客观而言,外包服务商在完成这些工作后已经在证据和诉讼策略上具备了客观优势,若之后还有其他的滥用现象,则无限制的趋利性会导致这种不公平逐渐拉大。目前,一个较为稳妥的预防方式体现在服务商的选择上。最高人民法院依托天平司法大数据有限公司,其主导权掌握在法院及一众国有企业中,这种设置专门主体、避免商业特质影响的举措能够在很大程度上降低外包服务商不当干预的可能性,也使潜在的隐私泄露风险和责任承担风险降到最低程度。

四、冲突平衡:必然的碰撞与话题的涌现

如前所述,依照萨斯坎德的理论,智能裁判系统将会涉及五个方面的问题,分别是在技术上、司法道德上、商业运行上、法治文化上及在法理上的正当化可能性。由于我国智慧法院建设是一个自上而下推进的过程,所以商业运行中的成本收益并不是或者说至少不是政策制定者与实施者短期内应当考虑的问题。而在法治文化上,智慧法院建设自始至终都是在中央政策的指导下从试点到铺开、由零开始、稳步推进,始终保持连贯性。在技术层面,精尖的技术设计应交由专业技术人员结合司法实践的实际需求去完成,在法理意义上的闭门造车并无多大意义。

以上内容聚焦了智能裁判视角下,由马克斯·韦伯二分法演变而来的技术理性与价值理性各自理论框架内的主要内容,但是当技术本身引发的技术思考与非由技术本身所引发的司法价值思考交织时,一些矛盾焦点油然而生,法理正当性的问题便逐渐变得庞杂。其中,算法黑箱问题始终处于跨学科讨论的前沿。因此,本部分将以此为例,简要探讨与总结应用于智慧法院建设的技术与司法伦理价值相互碰撞所产生的理论议题及现实反映,并试着较准确地总结现有讨论内容以及基于“双理性”视角所构建的、从智能裁判系统出发所产生的评价体系。

(一)算法黑箱与算法偏见

算法是任何良定义的计算过程,其运行过程表现为通过计算流程的设计,提取某

① 参见蒋洁、卫承霏、何亮亮:《大数据集成的权益危机与价值回归》,载《科技管理研究》2016年第2期。

个值或特定值的集合并以一定方式输出。[①] 在智能裁判系统建设过程中,我们在讨论算法黑箱时会感到不安的原因是算法仍不够公开,而机器深度学习的发展已经较为超前,之后由此而产生的对算法原理和算法产出结果的质疑才是这一领域产生算法黑箱之思考的来源。算法黑箱主要存在于两处:一是裁判前置环节的黑箱,二是裁判行为本身的黑箱,[②]但鉴于智能裁判系统的功能设定已将以上两种都囊括在内,因而不做区分地合并讨论,并试着通过实践发掘思路、消除恐慌,也是较为可行的。

关于算法黑箱与算法偏见,美国较为著名的卢米斯案是学界普遍引述的对象。该案件的审理中,法官使用了"以替代性制裁为目标的待矫治罪犯管理评估系统"(Correctional Offender Management Profiling for Alternative Sanctions,COMPAS)用以支持该案件中有关刑事被告的监禁与释放的司法决策。该系统是一个在美国被广泛使用的风险评估工具,其通过一个风险量表来计算犯人社会危险性的风险数值。这一工具最早的开发目的之一是减少主观性、不一致性、偏见等。[③] 但该系统在舆论上和具体使用上都遇到了障碍。有文章指出,COMPAS 系统存在种族歧视的隐性偏见,作者提供证据表明,应用 COMPAS 系统的刑事诉讼中,黑人被告相较于白人被告更易于被认定为高风险的犯人,即使他们的个人经历和案件事实似乎并未体现其具有显著的危险性或再犯的可能性。[④] 在卢米斯案中,COMPAS 系统在法庭上受到了挑战。卢米斯对威斯康星州使用该专用的、封闭的风险评估软件提出异议:该系统侵犯了被告根据准确信息被判刑的权利,还侵犯了被告获得个性化审判以追求个案正义的权利,且该量刑评估过程中不适当地使用了性别评估。[⑤] 在该案中,卢米斯提出,COMPAS 系统的专有性质使外界无法评估其数据来源的准确性与可靠性。

但从另一角度看,若该算法依照当地法律不能公开,那针对这一论点的驳斥将会进入一个无解的死胡同。我们应当从中提取的警示是:若结合我国量刑规范化的要求,我国开发类似的系统应如何规避此类投诉的发生,抑或是遏制这一现象发生的可能性?我们的结论是,无论这类投诉的渠道是否畅通,必然要保障至少一个救济途径

---

① 参见金梦:《立法伦理与算法正义——算法主体行为的法律规制》,载《政法论坛》2021 年第 1 期。

② 参见秦汉:《人工智能司法裁判系统的学理反思》,载《北方法学》2021 年第 3 期。

③ See Pedro Rubim Borges Fortes, *Paths to Digital Justice: Judicial Robots, Algorithmic Decision-Making, and Due Process*, Asian Journal of Law and Society, Vol. 7:3, p. 1 – 17(2020).

④ See Julia Angwin eds., *Machine Bias: There's Software Used across the Country to Predict Future Criminals: And It's Biased against Blacks*, www. propublica. org/article/machine-bias-risk-assessments-in-criminal-sentencing, accessed 5 April 2022.

⑤ See State v. Loomis, 881 N. W. 2d 749 (Wis. 2016).

的存在,其方式可能是某种类似行政复议的制度。另外,还有一些救济保障可供参考,如在该系统中设置一个平行的完全可追踪的程序,使系统运行的每一步都能够显痕,将整个审理程序和判决的执行结合起来,使所有在程序中产生的信息都依序提供给参与诉讼的相关各方,以实现更高的司法透明度。针对这一问题,也有学者强调要加快算法主体行为立法,从基本准则、权利边界、管理监督、职业伦理等方面进行全方位的规制。① 反射在民事诉讼中,可能在计算民事赔偿金时也会存在类似的问题。

(二)评价模型思路建议——以智能裁判系统为例

从智慧法院建设整体的实践现状和"双理性"视角下做出的上述分析来看,智能裁判系统应当属于智慧法院建设中最吸引眼球和最能体现人工智能与司法深度融合的辅助工具。以其为范例建构这类智慧法院建设中新兴技术产品的评价体系,应有助于整合我国各地智慧法院建设中的相似成果,以"自下而上"的方式反推政策的优化。

在评价顶层设计时,可以用以下标准评价:

1. 新颖性。地方性法规与司法政策相较于基本建设原则是否作出了一些特色性和更加具体的开发。

2. 管控情况。具体包括管控主体是否清晰、管控政策是否积极、管控流程是否有清晰记录与定期总结等。

3. 科学战略。首先,该战略必然是有序的、渐进的,这是由于这类产品的试点推进应当保持价值理性下的谦抑,要避免过急过快;其次,该战略应当具备优良的整合性,司法体系的各类传统流程规范等公平裁判可能涉及的内容均应当作为其数据库建设和算法设计的考量因素。

4. 项目管理与推进。第一,要保证相关的技术人员与司法人员均具有足够的专业性,并能够尽可能地全程、深度参与产品设计、优化、试点及之后的流程;第二,这两类主体之外,宜设置有经验的统筹管理人员,负责安排采购、协商、签约等事宜,如吸纳高校学者,与系统内部人员建立工作组;第三,应当实行较为严格的供应商管理,抓住项目关键节点,严格进行资金管控,建立一套"风险预警与管控机制";第四,应当避免后期对项目内容进行频繁调整,以保证工程的连续性。

5. 用户端口。第一,应当开放畅通渠道征询外部用户意见;第二,法官实际上属于"内部用户",也应当听取法官的意见并期待其保持开放心态;第三,应当避免过度宣传,并对宣传内容进行仔细审核,避免过高或过低的用户预期;第四,应当重视那些困难人群的用户体验。

---

① 参见金梦:《立法伦理与算法正义——算法主体行为的法律规制》,载《政法论坛》2021年第1期。

6. 系统设计。应当明确其面向的是广大公众，降低该系统的公开资源的使用门槛，避免过度工程设计，以实用主义为导向，避免急于求成。

五、结语

笔者在对学界针对智慧法院建设与智能裁判系统的主流文献及各地实践状况进行研究后，借助双理性视角对智能裁判系统这一智慧法院建设之缩影在当前所反映出来的问题进行一种本土化的梳理与思考。媒体的过度渲染始终让公众在警惕科技与拥抱科技之间游移不定，笔者亦希望能够调和人工智能与传统司法体系的一些紧张关系，使决策者能够正视当下司法人工智能的确存在诸多技术和价值论证缺陷的现实，推动一些优秀试点成果走出其萌芽地，将“互联网＋司法”的便利传播到各地，同时推动建立规范体系回应实践、引领实践。仍须注意的是，以智能裁判系统为代表的新兴司法技术产品虽然呈现较好前景，但当下仍处在一个过渡期，亦是对先前信息化与智慧法院建设成果消化与反思的沉淀期，须继续开展更多的理论与实证研究。可以预见的是，在今后一段时期内，司法透明度、利益冲突、个案正义等问题依然会被频繁提起，可以先建立范式体系冷静地展开研判、衡量和预测，走稳和走好司法智能化每一步。

海上自主系统在海洋安全执法中的应用

张古月[*]　李卫海[**]

摘　要：海上自主系统（MAVS）在各种海洋活动中的使用越来越多，这就提出了一个具有挑战性的问题，即这些无人系统如何适应现有的海洋安全执法框架。更重要的是，如果我们要维持一个基于海洋法规则的海洋秩序，我们需要在海洋法的视角下考察海上自主系统当前和未来在海洋安全执法领域的应用及影响。海上自主系统对于现有海洋法规则的种种挑战已经成为国际海事组织（IMO）在海洋安全执法问题上关注的一个焦点。因此，本文尝试构建了一个关于海上自主系统如何可以适用于海上执法活动的初步框架。这一框架界定了海上自主系统的法律地位，分析了其在特定应用场景下的法律权利，并尝试构建以海上自主系统为背景的海洋安全执法体制。

关键词：海上自主系统；海洋安全执法；《联合国海洋法公约》

引　言

2019 年 1 月，新加坡、日本和韩国宣布计划使用海上自主系统进行监视、沿海边境巡逻、搜索和救援以及地雷探测等活动。① 这些例子表明，随着海上自主系统的广泛使用，其对现有海洋法规则的影响将越加重要。将海上自主系统应用于海洋安全领域的吸引力是显而易见的。因为无人驾驶系统减少了对人类生命的威胁，所以它们正成为沉闷、肮脏或危险任务的首要选择。在海洋这种复杂且危险的环境中，使用自主系统代替载人系统从事高危险性的海洋安全执法工作必然能够大量减少从业人员的伤亡。此外，海上自主系统可以比有船员的船只在海上停留更长的时间，可以扩大海洋安全

---

* 中国政法大学法学院军事法学硕士。

** 中国政法大学国家安全学院教授、博士生导师。

① See Yan R & Pang S & Sun H, et al., *Development and Missions of Unmanned Surface Vehicle*, Journal of Marine Science and Application, Vol. 9:4, p. 451 – 457(2010).

执法的区域,并降低执法成本。所有这些海上自主系统的特点对世界各国构建一个更加和平稳定的海洋安全环境是有利的。因此,在受到有效规制的前提下,海上自主系统的应用能够加强海洋安全,特别是在海域感知、海上执法以及打击国际性海洋犯罪等方面。可以预见的是,海上自主系统将更加广泛地应用于和平时期的海洋安全行动,但也有必要更加仔细地考虑如何在现有的法律体系下管理这种应用,特别是要弥补目前海洋法在管理海上自主系统上存在的法律漏洞。

一、进入21世纪以来的海上安全风险与挑战

海洋覆盖了地球表面的70%,自大航海时代开始,海洋一直是各国权力和财富的源泉。从经济角度来看,各国依靠"海洋自由"进行贸易,因为世界上绝大多数的贸易(约90%)要经过海洋,而且各国越来越多地依靠开发海洋资源促进经济发展;从政治角度看,各国传统上利用其出海口和远洋能力来扩大其版图和势力范围,此外,沿海国家相对于内陆国家还享有军事优势。因此,为了保护这些利益,海洋安全在人类历史上一直是受到各国关注的重要问题。进入21世纪以来,蓝色经济议程的发展带来的经济效益也增加了渔业和海洋自然资源的开发,这些进一步强化了海洋经济对现代国家经济的贡献。然而,日益增加的海上安全威胁给海洋经济的持续发展蒙上了阴影。一方面,海上走私和非法货物贩运、海盗以及海上恐怖主义等传统海上安全威胁依然存在;另一方面,大量依赖网络技术、人工智能技术的新型海上安全威胁已经出现。

(一)传统海上安全威胁依然存在

海洋对国家利益和人类繁荣都至关重要,它是商业的高速公路,也是各种安全威胁的载体。伴随21世纪海上贸易的持续繁荣,海上走私和非法货物贩运、海盗以及海上恐怖主义等传统海上安全威胁依然存在并发展出一些新的形式,给海上安全执法活动造成了持续性的阻碍。

1. 海上走私和非法货物贩运

现阶段的海上走私和非法货物贩运多由有组织犯罪网络策划,属于跨国有组织犯罪(TOC)的形式。海上非法贸易的跨国性质反映在单一海上行动所涉及的国籍的复杂性——船只、船员、贩运者、货物和受害者都可能具有不同的国籍,大大增加了各国对此类犯罪加以管辖的难度。国际法规定了各国可以采取什么行动来打击非法货物的跨国流动,但复杂的是,大多数海洋空间都属于国际水域或公海。没有国家在这片海域拥有主权,这对执法构成了独特的挑战,并使海洋成为跨国犯罪的"温床"。

2. 海盗

海盗是海上安全最古老的威胁之一。人们曾普遍认为,到19世纪30年代,各国海

军的崛起基本上标志着公海上重大海盗活动的结束。① 然而,从20世纪末到21世纪初,海盗再次成为对国际海上安全和保障的重大威胁。目前,在全球海域发生的海盗袭击主要有三种类型。第一种是针对港口船只的锚地袭击,即国际海事局所说的“低级武装抢劫”。这些基本上是利用港口安全漏洞或针对靠近陆地船只的脆弱性进行的机会主义攻击。袭击者通常使用小型高速水上艇,通常携带刀具或小型武器,用来抢劫受害者的现金和其他高价值的个人物品。第二种主要类型是“在公海或领海对船只的洗劫和抢劫”。这种类型的海盗被国际海事局认为是中等级别的武装抢劫,因为它涉及“由组织良好的团伙在配备现代武器的母舰上进行的‘涉及严重伤害或谋杀的’暴力盗窃”。这种攻击方式最能描述发生在亚丁湾的索马里海盗事件。第三种类型的海盗,是盗窃船只并使用它们进行非法贸易,这些被国际海事局认为是重大的犯罪劫持事件,因为这些海盗往往“资源充足,计划周密,雇佣了训练有素、全副武装的团伙,与陆上的特工和经纪人合作”。这种所谓的“幽灵船”现象包括扣押船只,这些船只被重新命名,重新注册,用于装载新的货物进行非法贸易。虽然这三种类型的海盗可能代表了海上犯罪的三个方面,但就动机而言,它们似乎有一个共同点,都是为了经济利益。这也是海盗与海上恐怖主义的最本质区别。②

3. 海上恐怖主义

作为海上安全议程上长期存在的一个关键问题,海上恐怖主义是指在海洋环境内进行的恐怖主义行为和活动。恐怖分子利用或攻击海上或港口的船只或固定平台,攻击沿海设施或定居点,包括旅游胜地、港口地区和港口城镇或城市等。与陆地上的恐怖主义活动一样,海上恐怖主义也具有政治动机,通过故意使用或威胁使用暴力制造恐惧,并可能以平民为目标。在东南亚,斯里兰卡的泰米尔伊拉姆猛虎解放组织(LTTE,简称猛虎组织)在海上恐怖活动特别猖獗。自1984年以来,猛虎组织一直在海上实施自杀式袭击,法雷尔引用了伍德罗·威尔逊政治和国际事务学院的一项研究认为该组织摧毁了斯里兰卡1/3到一半的海军沿海船只。③ 这在一定程度上表明了海上恐怖主义袭击具有巨大的破坏性。一般来说,海上恐怖主义袭击的后果可分为直接或间接的,前者包括人命的损失、财产的物质破坏以及事件的恢复成本,而后者可能包括企业无法经营、企业和个人的活动受到干扰。对某一特定地区来说,海上恐怖袭击还会导致消费和投资的变化、股票市场的变化、对外国直接投资和贸易的影响以及游

---

① 参见石刚:《全球海盗问题综述》,载《国际资料信息》2004年第3期。

② 参见王秋玲:《国际公约中海盗罪构成要件的修改与完善》,载《中国海商法年刊》2007年第00期。

③ 参见张湘兰、郑雷:《论海上恐怖主义对国际法的挑战与应对》,载《武汉大学学报(哲学社会科学版)》2009年第2期。

客访问量的减少。

（二）新型海上安全威胁已经出现

互联网、人工智能等新兴技术在促进生产力发展和经济贸易繁荣的同时也给犯罪团伙提供了新的犯罪方法和犯罪工具，这一现象在海上安全领域体现得尤为明显。海上网络安全问题和利用无人系统进行的海上犯罪活动逐渐成为困扰海上安全执法的新型海上安全威胁，这倒逼海上执行部门重视对上述新兴技术的运用，利用新技术装备和手段提高海上安全执法效率。

1. 海上网络安全问题

近年来，网络安全和海上安全问题受到越来越多的关注，两者之间存在明确的、关键的交叉点，但对两者结合的安全问题关注甚少。海上运输和所有相关活动都是由技术密集型平台进行的，如今这些平台严重依赖网络信息系统。由海上运输、港口运营、关键的海上基础设施和数字经济交易组成的海事社会，很大程度上是围绕网络系统构建的。越来越明显的是，在海上运输领域，网络威胁正变得越来越频繁和复杂。个别黑客、资金充足的有组织犯罪网络、国家和其他人以航运公司、船只和海岸设施为目标展开网络攻击，这些网络攻击会导致航运公司的企业数据丢失和经济损失、影响船舶的适航性、威胁海上航行安全甚至破坏海洋环境。可以预见的是，随着全世界范围内海事部门对基于软件的网络技术的依赖日益增加，再加上海事运输系统在全球贸易和国家基础设施中的关键作用，这种新的“网络化”风险环境将成为一种长期状态，在未来几年网络安全将成为海上安全领域的头号风险。

2. 利用无人系统进行的海上犯罪活动

一般情况下，“罪犯”往往比“执法者”更快接受和依赖新技术。[①] 事实上，无人系统为那些有意损害海上安全的人开辟了新的途径。犯罪分子已经以不同的方式依赖无人系统在海上犯罪，而这种新技术实现邪恶目的的潜力还远远没有得到充分利用。首先，无人系统能够携带爆炸物进行海上恐怖主义袭击，目前已经发生了使用无人船只破坏或部分破坏船舶、港口基础设施和海上设施，以及对目标物体附近或船上的人造成伤害的恐怖袭击。其次，无人系统还可以被用于走私等海上非法活动并且大大提高打击这些非法活动的难度。例如，对于毒品走私组织来说，无人驾驶的船只与有人驾驶的“毒枭艇”相比具有一系列优势，包括极高的隐蔽性，更低的犯罪成本，同时大大降低了他们被其他被捕的犯罪同伙供出的风险。此外，远程控制或自主技术的使用为

---

① See Schmidt M S & Schmitt E. , *Pentagon Confronts a New Threat from ISIS: Exploding Drones*, New York Times, 2016, p. 11.

犯罪分子提供了与实际犯罪现场足够远的距离。这种距离能够最大限度地减少犯罪分子被杀、受伤或被捕的风险;并且可以提高作案者的犯罪效率。基于上述原因,利用无人技术从事海上非法活动的情况预计将会增加,未来犯罪分子很有可能会以多种方式利用无人技术在海上犯罪。

二、理论的要求和实践的需要呼唤海上自主系统

(一)整合性的海洋安全理论的形成

"海洋安全"这个概念最初出现在20世纪90年代,其最早来源自2000年以来人们对海上恐怖主义的担忧加剧、沿海现代海盗的兴起、人口贩运等海上犯罪。近年来,所谓的"蓝色经济"以及与海洋环境保护和资源管理相关的问题日益重要。海洋安全已成为全球主要安全行为体的核心关切。海洋安全议程的兴起反映了海事学者对全球化时代海上秩序问题的重新关注,以及该问题在国家战略中日益重要的地位。

在整个人类历史中,海洋一直被视为危险的区域。正如历史学家约翰·麦克所说,海洋经常被描绘成"不受欢迎的荒野,而陆地是令人放心的家园"①。在国际关系和安全研究的大部分讨论中,海洋往往被理解为地缘政治力量投射、国家间战争或军事争端的舞台,或被理解为海盗等特定威胁的来源。在现实主义的解释中,海洋是超级大国或地区大国竞争的重要平台。这样的研究主要是在国际关系和地缘政治框架下进行的,研究重点是历史分析、海军力量的分配和军事竞争对国际海上秩序的影响,包括全球权力转移、威胁感知的变化、海军现代化、海军能力的变化和海洋法执法的变化。对海洋安全的研究体现了管理海上活动的各种国际制度的兴起,并表明海洋环境正日益受到一种集体公共秩序和法律管制形式的制约。克拉斯卡和佩德罗佐认为,近年来,国际法已经"从一套旨在通过将海洋大国分开来避免海战的规则,演变为一种新的全球框架,旨在通过将各国聚集在一起实现共同目标来促进海洋安全合作"②。自20世纪90年代初以来,"海洋安全"理论已经被拓宽和深化,纳入了更广泛的安全问题、领域和活动。这些问题包括所谓的"新"安全问题,如恐怖主义、跨国有组织犯罪或环境退化,影响包括但不限于国家在内的各种行为体。③

当代海洋安全由四个领域组成,每个领域都包含一系列不同的跨领域安全问题。第一个领域最容易被认为包含了国家安全问题,在很大程度上与建立已久的海军战略

---

① Mack J., *The sea: a Cultural History*, Reaktion Books, 2013, p. 74.

② Kraska J. & Pedrozo R., *International Maritime Security Law*, Martinus Nijhoff Publishers, 2013, p. 10.

③ 参见王茹俊、王丹:《海洋命运共同体理念:生成逻辑、思想意涵与理论品格》,载《大连海事大学学报(社会科学版)》2022年第1期。

和海权传统相对应。海洋安全的国家安全部分涉及海军力量的发展和应用,包括军事力量投送和海上国土防御,以及使用军舰保护海上贸易路线和商业,其职能包括威慑、监视和拦截。第二个领域涉及海洋环境,包括海洋污染、船舶安全和管理、海上搜索和救援、海洋健康状况、污染和气候变化的影响等问题。第三个领域与经济发展密切相关,所谓的"蓝色经济"是海洋安全议程的主要内容。全球约90%的贸易是通过海上进行的,渔业或海上石油等海洋资源是关键的经济资产。全球贸易可能受到海盗、犯罪或其他形式的海洋破坏的威胁,而海洋资源的保护和开发往往是沿海国家的优先考虑事项。第四个领域涉及人类安全问题,即个人和地方社区以及受影响的国家所经历的不安全感。人的安全问题渗透海洋安全议程的大部分内容。例如,渔业的保护和可持续性支撑着生活在沿海地区的数百万人的生计,而这些群体往往最容易受到气候变化或海洋污染的不利影响。这种关切不仅关系到个人和沿海社区本身的安全,也关系到人的不安全感在促进海盗或犯罪等活动的出现方面所起的作用,这些活动是经济严重匮乏或崩溃地区的另一种就业来源。

以这种方式构想,海洋安全议程有四个显著特征。第一,海洋安全挑战相互关联,有时甚至相互依存。第二,海洋安全问题与陆地上的安全问题密切相关。大多数海洋安全问题不能仅仅作为海洋环境问题来理解和处理,相反,它们总是与陆地上的挑战联系在一起。第三,海洋安全问题往往超越政府责任或国家权限的明确界限。从定义上讲,公海是一个跨国环境,主权是共享的,国家只是众多行为体中的一个。在这方面,海上不安全的管理必须不可避免地包括一系列不同的行动者和议程,包括有关沿岸国、当地社区和渔民、船旗国、跨国航运或渔业利益集团、资源开采和旅游业,有时还包括私人保安公司。第四,海洋安全本质上是跨司法管辖的,或者至少是复杂的司法管辖。例如,在国际层面上,公海上的海盗行为主要是在国际海洋法的管辖下,作为一个海军法律执法问题来处理的。然而,这也引发了一系列实际问题,比如如何处理被抓获的海盗嫌疑人,包括他们应该在哪里受审以及可能被监禁。即使在领海内执法,海军和发展驱动的安全需求之间也可能存在重大重叠或紧张关系。因此,人们日益认识到海洋领域是一个复杂和全面的安全问题,如果要有效地解决它所提出的挑战,就需要进行广泛的国家、司法和公私协调。① 在实践中,这些海上不安全挑战正在促使行动者之间形成新的联系、融合和合作形式。

(二)高效率海上执法的要求

与日益增加的海上安全风险与挑战相对的是,基于现有国际海洋法体系和传统技

---

① 参见杨常雨、王维:《全球海洋安全治理下中非海洋安全法律体系之建构》,载《广西政法管理干部学院学报》2021 年第 3 期。

术装备建立的当代海洋安全执法体制难以有效应对上述威胁,存在执法资源不足、执法效率低下等问题,亟待革新与改进。以针对海上贩毒的执法行动为例,联合国成员国在1988年专门缔结了《联合国禁止非法贩运麻醉药品和精神药物公约》,为各缔约国提供了必要的国际法律机制,以履行《联合国海洋法公约》第108条规定的在海上打击非法贩运毒品方面进行合作的义务。打击海上贩毒执法效率低下的部分原因是,经验丰富、资金充足的贩毒集团一直存在,事实证明,它们善于避开各国的海上执法策略。具体来说,贩毒集团经历了几十年的"进化和适应"过程,以逃避海上的侦查和拦截。这一进程开始于购置渔船或休闲船作为运载毒品的平台,后来又采用复杂的毒品隐藏战术加以改进。贩毒者采用重量轻、动力强劲的快艇,以减少海上运输时间。随着直升机拦截技术的出现,毒品贩子再次采用了"自行半潜式潜水艇"或贩毒潜艇的技术,其中一些可以储存多达15吨可卡因。"自行半潜式潜水艇"集成了大量的毒品有效载荷、远距离运输和高隐蔽性等特点,是40年来日益复杂的毒品贩运技术的代表作。[①] 鉴于上述挑战,海上执法实践的需求要求各国积极利用自主船舶技术的优势,以提高海上执法效率。执行海上执法任务的前提是建立和提高海上领域意识(Maritime Domain Awareness,MDA)。海上领域意识是"有效理解任何与全球海洋领域安全相关的可能影响"的能力。[②] 考虑超过70%的地球表面被水覆盖,任何与全球海洋领域安全有关的事物的潜在范围都是惊人的,建立有效海上领域意识的最大障碍是海洋过于辽阔的面积,它限制了有限的执法力量所能控制的区域,并掩盖了非法活动。因此,利用海上自主系统对于建立和提高海上领域意识在全球海上公共领域尤为重要。

(三)海上自主系统在海洋执法应用中的显著优势

一艘标记明确、在海上提供执法存在的海上自主系统是对海上非法活动的有效威慑,其在海洋执法应用中至少有三项显著优势。第一项优势是海上自主系统提供持续性执法存在的能力。在海上执法过程中,阻止和制止非法活动的能力是极为宝贵的,但这种能力使用的前提是在给定的区域提供一定数量的执法存在。虽然传统军舰可以提供这种执法存在,但这种执法存在的持续时间可能因任何情况而被缩短或完全终止。例如,从事反毒行动的军舰可能被转用于执行紧急搜索和救援任务,或在远程拦截后进行加油作业。海上自主系统可以填补这一执法空白,确保持续的执法存在。同样,与传统的有船员的战舰相比,海上自主系统的续航能力更强,因为它们不需要返回

---

① See McLaughlin R. & Klein N., *Maritime Autonomous Vehicles and Drug Trafficking by Sea: Some Legal Issues*, The International Journal of Marine and Coastal Law, 2021, 36(3): 389-418.

② See Petrig A., *Autonomous Offender Ships and International Maritime Security Law*, Autonomous Ships-Legal Issues (Routledge, London, 2020), 2020.

港口获取食物或让船员休息，这些特性使其在海上更加持久地执法，进而有效威慑潜在的犯罪分子。第二项优势是海上自主系统增强海上探测和监控的能力。在海上执法行动中，海上自主系统能够提供一系列的探测和监控能力，一支配备了包括雷达、高清晰度视频设备和前视红外热感摄像机在内的传感器组件的自主船只舰队，在定位和跟踪诸如“自行半潜式潜水艇”这样高度隐蔽的贩毒平台方面将特别有价值。通过优化这种传感器技术，海上自主系统可以服务于各种各样的任务，包括监视、情报收集、侦察公海和沿海作业等，这种强大的情报获取能力是在海事领域有效防御和执法的基础。此外，虽然大型传统战舰提供了宝贵的威慑效果，但部署数量有限且容易被犯罪分子发觉。相反，更小且更隐蔽的海上自主系统将使毒贩更难避开执法船只或意识到他们正被执法人员跟踪。第三项优势是海上自主系统降低海上执法成本的优势。辽阔的海上执法领域、复杂多样的海上犯罪组织以及不断进步的海上犯罪技术，这些令人生畏的因素结合在一起，决定了海上执法活动的成本高昂。总的来说，这些因素预示着未来海上执法将需要在保证执法效率的同时提高执法成本效益。鉴于预算限制，海上自主系统的应用将提供潜在的巨大执法成本节约。这些成本的节约主要通过大幅降低自主海上巡逻船的日常运营成本来实现。与传统的战舰不同，海上自主系统不需要花费食物、住房或船员所需的其他便利设施成本。同时，海上自主系统在船舶设计和燃料使用方面提高了效率，有助于提高海上执法活动的财政可持续性。随着海上执法机构在如何利用有限的资源来满足不同执法任务的需求方面做出选择，海上自主系统在节约执法成本方面的优越性将越加显著。

三、海上自主系统的发展现状

（一）海上自主系统是什么？

海上自主系统是各类不直接搭载人员，通过自主控制、远程控制或预先设定的程序在水面或水下航行的各类海洋设备的总称。海上自主系统并不是一个全新的系统。直到21世纪，海上自主系统才成为技术进步和运营理念发展的主题。举例来说，虽然2011～2015年美国无人驾驶航空系统的国防预算保持不变，但拨给海上自主系统的资金增长了300%以上。[①] 在2020年年初，美国国会批准购买两艘“大型无人水面舰艇”，这是朝着发展一种“自主导弹发射载具”迈出的重要一步。这种无人舰艇能够自

① See Singh A P., *Study on the Implications of Automomous Ships on Maritime Security and Law Enforcement by Reviewing Maritime Security Incidents*, 2021.

动搜寻并接近敌方舰队，发射导弹，然后回航。[①] 此外，海上自主系统也可能被用于恐怖主义目的或毒品走私，如在2018年，沙特军队拦截载有爆炸物的遥控船只，这些遥控船只目标是摧毁也门的一个油库。[②] 这些例子说明了海上自主系统的复杂性，这些系统在大小、性能和用途上都有所不同。海上自主系统可以在水下、水面或水面以上作业——这取决于它们的大小、性能和用途。

（二）海上自主系统的类别

除少数用于收集数据和部署用于海洋科学研究或监视的“浮舟”或“滑翔机”等在水面以上作业的海上自主系统外，水面自主系统和水下自主系统是海上自主系统的两个主要类别。水面自主系统包括无人水面艇、海面反舰无人机等，它们不仅被广泛应用于海洋航运、海洋科研等民用领域，在军用领域更是具有重要的军事价值。军用无人水面艇通过搭载不同的任务模块，可完成侦察监视、情报搜集、目标打击、扫雷、反潜和毁伤评估等作战任务，具有低成本、高速智能以及避免人员伤亡等优势。[③] 水下无人自主系统包括无人潜航器、水下滑翔机等，具有造价低廉、使用灵活、隐蔽性强、适应复杂海况以及有效避免人员伤亡的特点。水下无人自主系统作为一种海上力量倍增器有广泛的军事用途，几乎可承担潜艇能够执行的所有任务。对比载人潜艇，无人潜航器的优势包括：第一，体积小，声呐难以探测；第二，机动性好，难以拦截；第三，噪声小，声隐蔽性好，声呐难以侦听；第四，系统智能化，反捕捉能力强。[④]

除根据作业环境和用途的区分外，海上自主系统具备的自主性的程度也有所不同。有些海上自主系统是完全自主的，基于预先确定的算法，不需要人类的干预就可以完成作业；而有些海上自主系统是半自主的，它们受到在岸上的操作人员的监督和干预。2018年5月，在伦敦举行的国际海事组织海上安全委员会（Maritime Safety Committee，MSC）第99次会议上，国际海事组织（International Maritime Organization，IMO）提出了海上自主系统自主程度的初步定义，具体划分为以下四个层级：（1）船舶具有自动化程序操作和决策支持的功能；（2）船舶具备远程遥控的功能，同时有船员在

---

① See Klein N. & Guilfoyle D. & Karim M S, et al., *Maritime Autonomous Vehicles: New Frontiers in the Law of the Sea*, International & Comparative Law Quarterly, 2020, 69(3): 719 – 734.

② See Olimpio M., *Remote Controlled Terror: Houthi Suicide Boats*, European Eye on Radicalization, 2018, 27.

③ 参见韩光松、侯博、李萍：《无人自主系统在海战场的运用》，载《飞航导弹》2020年第11期。

④ 参见林龙信、张比升：《水面无人作战系统技术发展与作战应用》，载《水下无人系统学报》2018年第2期。

船;(3)船舶具备远程遥控功能,无船员在船;(4)船舶完全自主。[①] 为了适应海上自主系统的高度复杂性,根据海上自主系统的自主程度,是否在战斗中使用,以及作业环境是在水下、水面还是水面上空,各种国际海事组织和国内外学者在讨论海上自主系统时使用了一系列的用于区分不同类型海上自主系统的专业术语,现有的国际条约和文献中常见的专业术语及其英文简称包括 Unmanned Vehicle (UV)无人载具;Marine Unmanned Vehicle(MUV)海上无人航行器;Unmanned Aerial Vehicle(UAV)无人驾驶飞行器;Unmanned Underwater (or Undersea) Vehicle(UUV)无人水下(或深海)航行器;Unmanned Combat Underwater Vehicle(UCUV)无人水下作战航行器;Unmanned Combat Surface Vehicle(UCSV)无人水面作战航行器;Unmanned Combat Vehicle (UCV)无人作战载具;Remotely Operated Vehicle(ROV)远距离遥控载具;Maritime Autonomous Surface Ship(MASS)海上自主水面船只;Unmanned Maritime Vehicle (UMV)无人海上载具;Unmanned Maritime System(UMS)无人海上系统。

海上自主系统的使用可以推动科技进步、改善国际贸易、促进海上安全,但同时也给海洋安全执法方面带来了挑战。可以说,在每一种情况下,海上自主系统的应用都对海洋法本身以及如何通过海洋法管理不同海洋区域的活动产生了重要的影响。任何关于使用海上自主系统的国际法律影响的评估都要从分析其特定应用场景下的法律地位开始。这是至关重要的,因为海洋法对不同的海上载具进行了明确的区分,不同的海上载具享有不同的权利,并遵循不同的管理制度。

四、海上自主系统涉及的法律地位分析

海洋法可以被看作是最古老的国际法体系之一,它严重依赖惯例、类比适用和软法(主要以手册的形式出现)。因此,相关海洋法的发展很大程度上滞后于这些海洋自主系统的发展。海洋法目前没有对现有的海军自主系统(如宙斯盾等系统)的合法性做出明确判断,但一些无人水面舰艇的法律地位不明确已经对海洋法规则提出了一系列新的挑战。

(一)海上自主系统法律地位不明确对海洋法规则的挑战

海上自主系统法律地位不明确对海洋法规则的挑战至少有三个方面。第一,海上自主系统究竟是一艘船还是仅仅是一个系统,其区别很重要。因为只有独立的船只才能根据海洋法享有船只权利和义务。如果海上自主系统不能是一艘完全有资格的

---

① 参见郑国旺、孔富镔等:《浅析海上水面自主船舶(MASS)四层级分类下的航标船舶智能化发展》,载《航海》2019 年第 4 期。

"船"(无论是军舰、辅助船还是商船),那么它将需要保持非船的地位,如"母船的子系统";或者,如果一个特定的海上自主系统不被认为是一艘船,海上自主系统可能被理解为一种海战武器,如"水雷"等。这种方法带来了不同的海战法问题。例如,1907年《海牙第八公约》要求自由漂浮的水雷在不再受"控制"时必须在一小时内解除作战能力。

第二,如果海上自主系统是一艘船,但不是一艘军舰,它最多只是一艘辅助船只。因此,正如上面所指出的,海上自主系统将不能获得全套交战权利。这一结果具有重要意义,因为一些国家已经投入巨资开发明显用于攻击敌方军舰的海上自主系统。

第三,海上自主系统的法律地位影响其非军事操作员的法律地位。根据海战法,敌方商船的平民船员和辅助人员一经抓获,将成为战俘,因此,他们享有一定程度的战斗人员豁免权,可因某些符合武装冲突法的行为而免予起诉,包括他们的船只曾抵抗甚至是防御性地攻击敌人的军舰。但是,岸上平民在执行敌对行动时使用武力抵抗敌人军事部队的类似行为将构成直接参与敌对行动。直接参与敌对行动的平民,如果被抓获,就没有战斗人员豁免权,也无权享受战俘待遇。那么在使用海上自主系统的情况下,也需要根据海上自主系统的性质区分对待它们的非军事操作人员。如果一国的平民或非军事操作员操作的海上自主系统不能被认定为军舰,而是更类似于商船性质,那么这些非军事操作员应当也享有一定程度的战斗人员豁免权。

(二)海上自主系统的法律地位界定

与所有新的海事发展一样,对于海上自主系统,我们仍然需要从其在海洋法上的基本法律地位开始加以分析研究。也就是说,引入海上自主系统有必要先仔细考虑一些基本法律问题,如海上自主系统能否被看作海洋法意义上的"军舰"或"辅助船只",以及它对现有的海洋法律制度的适用有何影响。海上自主系统的发展对于我们维护和加强海上安全具有巨大的潜力。基于此,我们需要对种类、用途繁多的海上自主系统进行明确的法律地位界定。这种法律地位界定是对海上自主系统运行过程中出现的一系列法律问题作出解答的基础,也是促使国际社会在进行各种针对海上自主系统的立法努力时能够达成一致的前提。

1. 海上自主系统可以被看作军舰吗?

界定海上自主系统法律地位需要解决的首要问题是其是否可以被看作是"军舰"。在海洋法中,军舰的地位具有根本意义。只有军舰才有在海上交战的全套权利;其他船只,包括其他国家船只,如海军辅助船只,参与敌对行动的权利要有限得多。

"军舰"的现代定义起源于1907年的《海牙第八公约》第七章,现反映在《联合国海洋法公约》第29条中如下:为本公约的目的,"军舰"是指属于一国武装部队、具备辨别军舰国籍的外部标志、由该国政府正式委任并名列相应的现役名册或类似名册的军官指挥和配备有服从正规武装部队纪律的船员的船舶。[①] 海上自主系统可以成为军舰的关键要素是,军舰必须在军官的指挥下,船员由“服从正规武装部队纪律”的人员组成。这两个要素能不能扩展到由岸上军官的远程“指挥”和由在岸上或不在海上自主系统上的军事人员作为“船员”监督海上自主系统的导航、工程、传感器和武器系统?

一些学者认为这是可能的,例如,2005 年开始使用的《奥斯陆手册》第四版在处理海上自主系统时,就指出它们可以被视为军舰。[②] 对 1907 年军舰定义背后的历史和定义目的的研究表明,起草人将军舰定义为“由军官指挥和配备有服从正规武装部队纪律的船员的船舶”的主要目的是防止私掠船的行为频繁出现,这种行为在 1856 年被宣布为非法。强调军舰被正式招募的军事人员“指挥”和“操作”,是为了排除将商船和商船船员转变为具有充分交战权利的船只和人员的可能性。而这种风险不会因为海上自主系统被认为是军舰而被重新激活。没有证据表明,当 1907 年制定军舰的定义时,《海牙第八公约》的起草者或他们所代表的国家,是为了防止为军事目的开发和使用的海上自主系统被定性为军舰。更确切地说,这个问题根本没有出现,因为起草人根据当时的技术显然没有考虑除有人驾驶的军舰以外的无人船只。

尽管根据《海牙第八公约》的定义目的,海上自主系统可以被看作军舰。但在实际情况下,在有关国家的做法发展成一种广泛和几乎统一的立场来支持或否认海上自主系统作为军舰的地位之前,海上自主系统根据习惯国际法的法律地位仍将悬而未决。一项由世界上多数国家参与、确定海上自主系统地位的条约将解决这个问题。然而,考虑 1907 年《海牙第八公约》以来很少有谈判成功的海战条约,这样一项决定性的条约的达成似乎不太可能。在目前这一不确定时期,一个国家可以根据习惯国际法对海上自主系统的法律地位采取自己的方式,或根据有关战略、政治和法律后果的政策考虑,将符合军舰各项要件的海上自主系统定义为军舰。参考 1907 年第二次海牙国际和平会议签订的《商船改装为军舰公约》中对军舰要件的规定,海上无人系统可以被看作军舰所要满足的条件包括:(1)可作为军舰的海上自主系统必须有明确的所属国,且处在所属国的管辖监督和负责之下。(2)对可作为军舰的海上自主系统必须配属舰长和舰员,这些舰长及舰员有能力远程“指挥”和“操作”海上自主系统,舰长应为国家服役并由主管机关正式任命,舰员应受军队纪律约束。(3)可作为军舰的海上自主系统必

---

① See Hague Convention (Ⅶ) of 1907 Relating to the Conversion of Merchant Ships into WarShips (1907) 205 Consol TS 319, art 1 – 4.

② See Dinstein Y. & Dahl A W., *Oslo Manual on Select Topics of the Law of Armed Conflict: Rules and Commentary*, Springer Nature, 2020, p. 52.

须具有本国军舰特有的外部标志。

2. 海上自主系统可以被看作辅助船只吗?

除给予海上自主系统军舰的地位外,根据海战法还可以提供给海上自主系统另一种定位——"辅助船只"。《圣雷莫手册》将"辅助船只"定义为"由国家武装部队拥有或完全控制并暂时用于政府非商业性服务的非军舰船只"。这个定义不涉及"军官指挥"或"船员"的问题;关键的要求是,该船处于军方的独家控制之下,并用于非商业目的。因此,海上自主系统在满足这种状态的要求方面面临的挑战少得多。然而,"辅助船只"定位面临的挑战是,根据定义,辅助船只是一种军事目标,可以像军舰一样受到攻击,但并不拥有军舰所享有的交战权利。至少从1907年开始,这种矛盾就一直是海战法的一个明显特征。

关于交战国的权利归属于辅助船只的确切解释仍然难以捉摸。各个国家在实践中通常提供最有利于本国国家利益的解释。例如,辅助船只可以在海上进行支援补给、运送部队和战争物资,并采取防雷措施。除这些任务之外,对于辅助船只来说,什么是允许的,什么是不允许的,确实是非常模糊的。然而,一条明确的禁令是,辅助船只不能参与攻击,如狩猎和攻击潜艇。因为这是一项仅针对军舰的交战权利。在海洋安全执法领域,那些属于政府所有或者由政府租用的没有装备武器、不具备攻击能力的海上自主系统可以被看作"辅助船只",这类海上自主系统可以行使安全、海关、财政、卫生、移民、海事、海洋和渔业等行政管理职能。

3. 海上自主系统可以被看作商船吗?

商船,在狭义上仅指从事海上货物和旅客运输等商业行为的私有船舶,在国际法上,科学考察船、海洋工程船和航行中的渔船等船舶与运输船舶具有同等地位。因此,商船在广义上是指狭义上的商船和与其处于同等地位的其他船舶。与强调需要被正式招募的军事人员"指挥"和"操作"的军舰不同,商船指代的是不属于政府且不具备军事攻击能力的私有船舶。由于世界上80%以上的货物运输是通过海上进行的,海运被认为是今天的物流经济的主要驱动力之一。在海上运输中引入可靠、可持续的无人船运输系统,将是向前迈出的一大步。与传统商船相比,将海上自主系统应用于海运、海洋科研等领域可以带来包括减少有害排放,降低人为错误风险和相关事故,节约燃料费用,弥补未来预期的海员短缺,提高未来海上运输的可靠性和效率等优势,将是未来海运发展的一个重要趋势。基于此,应用于民事和商业目的的海上自主系统可以被看作商船,并享有商船的各项权利。

五、海上自主系统的执法权利

在分析了海上自主系统法律地位的基础上,要将其纳入现有的海洋安全执法体制,需要根据其法律地位赋予其在公海上代表国家行使管辖权的相关法律权利。行使管辖权的方式主要涉及紧追权和登临权,在讨论上述两项权利的同时,还要考虑具有军舰和政府船舶性质的海上自主系统的豁免权问题。

(一)紧追权

《联合国海洋法公约》第111条规定了紧追权。该权利是指沿海国对违反该国法律,并从该国管辖范围内的水域驶向公海的外国商船进行追赶的权利。紧追权只能由军舰、军用飞机或其他有清楚标志可以识别的为政府服务并经授权紧追的船舶或者飞机行使。[①] 紧追权是从国家主权引申而来的国家属地管辖权。如有充分理由认为一艘外国船舶违反了追诉国的法律和条例,可行使这种管辖权。紧追必须连续不断地进行,且在被追逐者进入其本国或者第三国的领海时必须终止。根据行使紧追权的各项规则,很明显,海上自主系统可用于初步监测,以探测在沿海国相关海域可能进行非法活动的船只。海上自主系统可能有能力,特别是在远程控制的情况下,向违规船只发出停止命令。《联合国海洋法公约》规定,紧追只有在追逐方发出“视觉或听觉的停驶信号”之后才开始,发出停驶信号时双方的距离应能使外国船只看到或听到信号。行使紧追权时发出信号这一要求已被理解为包含了随着技术发展出现的新的信号形式,即停驶信号可以通过无线电广播发出。[②] 海上自主系统也可以通过其他更现代化的手段来满足这一要求。事实上,海上自主系统上的技术可能允许与外国船进行适当的通信。或者通过远程控制,海上自主系统可以从它的基地传递一个停驶信号。在发出停驶信号后,海上自主系统可以持续跟踪该船,直到该船停驶并允许可能的登船检查。此时,需要一名人类船员登船并检查船只。如果海上自主系统上没有人类船员,海上自主系统将追踪可疑船只,直到另一艘载人船舶抵达并进行登船检查。《联合国海洋法公约》规定,当有一架飞机执行紧追任务时,另一艘船只可能会接管登船检查阶段,因此在此基础上可以认为,有船员的船只接管海上自主系统执行的紧追任务并进行登船检查不存在法律障碍。鉴于海上自主系统对广阔海域的监管能力的日益增强,可以预见到它们将被用于紧追这一特殊的执法活动。特别需要注意的是,考虑紧追任务可能会持续数天,且执行紧追任务的船员经常面临补给困难的情况,海上自主系统可能有能力更好地完成紧追任务。

(二)登临权

登临权是指靠近和登上被合理地认为犯有国际罪行或者其他违反国际法行为嫌

---

① 参见陈伟:《合理行使紧追权 维护中国海洋权益》,载《中国海商法年刊》2011年第2期。

② See Molenaar E J., *Multilateral Hot Pursuit and Illegal Fishing in the Southern Ocean: the Pursuits of the Viarsa* 1 *and the South Tomi*, The International Journal of Marine and Coastal Law, 2004, 19(1): 19-42.

疑的商船进行检查的权利。军舰享有的登临权是各国公认的,也是国际公约所确认的。[①] 1958年《公海公约》第22条规定,军舰对于在公海上发现的,有合理根据认为有海盗行为和贩运奴隶行为嫌疑的商船以及虽悬挂外国国旗或者拒不展示其国旗,而事实上却与该军舰属同一国籍的商船,可对其悬挂其旗帜的权利进行查核。1982年《联合国海洋法公约》第110条也作了同样的规定,并将可实施登临检查的情形范围扩大为五种,即除1958年《公海公约》规定的三种之外,还有无国籍和进行非法广播的商船。登临权也可由"任何其他经正式授权、明确标记和可识别为政府服务的船只或飞机"行使。因此,作为一项代表国家行使管辖权的事项,海上自主系统不需要满足作为一艘军舰的标准来行使登临权。

登临权必须依照公认的程序行使。在实践中,登临一般以悬旗、登临、检查、拿捕四个步骤进行。在悬旗阶段,符合相关条件且装备武器的海上自主系统应该先悬出本国国旗,如所欲登临的商船未悬旗,海上自主系统可以根据国际法规则以武力使其就范。商船悬旗后,海上自主系统的指挥官如认为有登临的必要,海上自主系统可用视听信号命令商船停航。在登临阶段,根据《联合国海洋法公约》第110条:"军舰可查核该船悬挂其旗帜的权利。为此目的,军舰可派一艘由一名军官指挥的小艇到该嫌疑船舶。"从《联合国海洋法公约》的规定可见派遣一艘载有军官的船只并不是必需的,这只是核查船只悬挂其旗帜的权利的一种选择。在使用海上自主系统行使登临权的情况下,以验证旗帜和检查船舶证书为目的,可以用海上自主系统携带的机器人子系统进行登船检查,用摄影机记录下该船的相关标记,将图像发送到基地,以便当地当局与有关船旗国当局联系,确认该船的船舶国籍或登记,甚至可以根据船舶的国际海事组织编号或其识别标志自动联系被检查船舶国家当局进行核实。通过以上两个步骤,如果认为被检查船舶无可怀疑,则予以放行。如果以上两个步骤不能排除合理怀疑,则需要进入登临的下一步骤——检查阶段。根据《联合国海洋法公约》规定:"如果检验船舶文件后仍有嫌疑,军舰可进一步在该船上进行检查,但检查须尽量审慎进行。"这一条款的假设是,检查只能通过实物检查进行。在这一点上,有关官员的参与将是重要的,因为一旦存在犯罪情形,就有必要收集任何犯罪的证据,以供将来起诉。在拿捕阶段,需要由军舰派员接管商船,负责维护该船秩序并将其押送回港口,这一过程也必须有人类船员的参与,不能靠海上自主系统完成。[②] 综上所述,目前海上自主系统显然只

① 参见杨瑛:《适用登临权的国际犯罪行为法律问题分析》,载《中国人民公安大学学报(社会科学版)》2016年第4期。

② 参见华阳、李宇杨:《我国海警部队登临权问题研究》,载《中国经贸导刊(中)》2019年第11期。

适用于登临权的前两个步骤。

(三)具有军舰和政府船舶性质的海上自主系统的豁免权

军舰和专用于政府非商业性服务的船舶在国际交往中享有豁免权(immunity),不受外国的刑事和民事管辖,免除海关和边防检查,不得登临搜查或者拿捕。军舰和专用于政府非商业性服务的船舶在公海上只属于本国管辖,是国际法公认的一项规则。[①]参照这一规则,具有军舰性质的海上自主系统及由一国所有或者经营并专用于政府非商业性服务的海上自主系统,在公海上"有不受船旗国以外任何其他国家管辖的完全豁免权"。除受本国管辖权的支配外,任何其他国家不得在公海上对它们登临检查、追逐、扣押以及诉诸其他法律程序。

需要强调的是,海上自主系统享有豁免权的基本前提是具备作为独立船舶的属性,从母船上释放的执行短期的探测、侦查、监听等任务并返回母船的小型无人潜航器只是从属于母船的子系统,不具备国际法上的船舶地位,不享有豁免权。此外,《联合国海洋法公约》将"任何目的在于搜集情报使沿海国的防务或安全受损害的行为"和"研究或测量活动"视为对沿海国安全利益的威胁,这说明公约也将军事调查行为视为对他国安全利益的威胁,并要求各国尊重沿海国的安全利益。根据《联合国海洋法公约》的精神,在他国管辖海域部署海上自主系统进行军事调查的行为属于威胁他国安全利益的违法行为。在这种情况下,被部署国有权采取必要措施制止这种非法的军事调查行为。

六、海上自主系统应用于海洋安全执法体制的应用类型

当今海上安全除受到海难事故、公海上的海盗行为和自认灾害等传统的威胁之外,还面临海上跨国有组织贩毒、恐怖主义,以及非法移民等非传统的挑战。为了应对这些挑战,在《联合国海洋法公约》之后,国际社会制定了《制止危及海上航行安全非法行为公约》《国际海上安全管理规则》《调查海盗和武装抢劫船舶罪行实用规则》等国际公约和规章,构建了应对海上安全非传统挑战的法律框架。在海上自主系统应用于海洋安全执法的背景下,需要在前述法律框架的基础上进一步明确海上自主系统在具体的执法情景下需要遵守的法律规则,建立相应的海洋安全执法体制。

(一)打击非法贩运毒品行为

《联合国海洋法公约》规定,所有缔约国有义务在制止公海上非法贩运麻醉药品和精神药物方面进行合作。1988 年,《联合国禁止非法贩运麻醉药品和精神药物公约》详

---

① 参见王全达:《军舰豁免权研究》,载《西安政治学院学报》2010 年第 6 期。

细阐述了这种为执法目的而进行的合作。[①] 该公约第17条规定了有关在怀疑船只从事非法贩运毒品的情况下行使登临权的要求。除合作之外,各方还应"在力所能及的范围内提供这种援助"。因此,如果一个缔约国在附近部署有海上自主系统,它可以履行其协助的义务,通过海上自主系统来监测可疑船只,或在可能的情况下收集有关该船的进一步资料。由于援助限于"力所能及的范围内",即使海上自主系统无法前往检查可疑船只,一国仍可能履行第17条规定的义务。与登临权一样,海上自主系统可被远程控制或基于自主决策根据第17条通知可疑船只的船旗国,并要求确认可疑船只的登记。需要强调的是承担这些责任的海上自主系统必须是经正式授权、明确标记和可识别为政府服务的海上自主系统。此外,海上自主系统的作业应符合与登临权有关的保障措施,根据1988年的《联合国禁止非法贩运麻醉药品和精神药物公约》,这些保障措施包括"适当考虑到不危及海上生命安全的需要,船舶和货物的安全,或损害船旗国或任何其他有关国家的商业和法律利益"。任何海上自主系统都需要确保其在打击非法毒品贩运方面的行动"适当考虑到不干涉或影响沿岸国根据国际法的权利和义务以及行使管辖权的必要性"。与登临权的行使一样,海上自主系统不能独立完成对贩毒船舶的登船检查以及为司法目的可能需要进行的逮捕或扣押证据等执法活动。

(二)打击恐怖主义行为

无人机在陆地上的使用,特别是在针对恐怖分子头目的有针对性的攻击上,已经引发了关于将其作为武装冲突法下的武器的法律问题,以同样的目的使用海上自主系统也会出现类似的法律问题。[②] 但与在陆地上使用无人机不同的是,使用海上自主系统打击恐怖主义还需要考虑与海洋环境有关的其他因素以及海战的相关法律。与海上恐怖主义有关的关键多边条约是《制止危及海上航行安全非法行为公约》,其中包括1988年《制止危及海上航行安全非法行为公约》及其2005年议定书,后一项文书扩大了在国家立法中定为犯罪的罪行清单范围,并加强了制止这些行为的执法制度。在打击恐怖主义行为的议题下,最令人关注的问题是恐怖分子及非国家行为者使用海上自主系统进行恐怖主义犯罪的问题。例如,海上自主系统可用于对海底基础设施进行恐怖袭击,包括石油和天然气管道或电信电缆,或用于跨境运输非法货物。2018年9月8

① See United Nations Convention against Illicit Traffic in Narcotic Drugs and Psychotropic Substances, Dec. 20, 1988, 1582 U. N. T. S. 95.

② See Pedrozo R A., *Use of Unmanned Systems to Combat Terrorism*, International Law Studies, 2011, 87(1), p. 11.

日,一艘载有炸药的遥控船在也门西海岸的一个岛屿附近被发现。① 这样的例子表明,在重要航道使用海上自主系统对航行自由和商业航运利益构成重大威胁。这些例子中使用的海上自主系统将构成《制止危及海上航行安全非法行为公约》中定义的“船舶”,包括“任何类型的非永久附着在海床上的船舶,包括动力船、潜水器或其他浮动船”。这种舰船的定义可能包括各种各样的海上自主系统。根据《制止危及海上航行安全非法行为公约》,当行为人意图“恐吓居民,或迫使政府或国际组织采取或不采取任何行动”时,使用“造成死亡或严重伤害或损害的船舶”是一种犯罪行为。这当然适用于使用装载爆炸物的海上自主系统攻击沿海基础设施的行为。此外,即使使用海上自主系统运输爆炸物,如果目的是“恐吓民众,或迫使政府或国际组织采取或不采取任何行动”,也构成公约规定的犯罪。

值得庆幸的是,目前制止涉及海上自主系统的违法行为的国际法律框架是坚实的,因为在《制止危及海上航行安全非法行为公约》中,“船”的定义包括了海上自主系统,公约中设想的各种违法行为包括了海上自主系统可能被用于推进恐怖主义目标的不同方式。但在这一背景下令人担忧的是,2005 年《制止危及海上航行安全非法行为公约》的缔约国数量很低,截至目前不足 50 个,这使其在打击海上恐怖主义问题上能发挥的效果大打折扣。

(三)打击非法移民行为

在打击非法移民的执法方面,各国将依靠它们作为沿海国对其领海和毗连区行使的管辖权来防止非法移徙。在毗连区以外,2000 年的《联合国打击跨国有组织犯罪公约关于打击陆、海、空偷运移民的补充议定书》(UCTON,以下简称《偷运移民议定书》)第 8 条规定了登临权。② 如上文所述,在打击非法移民的执法行动中,海上自主系统也可以行使相应的登临权。海上自主系统能够识别可疑船只,并可能进行初步的船舶身份确认,但无法独立完成实际登船检查文件、获取证据、逮捕非法移民等执法活动。将海上自主系统用于监视目的可协助《偷运移民议定书》缔约国履行交换关于偷运者路线和运输工具信息的义务。有趣的是,尽管受到国内法的限制,但两个缔约国之间有义务交换对执法有用的信息,以提高彼此预防、发现和调查非法移民问题的能力,并起诉相关人员。关于这项义务的规定在共享关于可用海上自主系统的商业或军事信息的背景下无疑是重要的,缔约国如认为海上自主系统有助于加强打击非法移民活动的

---

① See Klein N., *Maritime Autonomous Vehicles Within the International Law Framework to Enhance Maritime Security*, International Law Studies, 2019, 95(1), p. 8.

② See Protocol Against the Smuggling of Migrants by Land, Sea and Air, Supplementing the United Nations Convention Against Transnational Organized Crime art. 8, Nov. 15, 2000, 2241 U. N. T. S., p. 507.

执法成效,则可向另一缔约国索取海上自主系统收集的相关监察数据。如果偷运者使用海上自主系统运输非法移民,这些载具的大小和功能大概率可以构成一艘海洋法意义上的"船"。根据《偷运移民议定书》第8条,涉嫌偷运移徙者的海上自主系统可"被同化为无国籍船只",并按照现行法律制度由国家当局登船和搜查。

七、结语

国际法的许多领域,如海战法、反恐怖主义法和其他与海上安全有关的条约,由于涉及众多国家之间盘根错节的利益关系,都不容易改变。鉴于这样的现实,克拉斯卡曾提出:管理无人驾驶系统的规则来自为载人船舶和飞机设计得更广泛的国际法原则,这一结论确实是唯一现实的做法。① 笔者对有关海洋安全的国际法的考察表明,现有的原则可以适用于各种情况下的海上自主系统。在法律框架中,对于有船员的船舶的规制在涉及海上自主系统时仍然是有效的。通过界定海上自主系统的法律地位,分析其在特定应用场景下的法律权利,有助于在现有的海洋安全执法机制中构建以海上自主系统为背景的海洋安全执法体制,从而规范海上自主系统在海洋安全执法中的应用。当然,随着自主技术的进一步发展,海上自主系统会对现有法律框架产生更大的挑战,国际海事组织也需要考虑修订现有法律,甚至通过新的法律去应对这一挑战。

---

① See James Kraska, *The Law of Unmanned Naval Systems in War and Peace*, 5 Journal of Ocean Technology 44, 46 (2010).

刑事专栏

人工智能刑法研究的法哲学祛魅*

冯文杰**

摘　要：自由意志属于自在之物，尽管人们无法认识，但是可以感受到它的影响效果。基于自然法与功利主义的双重考量，应当认定人具有自由意志，并且应当将人作为衡量万物的尺度及具有主观能动性与受规范约束的物种。强人工智能产品不具有唯有人具有的自由意志，仅是人类可控制、依靠电能存续且辅助人实现自由而全面发展的智能机械产品。人工智能刑事责任主体肯定论不仅存在立论根基非理性的问题，并且存在治理措施不妥当的问题。人工智能刑法研究应当走出肯定论与否定论的迷思，将研究方向扎根于回应实践需求的领域，探索刑法理论在人工智能场景下的合理运用。就人工智能场景下的过失犯认定机制而言，若行为人故意利用AI技术或产品实施犯罪行为，则具体利用人应当受到刑法处罚；若技术人员等主体过失造成AI产品实施犯罪行为，则依据预见可能性等过失犯原理进行规制即可。

关键词：自由意志；人工智能刑法；人工智能刑事责任主体否定论；过失犯；法哲学祛魅

一、问题的缘起

近年来，在得到显著发展的算法、大数据分析及脑神经科学等技术的推动下，国家政策的驱动下以及资本市场的刺激下，人工智能（以下简称AI）技术得到持续发展，并

---

* 重庆市教育委员会人文社会科学研究项目“监察机关与公安机关配合制约关系的衔接制度研究”（23SKGH028）、西南政法大学智能司法研究院2022年度合规专项课题“企业合规改革的试点动因、模式选择及规范优化”（ZNHG2022K05）以及重庆市社会科学规划中特理论重点项目“习近平总书记关于网络意识形态安全建设的系列新思想新观点新论断研究”（2023ZTZD17）的阶段性成果。

** 西南政法大学智能司法研究院研究员，重庆市九龙坡区人民检察院检校合作专家，西南政法大学行政法学院暨纪检监察学院副教授、硕士研究生导师、法学博士。

形成了显著的科技成果。科技不仅与经济生活密切相关,并且与人文社科的联系相当紧密。追溯哲学变迁史可知,哲学思想及其认知路径的每一次变革都与科技的发展息息相关。比如康德通过借鉴自然科学的成功经验走上纯粹理性批判之路;①又比如波普尔通过借鉴爱因斯坦相对论的知识构成提出“可证伪性”理论。② 二者的联系不是单向的,而是双向互动的。换言之,没有哲学指导的科学是盲目的;没有科学为基础的哲学是空洞的。AI 技术的不断发展及其在社会各个方面的应用带来了一些客观风险,并使公众的忧患之感越发加深。谷歌公司运用 AI 技术生产的超级智能围棋手阿尔法狗(Alpha Go)接连战胜欧洲冠军樊麾及世界顶级的两个棋手李世石与柯洁,清华大学制作的 AI“星阵围棋”也完胜柯洁,这使世人震惊于 AI 技术的“全知全能”。AI 技术的颠覆式发展及应用 AI 技术产品产生的诸如自动驾驶致人损害事故等事件的发生,使人类对其风险存有非常高的恐惧之感。“如果要我猜测我们面临的最大威胁是什么,很可能就是人工智能。……应当在全国或者全世界范围内制定相应的监管规则。”③基于 AI 技术的辉煌成就及其潜在风险现状,为更妥当地保护法益,实现技术在理性的规制下合理发展的目标,当前学界展开了人工智能刑法研究,具体主要集中于行为论、过失论以及责任论等刑法领域。其中,责任论领域是其他领域的基础,若要合理展开人工智能刑法研究,则必须确立合理的人工智能产品责任论。

就此而言,有人认为,由于强 AI 产品在自主意志支配下实施不在人类设计和编制的程序范围内的“犯罪行为”,实现的是自身意志,与通常的刑事责任主体实施的犯罪行为并无不同,因此,应当赋予强 AI 产品刑事责任主体地位。④ 由此必然能够认为,应当继承与发扬因果行为论中的有意行为说,强 AI 产品实施的法益侵害行为属于刑法中的行为。⑤ 有人主张,强 AI 产品刑事责任肯定论及其主张的强 AI 产品行为论属于“违反人类智力常识的反智化现象”。⑥ 如此一来,真正值得刑法学界展开研究的是如何将刑法理论适用于人工智能发展提供的新场景,如自动驾驶领域的过失犯认定规则。总体而言,肯定论的提出将当前学界的研究视角拉到 AI 技术风险防范这一领域。

---

① 参见[德]康德:《纯粹理性批判》,邓晓芒译,人民出版社 2017 年版,第 33 页。

② 参见[英]卡尔·波普尔:《客观知识:一个进化论的研究》,舒炜光等译,上海译文出版社 2005 年版,第 52 页。

③ [美]约翰·乔丹:《机器人与人》,刘宇驰译,中国人民大学出版社 2018 年版,第 5 页。

④ 参见刘宪权:《人工智能时代我国刑罚体系重构的法理基础》,载《法律科学(西北政法大学学报)》2018 年第 4 期。

⑤ 参见刘宪权:《人工智能时代刑法中行为的内涵新解》,载《中国刑事法杂志》2019 年第 4 期。

⑥ 参见刘艳红:《人工智能法学研究的反智化批判》,载《东方法学》2019 年第 5 期。

如果可以合理地提出风险并解决风险，则必将减少 AI 技术应用风险，并提升社会治理水平。在这个意义上，肯定论的价值值得肯定。但在风险的提出及其解决这一问题上，存在一些不得不认真对待的前提知识挖掘与法哲学反思问题。AI 机器人是否能够摆脱人类控制自主实施法益侵害行为？即使 AI 机器人能够摆脱人类控制自主实施法益侵害行为，是否就有必要赋予其刑事责任主体地位？刑法中的行为论应当如何对待上述现象？人类应当坚持一种什么样的“人”论？如何对待刑事法领域的自由意志问题？若无法合理解决上述问题，则由之衍生的许多问题都不能被妥善解决，如人工智能应用场景下过失犯的认定问题，这势必阻碍 AI 技术的健康发展，并且遮蔽人工智能刑法研究的前进方向。基于此，笔者特就人工智能刑法研究展开反思性的法哲学分析，借助理智化实现对这一领域的祛魅，[①]进而合理解决 AI 刑事责任主体论提出的具体问题，使人工智能刑法研究重新回到可知论的理性轨道。质言之，“人工智能法学始终是‘面向人’的研究”[②]，必须在人类独特智能利用技术智能的人本主义道路上展现问题甄别及其治理之道。

二、AI 刑事责任主体论的聚讼反思

（一）AI 刑事责任主体论之聚讼

AI 刑事责任主体肯定论内部有一些表述上的细微差异，但在实质上并无不同。有人认为，应赋予强 AI 产品刑事责任主体地位，将弱 AI 产品作为辅助人进行法益侵害的工具。有人主张，应将弱 AI 时代高级阶段的 AI 实体、强 AI 实体（全面型 AI 实体）以及超 AI 实体作为适格的刑事责任主体，将弱 AI 时代初级阶段的弱 AI 实体作为辅助人进行法益侵害的工具。双方的差异并不是立场之争，而是源于对 AI 技术的划分之争。当前学界对于 AI 产品的划分方法有三分法与二分法之争。三分法认为，AI 产品有弱 AI 产品、强 AI 产品及超 AI 产品之分；二分法认为，AI 产品有弱 AI 产品与强 AI 产品之分。无论是二分法还是三分法，区分的基本标准都是 AI 产品是否具有自主意识、是否能够自主实现意志。鉴于当前刑法学界的主流观点是二分法，并且只要合理认知划分标准，则二分法与三分法对于解决刑法问题并无重要差异，本文坚持二分法。

肯定论的主要理由是：第一，脑神经科学、大数据分析及算法技术的不断发展能够实现强 AI 产品的生产；第二，强 AI 产品具有自由意志，能够认识外在事物且能够控制

---

① 参见［德］马克斯·韦伯：《天降之任：学术与政治》（第 2 版），王容芬译，中央编译出版社 2018 年版，第 12 页。

② 刘艳红：《人工智能法学的“时代三问”》，载《东方法学》2021 年第 5 期。

自身行动,具有实施合法行为的期待可能性,当其超出程序自主实施值得刑法处罚的法益侵害行为时,实现的是自身的意志,应当被作为刑事归责主体对待;第三,强AI产品与自然人的实质相似程度明显高于动物或单位,宜使其对其行动承担法律责任;第四,与人类具有理性一样,强AI产品也具有理性,其为应当赋予强AI产品刑事责任主体地位的必要缘由;[①]第五,因为强AI产品能够为了自身意志而有意地实施法益侵害行为,故以刑法对其进行规制,遵守了罪责自负原则;第六,既然没有生命的单位可以成为刑事责任主体,则生命并不是某种事物成为刑事责任主体的必要条件。[②]诸如强AI产品能够自主实施法益侵害行为、具有理性、与自然人的实质相似程度高于动物与单位等理由,主要是基于强AI产品具有自由意志而形成的。可见,肯定论的立论之基是科技保障与强AI产品具有自由意志。否定论认为,不应将AI产品作为适格的刑事责任主体,仍然应将AI产品作为人可能进行法益侵害的工具。否定论的主要理由为:第一,弱AI产品不具有自由意志,其可能被作为人进行法益侵害的辅助工具。第二,强AI产品具有独立的自主意识与意志之论并不客观,不具有现实可能性即科技保障不可信,将其作为刑事责任主体属于相关学者的误解。[③]第三,人的秉性包含理性(智性)、感情(心性)与信仰(灵性)这三个层面。智性表现为合理性、可计算性、规则性、功利性和经验;心性是感情、情绪、感觉的发源地,完全不同于智性;灵性其实是一种价值判断。通常而言,有经验的人做决定虽然主要依靠理性,但有时更加依赖心性和灵性。AI的概念涵盖了逻辑推理、可计算性、规则性、功利性和经验,这是人类智性的体现。但是,其并不具有心性与灵性。AI产品若要与人相同甚至超越人,其必须具有心性与灵性,只有智性是无法成行的。换言之,其不具有欲望,故而AI产品不是人。[④]第四,强AI产品并未出现,当下应研究已经或即将成为问题的问题,如自动驾驶中的过失归责问题,又如AI产品生产的作品是否能够受到著作权法保护的问题,再如如何为AI技术的发展作出贡献的问题。可见,否定论的立论之基为AI产品不具有自由意志与科技保障的不可信。

总之,就强AI产品属于刑事责任主体的肯定论而言,否定论的反驳虽不乏真知灼见,但也有不足之处:第一,如何反驳肯定论基于科技保障的遐想;第二,如何针对肯定论的刑罚措施建议展开反驳;第三,如何对待刑事法上的自由意志问题,即人是先天具

① 参见韩骁:《人工智能犯罪的教义学审视》,载《人工智能法学研究》2018年第2期。

② 参见刘宪权:《对强智能机器人刑事责任主体地位否定说的回应》,载《法学评论》2019年第5期。

③ 参见时方:《人工智能刑事主体地位之否定》,载《法律科学(西北政法大学学报)》2018年第6期。

④ 参见龙文懋:《人工智能法律主体地位的法哲学思考》,载《法律科学(西北政法大学学报)》2018年第5期。

有自由意志还是人被假设为具有自由意志;第四,能否反思当前的AI刑事责任主体肯定论展现了一种什么样的"人论",即人们应当坚持一种什么样的"人论";第五,人工智能刑法研究的务实领域集中于何处,即如何将人工智能刑法研究重新拉回有效回应实践需求的真实场域。

(二)AI刑事责任主体肯定论之反驳

第一,肯定论以AI机器人能够在基于脑神经科学、大数据分析及算法等技术的支持下获得"道德"为例,证明AI机器人能够成为具有自主意识的强AI产品。有学者认为,人的道德并非天生,而是一种依靠后天培养而形成的善恶意识,故而道德并非自然人的独有专利。在"人工"的作用下,AI机器人可以像人一样具有道德意识。并且,即使当前的机器人不具有道德意识,也不意味着将来的AI机器人不具有道德意识。[①] 但是,这种观点并不妥当。首先,要使AI机器人更好地造福于人类自由而全面地发展,则必须使其尽可能以"自然法"要求的方式实施行动。但是,即使人类通过"深度学习"等技术使其能够做出符合法规范要求的行动,这也仅仅是其在"人工"作用下,获得由大数据图像等组成的场景知识判断而形成的"他律"行动,而非"自律"行动。其次,部分肯定论者认为,AI机器人的"道德是基于数据和算法的线性'思维'形成的"[②]。就此而言,没有必要称其具有道德意识,其仅仅具有人类通过算法等技术"加功"的行动选择功能,不宜认为这种功能是道德意识的表征。最后,论者存在将"期望"或"需要"与"现实"相混淆的问题。诚然,人们不仅期望且需要AI机器人能够合理区分伤害与救助,人们还期望且需要AI机器人具有善良道德意识,从而使其在安全舒适的路径上服务于人的生活。但是,"期望"或"需要"不是"现实",由前者无法直接产生后者,二者属于不同的范畴。论者存在以人们期望或需要AI机器人具有道德意识推出AI机器人能够具有道德意识的问题。

第二,虽然强AI产品在外观上可以实施法益侵害行为,但必须在区分不同情形的基础上,对待其法益侵害行为。首先,刑法中的行为并不是指任何表象世界中的活动,而是经过价值判断后的有特殊意义的符号。依照当前主流观点,刑法中的行为是指,"行为主体实施的客观上侵犯法益的身体活动"[③]。就事实而言,刑法中的行为主体是自然人;单位仅仅是刑法上的归责主体,而非行为主体。同时,刑法能够对单位进行刑事归责的客观依据是单位犯罪事实上仍然由自然人具体实施。可见,只有事实上的自

① 参见刘宪权:《人工智能时代机器人行为道德伦理与刑法规制》,载《比较法研究》2018年第4期。

② 参见彭文华:《自动驾驶车辆犯罪的注意义务》,载《政治与法律》2018年第5期。

③ 张明楷:《刑法学(上)》(第5版),法律出版社2016年版,第142页。

然人实施的法益侵害行为才是刑法上的行为。其次,只有当强AI产品是因为受到自然人或单位的控制才实施法益侵害活动时,其此时的活动才能够因附着于自然人或单位而被作为刑法上的(自然人的)行为,但刑事归责主体并非强AI产品,而是相关的自然人或单位。在强AI产品未受到刑事责任主体的控制而自主实施法益侵害活动时,只有在甄别缘由后方能够合理评价。从内与外这两个方面来看,原因既可能是技术人员等相关主体的过失,也可能是被害人行为造成了强AI产品的误解。当原因是技术人员等相关主体的过失时,强AI产品的行为是刑法上的行为,对其需要依据过失犯的归责原理审慎处理;当原因是被害人行为造成了强AI产品的误解时,强AI产品的行为不是刑法上的行为,难以对相关主体进行过失归责,需要由相关技术人员改进技术以规避风险。① 最后,肯定论以强AI产品能够自主实施法益侵害行为为由,认为需将其作为刑事责任主体对待,这显然是未区分不同类型下的具体情形的不当结果。

第三,肯定论认为,科技的不断发展能够保障AI产品成为具有自由意志的强AI产品,甚至为此设定了10~20年的具体期限。撇开社科界的反对之论,即使就科技界的当前主流观点而言,这一观点也过于乐观且并不客观。由于大数据运用、算法以及脑神经科学等技术水平之限制,当前AI技术难以完成突破性发展。基于此,美国国家科技委员会认为,强AI产品难以在未来数十年内出现;数百名世界级AI专家认为,强AI产品至少需到2040年才可能出现。“AI之父”阿兰·图灵于1936年便提出了“图灵机”设想,从数理逻辑上为计算机开创了理论先河;其在1950年提出了“图灵测试”:若一台机器能够与人类展开对话且不能被辨别出其机器身份,则这台机器就是智能的。但是,即使“图灵测试”能够成功,也只能证明AI机器人的生产将仿生学运用得较为高明,无法证明这种AI机器人具有自由意志。追溯历史可知,科学家在召开于1956年的达特茅斯会议上,才明确提出了“人工智能”之说。可见,AI技术是一门较为“年轻”的技术。AI技术之发展与计算机之计算速度以及数据之经验积累等因素密切相关,囿于后者的限制,AI技术的发展曾一度停滞不前。随着云计算、海量数据存储、仿生学、深度神经网络及深度机器学习等技术的不断发展,AI产业出现了蓬勃发展之势,由此掀起了世界范围内的AI学习及发展潮流。② 国务院发布的《新一代人工智能发展规划》提出了AI技术发展的激励措施,并着重强调了AI技术发展所可能带来的风险及其必要规制。AI本身是一个模拟人类能力和智慧行为的跨领域学科,涉及计算机科

---

① 参见储陈城:《人工智能时代刑法归责的走向——以过失的归责间隙为中心的讨论》,载《东方法学》2018年第3期。

② 参见冀洋:《人工智能时代的刑事责任体系不必重构》,载《比较法研究》2019年第4期。

学、控制论、信息论、神经生理学、语言学、仿生学及心理学等多个领域。但是，当前任何一台按照现有方式加以编程的计算机都无法完成"全面模拟人类的心智"这项任务，因为计算机不具有人脑所特有的某种神秘的"意识"。诚然，以现在预测乃至否定未来总是容易给人以若干诟病，如过于缺乏想象力。但从当前的 AI 技术发展瓶颈及肯定论的具体理由来看，强 AI 产品之论并不合理。由此也可见，不宜认为，未来人工智能体有可能成为犯罪的主体。①

也许感觉主义、经验主义甚至实证主义，都可能成为科技创新实现的"'认识论的障碍'，真正的科学必须在对这些障碍的克服中以断裂的方式前行"②。但是，基于常识、常情、常理的生活仍然是人类生活安全、有序及进步的客观践行。科技创新的实现需要一定的客观基础，若这种科学的实现不具有现实可能性，则人类大可不必相信其会成为现实。"如果没有特定的价值秩序基础，把什么行为都认为是正确的，那么法律是不可能存在的。"③法不存在之结果必将造成社会的无序化，并使社会成为人与人之间的战争的社会。应当相信，具有自由意志的强 AI 产品不会出现，其不宜被作为刑事责任主体。总之，"机器人无论以何种方式承担责任，最终的责任承担者都是人，这使得它的'法律人格'显得多余和毫无必要"④。

第四，肯定论认为，强 AI 产品可以在设计和编制的程序范围外自主实施法益侵害行为，可设置删除数据、修改程序、永久销毁等刑罚种类对其定罪量刑。这有所不当。因为即使强 AI 产品可以在表象上发出痛苦般的哭喊声，但它是人类通过深度神经网络及统计机器学习等技术赋予的，它本身只是由一堆机器部件组成的智能体。刑罚的本质是一种伴有痛苦性权益剥夺的报应。公众不会相信如此刑罚的施加，可以造成强 AI 产品有类似于人的痛苦感受。换言之，公众不会相信这是一种报应。施加这样的"刑罚"不仅不会赢得公众的认同，且有可能进一步加剧公众对于司法的质疑。不宜在破坏经由启蒙主义的洗礼及自由抗争成行的刑罚制度的基础上，为归责一个本可以由其他方法即可合理规制的强 AI 产品设置独立的刑罚体系。在当前 AI 技术应用较为广泛且成熟的自动驾驶领域，自动驾驶系统只是一套机器系统，其并不会做出"自主"的决策；其仅仅根据对具体环境的感知，按照特定经过设计的程序发出的指示做出反应，人类在驾驶时对于整套系统的感知和反馈模式拥有完全的控制权。当前主流观点

---

① 参见姚万勤：《人工智能影响现行法律制度前瞻》，载《人民法院报》2017 年 11 月 25 日，第 002 版。

② 刘鹏：《法国科学哲学中的划界问题——以巴什拉、康吉莱姆、拉图尔为例》，载《科学技术哲学研究》2018 年第 6 期。

③ 石佑启、李锦辉：《生存与合作：进化论视角下法律的元价值》，载《世界哲学》2018 年第 5 期。

④ 郑戈：《人工智能与法律的未来》，载《探索与争鸣》2017 年第 10 期。

也并不认为,AI技术能够“了解自己的行为并且感受到自己行为的——超出服务于程序预设目标之外的——意义”①,故而不能够让具体驾驶司机逃避法律的归责。

退一步而言,即使强AI产品能够在人类设计与编制的程序范围外自主实施法益侵害行为,也没有必要将其作为刑事责任主体,更没有必要设置“删除数据、修改程序、永久销毁”②等刑罚措施对其定罪量刑。

其一,肯定论的基本前提是强AI产品“不可控制”,这并不妥当。若强AI产品带给人类的结果不是福利,而是无法逆转的毁灭性结果,则有必要像“禁止克隆人”一样禁止相关技术人员再对其进行研究且禁止生产单位再对其进行生产。当前肯定论提出结论的基本前提应当是,上述仅仅带给人类毁灭性结果的强AI产品不会出现,出现的仅仅是偶尔自主实施严重法益侵害行为的强AI产品,且这种法益侵害结果必须能够为人类所控制且人类能够合理改进这种强AI产品。否则,人类自然会强制禁止技术人员等主体再去研发以及生产这种产品。首先,人类开展生产、沟通及心灵活动的首要且最重要的目的是生存。因为若无生存,则人类的任何活动都难以展开。若强AI产品带给人类的结果是毁灭性结果,则人类必然会反对研发以及生产这种产品。其次,虽然人类在生产强AI产品时,存在无法预料其是否将带给人类毁灭性结果的可能。但是,如果这种带给人类毁灭性结果的强AI产品出现,则人类必然陷入毁灭之境,继而也无必要研究刑事规制措施。最后,虽然无论相信还是反对强AI产品具有自由意志这一结论的观点,都是一种并无绝对对错之分而仅有合理与否之分的预测或价值判断。但强AI产品必须能够为人所控制;否则,研究刑事规制措施就没有价值。基于此,应当认为,肯定论不当界定了基本前提,无法使人相信其刑事规制措施具有合理性。

其二,若强AI产品根本不受人类控制,自主攻击人类以及其所不允许伤害的物体,则人类完全可以且应当直接将其消灭,无须设置删除数据、修改程序、永久销毁等刑罚措施。因为这样的强AI产品已经不是能够改造良好的“人民”,而是一种需要彻底征服的敌人,设置刑事程序反而使行动受到不当阻碍。同时,肯定论的刑罚措施建议中的“永久销毁”本身就是一种直接消灭强AI产品的应对对策,而不宜称之为刑罚对策。

其三,“删除数据、修改程序”的刑罚措施建议证明了,在肯定论的眼中,强AI产品仍然是可以被人控制的,这便与肯定论逻辑上的“不可控制”出现了逻辑悖论。就逻辑

① 蒋熙辉:《单位犯罪刑事责任探究与认定》,人民法院出版社2005年版,第225页。

② 参见刘宪权:《人工智能时代刑事责任与刑罚体系的重构》,载《政治与法律》2018年第3期。

学而言,在论证的过程中,出现逻辑背反的情况是论据不合理的展现,因为"在追求真理的主张和理论中,矛盾是一种致命的缺陷"①。

其四,即使人类通过深度神经网络及机器学习等技术促使强 AI 产品可以在表象上发出痛苦般的哭喊声,甚至其已经成为一个完整的"人",但面对其自主实施的法益侵害行为,对其施加"删除数据、修改程序、永久销毁"的刑罚措施,并不合理。不仅公众难以接受这样的刑罚措施,且如此设置刑罚措施有过于简单化之弊。另外,一系列的问题尚未且难以被肯定论所解决,如对于被害人的赔偿如何进行,又如强 AI 产品是否需要律师辩护。

总之,肯定论的具体理由不足以支撑其赋予 AI 产品刑事责任主体的结论。值得一提的是,部分肯定论者认为,可以比照刑事法上的刑事责任能力程度规定,根据 AI 产品的智能化程度,将其划分为完全刑事责任能力主体、相对刑事责任能力主体及无刑事责任能力主体,以区别对待其不同的法益侵害行为。② 由上文对肯定论的反驳可知,这种观点存在根基不稳的问题,并且既然没有必要且不宜赋予强 AI 产品刑事责任主体地位,则更无必要作此种简单区分。

三、人是否具有自由意志的法哲学反思

通过以上辩驳与论证,可以肯定,AI 产品不具有自由意志,其不能被作为刑事责任主体。上述肯定论与否定论的聚讼点在于强 AI 产品是否具有自由意志。就人具有自由意志的假说而言,肯定论的立论之基并不合理。但是,肯定论的提出抛出了一个自古以来便困扰公众的问题:人是否具有自由意志以及人何以具有自由意志?如果不对这个问题进行抽丝剥茧般的法哲学辩思,则不仅丧失了继续探讨这一问题的良机,并且无法合理指导以后的 AI 技术发展的伦理及法律规制,连带着对于人是什么这一问题也无法得到合理的解读。不得不承认,AI 刑事责任主体否定论建立于目前的自由意志假说或自由意志信仰上。换言之,当前学界无法证明人是否具有自由意志,基于自然法与功利主义的双重考量,当前学界假设人具有自由意志。这种假设与"不得杀人、不得强奸、不得盗窃"等自然法元价值既有相似之处,也有不同之处。从价值论而言,前者与后者都是人们基于社会化的维持及其良性发展所做的价值判断;但是,人是否具有自由意识其实是无法证明的,而诸如"不得杀人"等自然法元价值是可以得到人们

---

① [英]艾伦·诺里:《刑罚、责任与正义:关联批判》,杨丹译,中国人民大学出版社 2009 年版,第 29 页。

② 参见马治国、田小楚:《论人工智能体刑法适用之可能性》,载《华中科技大学学报(社会科学版)》2018 年第 2 期。

的经验层面的证实的。比如在公司法学中,有人指出,由于没有专门的标准来判断收购方的善与恶,因此何谓善恶难以区分,[①]但是难以区分并不代表不能予以区分,关键在于需要从规范目的出发厘定合理的标准。问题在于,当前学界忽视了这种假设背后的法哲学反思:如何看待自由意志本身?是否应当通过价值判断认定人具有自由意志?

(一)人能够感受到自由意志的影响效果

就哲学而言,自由意志属于自在之物,尽管人们无法认识到,但是可以感受到它的影响效果。就人是否具有自由意志这一问题,从哲学角度来说,自从休谟的怀疑论滥觞以来,似乎一切必然性、因果性、实体性等形而上学的概念全部不存在了。比如休谟认为,如果你看到太阳晒、衣服不潮湿这一现象,你只能够说太阳晒、衣服不潮湿,而不能说衣服因为受到太阳的照射而变得不潮湿,因为你并未看到具体原因。[②] 如果延续这种怀疑论思维,则一切规范的建构都将缺乏法理支撑,人类理性难以为继。针对这一事例,康德认为,虽然你是凭借感觉看到太阳晒、衣服不潮湿,但是你的感觉不仅仅是那些知觉与印象,而是包含了先天的物自体概念,比如时间与空间。人类先天具有一套认识能力,即"先天的直观形式"与"先天的知性范畴",包括量的范畴、质的范畴、关系的范畴以及模态的范畴。正是凭借这些先天范畴,人的感觉才能上升为理性。比如针对上述事例,凭借先天范畴,你懂得了衣服因为受到太阳的照射而变得不潮湿。真理之所以是真理,是因为对象符合于观念,并不是由于对象是物自体,而是因为对象首先是我们的观念建立起来的。观念符合对象是因为对象首先符合了观念。总之,人类知识来源于经验,但并非所有的知识都来源于经验。[③]

康德认为,之所以自由意志被称为自由意志,就是人们不知道它要做什么,任何人包括自己,都不知道以后将会做什么。换言之,一个人将要做什么是不可知的,这就是自由意志。如果清晰地知道了前因后果,那就是因果律,而非自由意志。自由意志属于物自体,人们只能认识它的后果;比如只有它在现象界产生了影响,人们才能够认识它,但其本身人是无法认识的。[④] 换言之,虽然人无法认识到自由意志是什么,但人的确可以感受到它的影响效果,就像人始终无法认识到自己并未看到的事物,只能感受到它的影响效果。知性的认识能力无法超越经验的范围之外,去"规定"经验背后的自

① 参见侯东德:《董事会对短期主义行为的治理》,载《中国法学》2018年第6期。

② 参见[英]休谟:《人性论》,关文运译,商务印书馆2016年版,第55页。

③ 参见邓晓芒:《康德〈判断力批判〉释义》,生活·读书·新知三联书店2018年版,第33页。

④ 参见车辕:《道德律为何要像自然律——论康德哲学中道德与知识的关系》,载《吉首大学学报(社会科学版)》2019年第1期。

在之物。故而其认为,必须悬置知识,为信仰留有空间。虽然人是自由的,可以为所欲为,但是人应该为自身设置规范。如果人只有科学理性,而没有实践理性,则人与动物无异。故而,科学理性应附属于实践理性,实践理性应凌驾于科学理性之上。[①] 人在本质上而言,是一个道德的存在,而非一个自然科学意义上的动物性存在。由此可见,在其看来,人们虽然无法认识到“自由意志”这一自在之物,但人们能够感受到它的影响效果。并且,人应当认为自己具有自由意志,进而为自己的行为确立法则。否则,人与动物无异。

(二)人应当相信自己具有自由意志

就刑法理论而言,虽然无法证明自由意志是什么事物,甚至无法证明人是否具有自由意志,但应当相信或假设人具有自由意志。对于人是否具有自由意志这一问题,刑法理论在过去也出现过剧烈的争鸣。目前,这一争鸣已经相当缓和。唯有行为人在实施不法行为时具有责任,才能认定犯罪的成立,这是责任主义的基本立场。[②] 但是,怎么判断行为人是否具有责任?古典学派认为,人是具有自由意志的;基于“非决定论”,其认为,人必须为其自主选择的行为负有道义上的责任。目前,在道义责任论阵营中出现了基于“非决定论”的法律责任论。刑事人类学派则认为,人是不具有自由意志的,人的行为受到社会因素、生理因素以及物理因素的共同支配;基于“决定论”,其倡导社会责任论,认为刑罚应以犯罪者之危险性为基础,以保护社会秩序的稳定。在旧派与新派的不断论辩中,形成了一种相对的意志自由论,这是目前的通说。[③] 但相对的意志自由论仍然代表了人具有自由意志。个别持有社会责任论的学者认为,自由意志虽不可证明,但基于正义法则,必须使犯罪之人承担刑罚惩罚之责任。这种观点存在否定预防刑法以及现代刑法建立的减刑、假释等制度的法理基础。[④] 对于道义责任论、法律责任论与社会责任论的评析,仍然需要明确解决人是否具有自由意志这一问题。

尽管科学界对于人脑进行了多次脑科学实验,并多次进行基因研究,且对于人或老鼠的实验取得了一些成果,比如得知老鼠需要花费多长时间才能跑完“迷宫”等。但

---

① 参见邓晓芒:《〈纯粹理性批判〉讲演录》,商务印书馆 2013 年版,第 12 页。

② 参见[日]山口厚:《刑法总论》(第 3 版),付立庆译,中国人民大学出版社 2018 年版,第 6 页。

③ 参见陈子平:《刑法总论》,中国人民大学出版社 2009 年版,第 17 页。

④ 参见[德]许迺曼:《刑法罪责理论的现状》,王皇玉译,载许玉秀、陈志辉主编:《不移不惑献身法与正义:许迺曼教授刑事法论文选辑》,新学林出版股份有限公司 2006 年版。

迄今为止,科学家尚无法说明,具体是哪一个基因负责人类心灵。[①] 由此可见,“具体的个人在行为时是否存在意志自由是无法证明的”[②]。诚然,人们尚无法在科学上证明人到底是否具有自由意志,但是社会制度的建构需要人们对于这一问题进行基本的价值判断。由此一来,这个本是证明的难题转变成了利益衡量的问题即价值判断问题。或许,人们是选择一个物化的“人”论,还是选择一个自由的“人”论,仅仅是一个或情感或信仰的问题。[③] 自然科学上的客观事实探索与人文社科上的规范建构存在差异,因为无法直接从“是”推导出“好”,从“是”到“好”的生成需要人基于或情感或信仰或利益衡量的价值判断。基于自然法与功利主义的双重考量,宜认为人具有自由意志,不宜认为人不具有自由意志。

其一,如果人没有自由意志,则对其不法行为进行的惩罚就如“单单把犯人看作应使变成无害的有害动物”[④]一般,这不仅没有尊重人,也存在否定人之虞。若没有自由意志,人就只是一个玩物,丧失了尊严感,进而生活的意义难以追寻。因为人的尊严感在于,“我知道至少我的生活的方向和结果的某些方面是由我自己来支配和决定的”[⑤]。换言之,不宜将人作为没有自由意志的物体,因为如果人被物化,就一个被物化的世界中的人而言,根本没有好不好的问题。好或不好是实践意志意义下的概念,如果人不是意志的存在体,则无好不好的问题,即任何思想、问题与活动都将失去意义。[⑥]

其二,就道德伦理意义而言,如果要使一个人对于自己的行为负责,其必须受到“可供取舍可能性”原则的支配。就刑法意义而言,一个人唯有能够具有他行为可能性,才能够对其不法行为负责。换言之,“人必须能自主,方可能因自己的过错而负责,否则必然不可能有可归责于自己的过错,……在自主原则之下必然产生有责原则”[⑦]。但这并不意味着,如果人的意志完全自由,刑罚就不可能抑止犯罪。因为人应当为自己立法,即受到应然规范的约束。通过规范的约束以及道德的自律作用,刑罚可以在一定程度上抑制犯罪。

---

① 参见[美]埃里希·弗洛姆:《人类的破坏性剖析》,李穆等译,世界图书出版公司2014年版,第70页。

② 张明楷:《责任论的基本问题》,载《比较法研究》2018年第3期。

③ 参见[美]威廉·葛列什:《是你选择了忧郁　善用选择理论改善婚姻、家庭、学校和职场关系》,曾璿憓译,商业周刊出版公司2000年版,第16页。

④ [德]黑格尔:《法哲学原理》,范扬、张企泰译,商务印书馆1961年版,第103页。

⑤ 徐向东:《人类自由问题》,载徐向东编:《自由意志与道德责任》,江苏人民出版社2006年版,第13页。

⑥ 参见黄荣坚:《基础刑法学(下)》(第4版),台北,元照出版有限公司2012年版,第407页。

⑦ 许玉秀:《当代刑法思潮》,中国民主法制出版社2005年版,第197页。

其三,从强迫交易罪、非法拘禁罪以及抢劫罪等罪名的设置可知,意志自由以及意志自由活动受到刑法的保护,不宜否认人具有自由意志这一观点。并且,以犯罪原因论为由反对人具有自由意志这一观点,并不合理。因为犯罪是有原因的不等于犯罪是被决定的。另外,认定人具有自由意志,并不会造成不公正的现象发生。因为这并不违反事实存疑时有利于被告人的原则。其原因在于,形成于犯罪行为之前的且不违背平等原则的规范设置,对于所有的具有自由意志的人都适用,不会造成不平等的现象。

由此可见,AI 刑事责任主体地位肯定论基于强 AI 机器人具有意志自由,进而认为应当赋予其刑事责任主体地位之说,并不合理。因为不仅没有必要,并且有将其人物化之虞,该理论坚持的是一种机械式的"人"论,这是一种将"表象"与"内在"混淆的"人"论。应当认为,宜于做出价值判断,认定只有人具有自由意志,进而人为自身立法,以刑法处罚值得处罚的不法且有责的行为,承认法律责任论的优越性。可见,应当将人作为衡量万物的尺度且具有主观能动性与受规范约束的物种,可以决定某一事物是否具有价值及其高低。真理是一个观念,它的个别情况是在明见的判断中的现实体现。① 这种现象学上的观点忽视了观念也可以具有客观性这一现实,如通过民主的方式形成对于某一行为的价值判断,这种价值决断在某些时期就成为具有客观性的知识。换言之,"尽管必然性概念的背后可能有某种直观"②,但必然性概念形成于客观化之后。

四、结论

针对新兴技术,法律人连同法律(尤其是刑事法)本身必须保持克制,由此为技术的发展提供必要的创新空间。尽管"人类的说理、论证和理解能力有限,因此,每个时代的通说都有一定的保存期限"③,但目前在价值判断上相信其不会产生比相信其会产生,不仅更加合理,并且更有价值。强 AI 产品仅仅是人类可以控制的且依靠电能而存续的智能机械产品,应成为人类实现自由而全面发展的工具。基于自然法与功利主义的双重考量,应当认定,人具有自由意志,且应当将人作为衡量万物的尺度且具有主观能动性与受规范约束的物种。唯有人具有自由意志,唯有人能够作为刑事责任主体实施具体的法益侵害行为。人工智能刑法研究应当将研究方向扎根于回应实践需求的领域,如人工智能场景下的过失犯认定机制,又如人工智能辅助司法的公正构建。就

---

① 参见[德]埃德蒙德·胡塞尔、[德]克劳斯·黑尔德编:《现象学的方法》,倪梁康译,上海译文出版社 2005 年版,第 86 页。

② [美]索尔·克里普克:《命名与必然性》,梅文译,上海译文出版社 2005 年版,第 26 页。

③ 蔡圣伟:《刑法问题研究(二)》,台北,元照出版有限公司 2013 年版,第 25 页。

此而言,若行为人故意利用AI技术或产品实施犯罪行为,则具体利用人应当受到刑法处罚;若技术人员等主体过失造成AI产品实施犯罪行为,则依据预见可能性等过失犯原理进行规制即可。当前弱AI产品逐渐在交通运输及智慧司法等领域为公众带来多样化便利。如通过运用AI技术找寻“羁押措施的生成机制与隐性功能高度固化、律师刑辩状况改善陷入形式化困境、刑事诉讼效率提升面临结构性障碍”等问题,①以有针对性地解决上述问题,起到事半功倍之效。又如人民法院通过“类案智能推送系统”为主审法官提供达到“类案类判”效果的大数据分析经验。② 但由AI技术对于人类支配领域的拓宽与支配能力的提升,无法推导出应当赋予强AI产品具有刑事责任主体地位之说。总之,刑法归责的基本原理不会因为AI技术的出现而发生根本变化,需要探索刑法理论在人工智能场景下的合理运用。

---

① 参见王禄生:《论刑事诉讼的象征性立法及其后果——基于303万判决书大数据的自然语义挖掘》,载《清华法学》2018年第6期。

② 参见冯文杰:《人工智能辅助量刑公正取向的双重构建》,载《华东理工大学学报(社会科学版)》2020年第6期。

强人工智能犯罪主体资格的否定与涉罪风险的应对

简　爱[*]　陈怡文[**]

摘　要：人工智能时代的到来对现行刑法体系提出挑战，人工智能的犯罪主体资格问题则是关键。强人工智能作为一种可以改变甚至脱离自然人为其设计好的初始算法而自主编程、创制新的算法的人工智能，其不具有为自然立法及为自己立法的能力，也无法通过斗争得到社会群体的共同接纳认可，无法参照自然人人格取得路径获得法律人格，人本位的立法价值取向也不支持其获得拟制人格。强人工智能虽具有类似人类或超越人类某些方面的智能，但究其本质，不过是对人类智能的片面模仿，其"思维"不具有因果关联，无法理解其行为的社会意义，也无法理解法律规范的含义，因而其不具有刑事责任能力，不具有犯罪主体资格。强人工智能的涉罪风险主要指"伪犯罪主体型"犯罪中的责任承担问题，具体应对需以"是否履行结果回避义务"为判断核心，由设计者、制造者、销售者、使用者承担过失责任，并辅之以对强人工智能的研发、制造、销售、使用、管理等阶段的全面规范。

关键词：强人工智能；因果关联；刑事责任能力；新过失论

一、问题的提出

2016年，人工智能技术的第三次发展浪潮正式席卷全球，自明斯基开拓性地提出"人工智能"这一概念至60多年后的今天，人工智能技术在资本与政策的推动下，突破了发展的"阈值"，我们掌握了更高精度的语音处理、计算机视觉、自然语言处理和机器学习等核心技术，从智能机器人、自动驾驶到智慧家居、智能投顾，人工智能渗透进我

---

* 中央财经大学副教授。

** 中央财经大学2020级硕士。

们生活的方方面面,我们正在经历弱人工智能时代,而人类终将在不久的将来迎来强人工智能时代。正如霍金所言,“我们站在一个美丽新世界的入口。这是一个令人兴奋的、同时充满了不确定性的世界”①。新技术虽是社会发展和变革的源动力,却也带来了难以预料且无法避免的风险,目前学界针对强人工智能带来的刑事风险已展开了广泛的讨论,当前的理论争议焦点集中于强人工智能的犯罪主体资格问题,并形成肯定说和否定说两派截然对立的学说。肯定说的学者认为,强人工智能完全可能具有犯罪主体资格而承担刑事责任,如有学者认为,强人工智能可以通过学习产生脱离程序的独立意志,具有控制和辨认能力,对其超出设计和编制的程序,自主决策所实施的行为应当承担刑事责任,并应当增设删除数据、修改程序、永久销毁等新刑罚种类。② 有学者认为,强人工智能的智识和能力比肩甚至超越人类,从法哲学角度论证其可以产生自主意识③,可以产生自由意志④,认为人工智能具备权利主体本质要素“人类智能”⑤。另有学者认为如果一个智能主体像人一样在客观上有能力识别并尊重一个自然人主体作为主体的自由,并相应调整自己的行为,其就是道德主体,可以具备人格性。⑥ 否定说的学者完全否认其具备犯罪主体资格,比如有学者认为强人工智能是在学习记忆、思维决策、行动规划、情绪情感等方面具有与人类同等的感知、认知和意志能力的机器智能,但当前的机器学习技术只是复制人类的“旧知”,不是探索“新知”,故从技术层面讲根本不可能出现强人工智能,也就无须争论强人工智能的犯罪主体资格。⑦ 有学者从刑事法治理念角度论证强人工智能不应具有主体地位。⑧ 还有学者认为强人工智能所表现的智能不属于规范意义上的辨认和控制能力。⑨

---

① 《霍金:很抱歉,但人工智能可能招致人类灭亡(附演讲全文)》,载搜狐网2017年4月27日,https://www.sohu.com/a/136806681_335896。

② 参见刘宪权:《人工智能时代的“内忧”“外患”与刑事责任》,载《东方法学》2018年第1期;卢勤忠、何鑫:《强人工智能时代的刑事责任与刑罚理论》,载《华南师范大学学报(社会科学版)》2018年第6期;刘宪权、胡荷佳:《论人工智能时代智能机器人的刑事责任能力》,载《法学》2018年第1期。

③ 参见马治国、田小楚:《论人工智能体刑法适用之可能性》,载《华中科技大学学报(社会科学版)》2018年第2期。

④ 参见彭文华:《人工智能的刑法规制》,载《现代法学》2019年第5期。

⑤ 参见周详:《智能机器人“权利主体论”之提倡》,载《法学》2019年第10期。

⑥ 参见江溯:《人工智能作为刑事责任主体:基于刑法哲学的证立》,载《法制与社会发展》2021年第3期。

⑦ 参见叶良芳:《人工智能是适格的刑事责任主体吗?》,载《环球法律评论》2019年第4期。

⑧ 参见皮勇:《人工智能刑事法治的基本问题》,载《比较法研究》2018年第5期;刘艳红:《人工智能法学研究的反智化批判》,载《东方法学》2019年第5期 。

⑨ 参见冀洋:《人工智能时代的刑事责任体系不必重构》,载《比较法研究》2019年第4期。

从上述观点的梳理中,我们不难看出,虽然学者们的论证角度不一,但对强人工智能的理解和认识直接影响对其人格性、主体性的判断,进而影响对强人工智能涉罪风险的应对。虽然否定说中有一派观点从刑事法治理念的角度切入,但仅涉及应然层面,对实然层面的争论说服力不足。无论是肯定说还是否定说,对于强人工智能的理解大致分为两类:第一类观点认为强人工智能拥有比肩于人类,或者说可以超越人类的智能,可以像人类一样推理和解决问题。第二类观点认为具有独立意志、可以在设计和编制程序范围外自主决策并实施相应行为的人工智能为强人工智能。这两类观点均有所不妥,进而使得后续的讨论立基不稳。

第一类观点比较泛化,采用的叙事式语言其实是对人类想象的一种描述,一种假设,不具有现实基础性。同时其使用"智能"来定义智能,用一个模糊的概念去定义另一个模糊的概念,这显然不符合法律的确定性。

对于第二类观点,首先,笔者认为,在实践中我们无法证明人工智能是否具有独立意志,即我们无法判断某一行为是否真的出于人工智能自己的意愿。例如,阿尔法狗(AlphaGo)凭借对棋盘形势的"自主"判断和决策战胜围棋国手李世石,但我们如何知道阿尔法狗的行为是为了执行人类的指令还是出于自身的意愿呢,毕竟从结果来看都是"战胜"。我们尚且不能判断弱人工智能的行为是否出于其意愿,更遑论判断强人工智能的行为。

其次,笔者认为我们无法界定"设计和编制程序"的范围,无论是以研发者给定的程序算法为边界,还是以研发者的设计目的为边界,都不太合理。若以研发者给定的程序算法为边界,则所有的人工智能都具有这样的程序算法,导致无法区分强、弱人工智能。因为从人工智能的运行机制来看,人工智能通过给定的学习模型(研发者设置的程序算法)来学习训练数据集,然后在学习广泛数据的过程中,提炼一类数据区别于另一类数据的属性和特征,将这些特征概括总结为某一种规律,最后根据规律处理问题。拿"深度学习"举例,研发者为人工智能设计了一个深度神经网络(一个极复杂的数据处理网络),然后提供大量的数据,人工智能自行学习数据,调节神经网络中的各个连接点,得出不同的规律模型,从而处理不同的问题。也就是说,人工智能处理问题的关键在于其利用神经网络所自行学习建构的不同规律模型,而并非神经网络本身,但对于这个关键点连设计网络的人都无法说清。如果以这种深度神经网络作为"范围"的边界,那所有的人工智能都是在设计和编制程序范围内自主决策。若以设计的目的作为范围,则弱人工智能也可能会被界定为强人工智能,因为算法具有局限性,在处理伦理道德问题上有天然的缺陷,人类的选择和目的往往涉及价值准则判断和道德取舍,人工智能依据算法所做出的行为最终可能会与目的相违背。然而这些人工智能无法称为强人工智能,其并非自由地选择实施与目的相违背的行为。

最后,这种判断标准还导致,强人工智能产品在设计和编制程序范围内行为时只作为工具,在设计和编制程序范围外自主行为时才作为刑事主体。因此,笔者认为这种判断标准不具有实际操作性。

据此,本文有必要聚焦于强人工智能的认识厘清,对强人工智能是否具有法律人格、刑事责任能力作进一步的分析论证,并在此基础上探讨强人工智能涉罪风险的应对。

二、强人工智能犯罪主体资格的否定

正如上文所言,对强人工智能是否具备犯罪主体资格的分析讨论离不开对强人工智能本身的理解和认识。故,在展开论述前,有必要对此作简要阐述。

笔者认为,认识"强人工智能"应从其本质出发。将人工智能解构后可知,其结构大致可以分为三层:基础设施层、算法层、技术层。基础设施层,主要指GPU、CPU、ASIC等各种芯片或数据,是有关运算力、数据处理速度方面的技术。算法层,是指各种帮助机器处理数据、学习数据的一种代码结构(编程)。技术层,则指不同的技术方向,但都要依靠基础设施层和算法层进行,包括计算机视觉、语音处理、自然语言处理、大数据分析等。① 正如上文分析所得,无论是否具有载体,人工智能的运行都必须依托算法层,海量收集数据,分析数据得出相应的规律,并依据其分析的规律解决问题。因此,无论是从结构上看,还是从具体运行流程看,算法才是人工智能最本质核心的存在。与弱人工智能相比,我们期望强人工智能可以同时解决不同领域的问题,这就需要人工智能学习更大量级的数据,但目前训练人工智能的数据均需进行人工标注,很难保证更大量级的高质量数据学习与环境模拟。针对这一问题,可考虑的研究路径为由人工智能学习算法、编译算法、抓取数据、进行环境交互式试错。虽然,有部分群体仍认为强人工智能会如同《西部世界》里的机器人一样,产生意识、拥有感情,但尚不论,让人工智能产生意识这一技术奇点何时能够到来,这样的想法显然与当前的研究目标相悖,即我们只追求可以处理更多问题的人工智能。因此,笔者认为,回归本质,呼应研究目标及方向,从算法出发,将强人工智能定义为可以改变甚至脱离自然人为其设计好的初始算法而自主编程、创制新的算法②的人工智能,会比较妥当。当然强人

① 参见腾讯研究院、中国信通院互联网法律研究中心、腾讯AI Lab、腾讯开放平台:《人工智能:国家人工智能战略行动抓手》,中国人民大学出版社2017年版,第24~50页。

② 参见[美]约翰·弗兰克·韦弗:《机器人是人吗?》,刘海安、徐铁英、向秦译,上海人民出版社2018年版,第2页。

工智能仍然只是一种强大的技术，下文的所有论述都是围绕此定义作出的。

（一）强人工智能取得法律人格之否认

一般认为，刑事责任能力是取得犯罪主体资格的前提。笔者认为，从法理角度来讲，成为刑事主体首先要成为法律关系主体，而成为法律关系主体的本质在于具有法律人格，即具有法律认可的享受权利、承担义务的资格，包括自然人主体、拟制主体两类。

有学者认为根据黑格尔的法哲学，只有具备自由意志的实体才可以成为法律意义上的人，而强人工智能产生的再生智能具备自由意志和实践理性，可以具有独立的法律人格。[①] 也有学者在充分研究"权利主体"论的历史变迁及未来发展趋势后，认为对于权利主体的判断是一种价值判断，与社会发展密切相关。而人工智能的发展是大势所趋，通过法律拟制，成为权利主体具有应当性。[②] 当然也有学者否定人工智能可以像法人一样被赋予拟制的法律人格，一方面，人工智能与法人不同，其归属于自然人或法人，并不当然享有独立地位；另一方面，为法人拟制法律人格是为了更好满足经济需求，人工智能并不满足这一要件。

可以看出，在是否赋予人工智能法律人格及赋予什么样的法律人格这一问题上，观点不一、标准不一。笔者认为，分析这一问题要以法律人格的不同取得路径为出发点和落脚点。

1. 强人工智能无法参照自然人的人格取得路径

自启蒙运动之后，人们普遍认为自然人当然地具有法律人格，因为法律以人为核心，法本身亦是人理性经验的集中体现。可以说人类的"主体"地位，是所有法律规范设计的基本前提与公理性假设。[③] 这种公理性的认知启动于人类将世界的根基归于"我"时。正如笛卡尔所言，"成为一个主体，必须转向自身，否定外在的一切标准，从自己那里找到世界的根基，并且，这样的根基必须能得到思维的确信"[④]。而现代法意义上的主体概念建立在康德对笛卡尔思想的进一步探索上，即建立在"人是目的"的价值判断理论基础上。虽然有学者从道德二元论的角度论证，认为是否拥有理性是客观的、科学的。根据神经生物学的研究可知，人类的道德理性为大脑所控，大脑的结构是可以为计算机程序所模仿的，利用该程序人工智能通过学习算法或者最佳决策规则均

---

① 参见刘宪权主编：《人工智能：刑法的时代挑战》，上海人民出版社 2018 年版，第 166 页。

② 参见周详：《智能机器人"权利主体论"之提倡》，载《法学》2019 年第 10 期。

③ 参见张力、陈鹏：《机器人"人格"理论批判与人工智能物的法律规制》，载《学术界》2018 年第 12 期。

④ 刘洪华：《论人工智能的法律地位》，载《政治与法律》2019 年第 1 期。

可实现道德自治,获得道德理性。[1] 但康德认为理性是人区别于其他生物的本质属性,由为自然立法的能力、为自己立法的能力构成。为自然立法的能力是指人类通过自己特有的先天生物结构和思维的能动性,对认识对象传导给人的印象和刺激进行后天的筛选加工,形成"以人为中心"的全局性认识,进而完成对世界的改造。为自己立法的能力是指人们认识到了自己无穷的欲望,但意志自由使人类可以摆脱欲望的束缚,设立并遵守自己建构的道德、法律体系。正是这种"理性"的存在使自然人当然的具有法律人格。

纵观人类发展史,人的"主体性"其实并非在任何时代都平等地适用于每一个人,"人可非人、人非完人"的情景一度存在,并为当时的实体法予以确认。比如罗马法规定:自然人具备法律人格的唯一要件就是同时具备自由权、市民权和家长权三种身份权构成。但在罗马社会中奴隶不具有自由权,其不过是奴隶主的财产,而女性不具有家长权。[2] 根据上述规定,妇女和奴隶作为生物学意义上的完整人,在罗马法时期均不具有完整的法律人格。而为了扭转这一现象,发生了漫长而艰苦的权利斗争运动,直到社会群体达成共识,接受其应拥有完整法律人格这一正当结果。

综上,自然人的人格取得有两条路径——取得为自然立法及为自己立法的能力(拥有理性),或斗争并得到社会群体的共同接纳认可。对于这两条路径,强人工智能均无法适用。第一,正如上文所言,为自然立法其实是认识世界并改造世界的过程。想要成为认识主体,使万物成为认识客体,必须有先天的形式和后天的质料。机器学习虽然赋予人工智能一定的自主判断和自主选择能力,但程序算法不等于人脑这种先天形式,由程序算法加工而来的知识是片面的、具象的,无法等同于人类的认识。因此强人工智能不可能取得为自然立法、为自己立法的能力,无法拥有理性。第二,强人工智能若要为了权利而斗争,便不会处于人类的控制和领导之下,这便与我们的基本立场相悖。强人工智能作为一种先进而强大的技术,足以成为社会发展新动力,但无论强人工智能有多高效多精准,其都不能控制、操纵人,也不应该完全取代人。我们对待人工智能的基本刑法立场应是,以维护人类的安全和福祉为核心,在确保人工智能技术服务于人类的基础上,促进人工智能的发展。

2. 强人工智能无法参照法人的人格取得路径

目前学界关于法人的人格取得主要有两种观点,即法人拟制说和法人实在说。法人拟制说的形成大致经过两个阶段,即早期拟制说和萨维尼之后的拟制说。早期的法

---

① 参见彭文华:《人工智能的刑法规制》,载《现代法学》2019年第5期。

② 参见何勤华主编:《外国法制史》(第6版),法律出版社2016年版,第65~66页。

人拟制说产生于中世纪,深受教会法学派“奥体观念”的影响,教会法学家从教义入手,认为教会这种团体是基督的奥体,它没有灵魂,无法单独行为,只能依靠其成员行为,因而所谓“团体”不过是法律上的一种名称,只是被拟制的、被代表的人。萨维尼之后的法人拟制说则深受以康德为代表的伦理人格哲学的影响,他们坚信只有具有理性和意志自由的自然人才能具有人格、才能成为民事主体,有一定人和财产组织的团体没有理性和意志自由,只是因为法律的拟制才使其享有与自然人类似的人格。而法人实在说深受耶林功利法学的影响,当时的法学家逐渐重视团体存在的价值,以基尔克为代表的法学家认为,团体是切实存在的,它拥有意思自治的能力并可以通过一定的机关进行活动,无论法律是否承认,它都当然地享有独立的人格,而非自然人人格的扩张。

近年来,我国有学者认为,法人拟制说和法人实在说其实是从不同角度对法人人格取得进行解读,因而任何一种都不具有绝对的正确性,将两者有机结合能更好地解释法人的本质。因此,在我国法人人格的取得,首先,基于其“人合性”的特征符合了宪法规定,有完备的机关以体现成员的意志,其有独立的财产实现加之于其身的权利义务(另言之就是具有实在的存在);其次,法人人格的取得有助于满足我们的社会生活需要(团体具有社会价值)。

概览上述理论,我们可以发现,法人人格的取得,或者想要赋予、承认某一主体以法律人格,并不只是立法技术上的问题,其更反映了立法者在当时的价值取向,是一种社会产物。诚然从立法技术角度来看,我们可以赋予强人工智能以一定的财产用以实现一定的权利义务。但赋予人工智能体以法律人格,应有社会基础、应反映现实需要、应符合我们的立法价值取向。正如前文所述,我们的立法价值取向是让人工智能更好地服务于人类,而赋予强人工智能以法律人格并不符合我们现有的价值,也无现实的迫切需要亟待满足。我们要做的,应该是通过法律约束人工智能设计者、制造商及使用者的行为,并鼓励设计者、制造者发展更有益于人类的人工智能,同时解决好人工智能致损的责任承担问题。

(二)强人工智能具有刑事责任能力之否认

根据《中华人民共和国刑法》第17条、第18条、第19条的规定,我们可知犯罪主体的核心认定标准为刑事责任能力。刑事责任能力,是指辨认和控制自己行为的能力。所谓“辨认能力”,指行为人对行为内容及其社会意义的认识能力、对是非善恶的评价及对法律规范的认识能力。所谓“控制能力”是指,行为人按照自己的意志控制和支配自己行为的能力。辨认和控制能力必须同时具备,才认为具备刑事责任能力,完全丧失其一的,则被认为没有刑事责任能力。①

1. 理论争议焦点:强人工智能是否具有辨认能力

关于强人工智能是否具有刑事责任能力,学界一直针锋相对。肯定说主要有三种观点。第一种认为,意识不应作为是否具有刑事责任能力的判断依据,因为意识的本质十分模糊,刑法不能以这种模糊的概念作为标准。而犯罪主体的核心要件为辨认和控制能力。② 第二种认为,当前的"语义网"技术通过多层架构设计为强人工智能收集整合数据、理解行为意义提供技术支持。控制能力则是一种选择能力,强人工智能可以评估未知结果与实行行为间的概率,从而进行选择,做出决策。第三种认为,强人工智能可以通过自主学习掌握"沉默信息"即人类的经验;且强人工智能在超出设计和编制程序范围实施行为时,"是否实施"及"如何实施"等问题由其自主提出并解决,体现了控制能力。③

否定说则包括三种观点。第一种认为,强人工智能对客观世界信息的准确接收并不等同于人类的辨认能力,其无法通过二进制符号理解行为的社会意义。④ 第二种认为,通过对人工智能运行过程进行解构,认为人工智能的行为是单纯的机械性事务,其无法对法律规范形成理性的认识。⑤ 第三种认为,人类的控制能力是指对某事物的认知和决定能力,其实现对象范围之广,涉及生活的方方面面。而强人工智能所体现的分析、计算和判断能力只限于特定领域,且这种能力还会因为人类的不同设定而有所不同,故不属于规范意义上的控制能力。⑥

从肯定说和否定说的观点争锋之中,我们可以总结出三个要点,第一,双方都认可对强人工智能是否具有刑事责任能力要从辨认能力和控制能力两方面进行分析。第二,从技术层面看,双方对强人工智能是否具有辨认能力争执不休。第三,双方对强人工智能具有选择和决策的能力是否意味着拥有控制能力争论不休。

对于这三个要点,首先,笔者赞同对于强人工智能是否具有刑事责任能力,要从辨认能力和控制能力两方面考察。其次,关于控制能力的争论。控制自己行为的能力通俗意义上讲指选择的能力,实质上是对意志自由的考量。虽然算法的具体运行机制对人们来说依然是"黑箱",但大体上应是通过大量的数据计算,建构出一些模型,并根据

---

① 参见曲新久主编:《刑法学》(第5版),中国政法大学出版社2016年版,第67页。

② 参见刘宪权:《人工智能时代的"内忧""外患"与刑事责任》,载《东方法学》2018年第1期。

③ 参见刘宪权:《对强智能机器人刑事责任主体地位否定说的回应》,载《法学评论》2019年第5期。

④ 参见刘玉玲:《人工智能的刑事法律地位研究》,载《牡丹江大学学报》2019年第1期。

⑤ 参见时方:《人工智能刑事主体地位之否定》,载《法律科学(西北政法大学学报)》2018年第6期。

⑥ 参见姚万勤:《对通过新增罪名应对人工智能风险的质疑》,载《当代法学》2019年第3期。

模型筛选出一些行为,并与想要达到的结果进行概率上的匹配,最后根据对比概率结果达成最优选择。从这种意义上讲,强人工智能依据自己创制的算法行为,也称得上具有选择的能力。但具有意志自由的先决条件是,行为人能够认识其行为的社会意义或是行为的是非善恶。[①] 换言之,真正的控制能力要以辨认能力的具备为前提。因此,问题的关键在于,从强人工智能的技术本质出发,其是否具有辨认能力。肯定说和否定说之所以对此争论不休,正是因为未能窥探到强人工智能的技术本质,故笔者认为,还是要结合对人工智能基础技术的理解,进行实质判断。

2. 回归技术本质:强人工智能不具有辨认能力

根据上文所述,辨认能力包括两个要素:对行为内容及其社会意义的认识能力、对是非善恶的评价及对法律规范的认识能力。

第一,能否认识行为的社会意义概言之就是能否体会行为的价值。行为价值包括行为的经济价值、认识价值、审美价值、道德价值等。[②] 当一个行为具有实现社会财富涌流,或者满足人们物质需要等特征时,就具有经济价值,比如消费或者服务等。当一个行为为人们认识自然和社会提供了知识、素材、启迪或者总结前人的智慧,就具有认识价值。当一个行为帮助人们感知美,就具有审美价值。而行为的道德价值,指行为对他人和社会所具有的伦理意义。认知科学家认为,我们对于现实世界的理解多是基于我们的身体在物理世界中的体验,但又不仅仅是体验,更重要的人们的心智对于这些体验的吸收、协调和整合。人的学习不仅是发现,更重要的还有反思与建构,不但包括刺激、数据、信息、知识,还包括体验、经验和常识。[③] 所以人们对于客观世界及行为意义的理解都是通过这样的形式——生理的现实 + 虚拟的心理,而实现这种思维形式的即为因果关联。

因果关联一共包括三个层级,分别为联想(association)、干预(intervention)、反事实(counterfactual)。第一层级联想属于纯粹的统计关系,通过广泛的数据即可获得,这一层级的主要活动为观察,即发现不同的现象之间的联系。第二层级干预,其主要活动为提出新问题、制造新联系。最核心的层级——反事实推理,是指对过去已经发生的事实进行否定而重新表现,以建构一种可能性假设的思维活动,是个体在某种特定环境、特定情绪下对以往经历过的一些特定事件进行的主动性深度思考。其典型表现

---

① 参见张明楷:《刑法学》(第5版),法律出版社2016版,第303页。

② 参见刘建明主编:《宣传舆论学大辞典》,经济日报出版社1993年版。

③ 参见《解读|为什么说人机融合智能是强人工智能》,载网易2018年12月29日,https://www.163.com/dy/article/E479PH1L0518F1AI.html。

为:“如果当时……,就会(不会)……”①

在日常生活中,我们通过联想与干预获得了“生理的现实”,制造和建构了不同的联系、规律,完成了对客观世界的基本了解,然后运用反事实推理这一认知策略理解了行为的社会意义,即完成了“虚拟的心理”。比如A写了一本小说,我们通过翻阅评论(观察)发现阅读小说会有所收获,再通过翻阅其他类型书目的评论(干预),发现凡阅读均有所收获,因此我们将阅读与知识、启迪联系在一起,接着我们通过反事实推理得出“如果我读了书,我就能获得知识与启迪。那如果我写了书,就可能使别人获得知识”,从而理解阅读和写作具有认识价值,具有积极的社会意义。而对于道德与法律的理解也是如此,以故意伤害为例,首先我们通过联想知道A殴打B,社会上大多数人都会批判A的殴打行为,而A也会因为殴打行为被苛以刑罚;其次我们通过干预可知,殴打也好、砍伤也好,只要是使他人的身体残损或器官功能丧失都叫伤害,而只要伤害他人就会被社会否定,就会被苛以刑罚;最后我们通过反事实推理得知,如果A不殴打B,伤害就不会发生,这一系列的后果也不会发生,所以处罚A是为了恢复秩序,使后果消除。而如果我做同样的事情,那我也要承担同样的后果,从而理解伤害行为代表了恶,具有负面的社会价值,且刑罚的意义在于抵消这种负面的社会价值。

贝叶斯网络之父朱迪亚·珀尔(Judea Pearl)在其最新著作《为什么:关于因果关系的新科学》(《The Book of Why: The New Science of Cause and Effect》)中写道,所有令人印象深刻的深度学习成果都只是曲线拟合,人工智能陷入了概率关联(probabilistic association)②。就像珀尔(Pearl)所说,所有的算法依据的都只是概率关联,即使强人工智能可以自我编程,创造新的算法,其创造也依赖于人们所设计的算法本身,无法超越概率关联。因而强人工智能的运行机制不是因果关联,其无法实现反事实推理,无法认识到行为的社会意义。正如上文所述,强人工智能只能通过联想或干预,在伤害行为与处罚之间、伤害行为与负面评价之间制造联系,但其无法提出“如果我这样做,会发生什么或者如果不这样做,事情是怎样的呢?”这样的疑问,缺少了这一环节强人工智能便无法认识到行为的社会意义。

第二,关于善恶的认识能力,笔者认为善恶本身属于道德范畴,人类自己都无法对善恶做精准区分,更勿论强人工智能了。虽然强人工智能可以基于大量的数据分析和高强度的计算能力,将善、恶与具体事件联系起来,但行为是无法穷尽的,强人工智能

---

① 人机与认知实验室:《什么是反事实推理》,载CSDN网2018年5月25日,https://blog.csdn.net/VucNdnrzk8iwX/article/details/80479810。

② 参见《观点|专访贝叶斯网络之父Judea Pearl:我是AI社区的“叛徒”》,载微信公众号“机器之心”2018年5月16日,https://mp.weixin.qq.com/s/Uo9oEdo8VD-Fc2Y9cwTQLw。

只能对已经发生的行为与善恶相联系,但无法对将来发生的其他行为作出是非善恶的评价。

第三,赛尔的“汉字屋”实验证明强人工智能不具有对法律规范的认识能力。如果我们把“汉字屋”系统比作强人工智能的算法,汉语问答类比于其他任何问题的解答,塞尔本人虽然根据“如何使用汉字符说明书”回答了问题,但赛尔本人无法理解汉语,就说明强人工智能本身不能理解任何语言。强人工智能依据其算法学习数据,建构出不同的模型(规律),并根据模型(规律)回答问题,但其所建构的模型只是一种依据定义组成的语法或语形结构,模型本身没有语义结构。因此,基于模型解决问题的强人工智能不可能具有语言理解能力。这个论证表明了一个重要原则——语形(syntax)完全不同于且不足以产生语义(semantics)。[①] 法律规范都是用语言书写的,其表现形式均为不同字符和语法结构的排列组合,想要理解法律规范,需要具有语义结构。强人工智能虽然创造了新的算法,但算法本身仍是语形或语法结构。其不可能基于语法结构理解法律规范的含义。就好比强人工智能将“抢劫银行或其他金融机构”这样的行为,与“处十年以上有期徒刑或无期徒刑”这样的刑罚联系起来,并根据这种联系处理相应的犯罪行为,但强人工智能并不理解这段文字本身的含义。

三、强人工智能涉罪风险的法律应对

强人工智能的涉罪风险主要指在看似由强人工智能“犯罪”的案件中,由谁来承担刑事责任的问题。鉴于前文对强人工智能犯罪主体资格的证伪,在此类“伪犯罪主体型”犯罪中,可以考虑由相应的自然人(设计者、制造者、服务提供者、使用者)承担责任。此类犯罪下,可能承担责任的自然人对最后的危害结果显然持反对态度,因而属于过失犯罪,具体的讨论应置于过失犯罪的体系中。

(一)应对路径一:以新过失论解决风险社会下的责任承担问题

正如许迺曼教授所说,“过失犯刑事责任形成的关键时刻,是在危险形成的时候,而不是等到危害结果出现”。相较于故意犯罪,过失犯罪处罚的是危险的形成,而非危害结果的发生,换言之,过失的本质是注意义务的违反。但关于注意义务的内容之问题仍存在争议,纵观过失理论的发展,大致可分为旧过失论与新过失论两个阶段,旧过失论认为注意义务应当是一种结果预见义务,而新过失论则认为注意义务应该是一种结果回避义务。笔者认为对于解决“伪犯罪主体型”犯罪,新过失论更为可取。

---

① 参见颜青山:《深度“汉字屋”与通用人工智能的两难》,载《上海师范大学学报(哲学社会科学版)》2018年第5期。

首先,新过失论最符合鼓励技术创新与防范风险相平衡原则。风险社会理论的创造者乌尔里希·贝克(Ulrich Beck)在其论著中指明,后工业时代随着人类文明的发展,人类对世界的控制力不断增强,此时人类所面对的不再是自然危险而是人造风险。而这种人造风险产生的重要原因之一就是对科学理性的过度张扬,即被科学技术带来的成功迷了眼,忽视了人类的安全。但基于技术对全体社会的有益性,我们无法完全抛弃对技术的应用。① 因而,就像历史上诸多新技术的发展历程一样,在人工智能技术的发展过程中,法律需要在鼓励技术革新和防范风险之间进行利益权衡。旧过失论认为符合构成要件的结果出现,即意味着引起结果的行为是需要被刑法加以规制的,因而只要行为人对这一危害结果具有预见可能性,其就应该承担责任。但旧过失论的适用不利于技术的革新与发展,就像所有新技术一样,人工智能的研发、生产、使用等活动本身就具有危险,行为人很容易预见到危害结果的发生,这种情形下,适用旧过失论会不当扩大处罚范围。本着趋利避害的心态,围绕人工智能的所有生产活动均会停滞不前。新过失论的产生深受被允许的危险理论的影响,它使人们的关注点由结果转移至行为。新过失论认为,在行为人预见到危害结果可能发生的前提下,处罚的根据在于行为人是否履行了结果回避义务,只要行为人具有慎重的态度且履行了相应的注意义务,那么即使造成危害后果,也不会被定罪处罚。新过失论通过重视过失的实行行为,限定过失的处罚范围,做到一定程度规制此类犯罪的同时,不至于使人工智能技术发展止步于刑法对风险的不正当干预。

其次,虽有学者认为修正的旧过失论也可限制处罚范围,相比于修正的旧过失论,新过失论对实行行为的判断更为明晰。在强调过失犯实行行为方面,修正的旧过失论主张"只有具备发生构成要件结果的一定程度实质危险的行为"才是过失犯的实行行为。一是该理论中"一定程度实质危险"的内涵和外延比较模糊,实务中不甚明确。二是在此类犯罪中很难界定哪些行为是具有一定程度实质危险的行为。比如在自动驾驶汽车超速行驶致死情景中,若有证据证明事故的原因是服务提供者的数据维护工作出现瑕疵,但数据维护工作在前,事故发生在后,此时很难论证数据维护瑕疵是一种具备发生构成要件结果的一定程度实质危险的行为。相反,以服务提供商违反相应结果回避义务为依据,追究其刑事责任更为直接。

在判断是否成立过失犯罪时,我们要贯彻先不法再责任的体系观念,先判断行为人是否违反结果回避义务。具体流程应为先判断是否存在结果回避义务,再判断是否

---

① 参见文小康:《被允许的危险理论在犯罪论体系中的定位问题研究》,载《研究生法学》2013年第4期。

履行,最后判断未履行结果回避义务之行为与损害结果之间有无关联。

结果回避义务是一种客观上的注意义务。所谓客观注意,日本学者大谷实教授认为,是指为避免结果而在社会生活中所必要的注意,如果违反这种注意,通常就会引起发生结果的危险①。简言之,"社会生活中必要的注意"是我们判断客观上是否存在注意义务的原则,即社会一般人认为在实施某项具有侵害法益危险的行为时,需要谨慎地注意一些事项、严谨地完成一些义务。而这种"社会生活上必要的注意"反映于规范中,则一般表现为法规、行政规章、往来习惯或者社会规范及相关司法判决等。以自动驾驶为例,笔者认为相关自然人主体的注意义务来源包括交通运输法规、用于规范自动驾驶的特别法规、相应的技术操作规范及要求(包括产品管理法规及国家标准)。虽然刑法也保护部分的社会道德,但同民间标准所要保护的利益并不完全一致,因此诸如作为工业标准的国际化标准组织制定的标准(International Organization for Standardization,ISO),或者是德国标准协会发行的德国联邦标准(Deutsches Institute fur Normung,DIN)等民间行业标准则不适宜成为自动驾驶领域相关自然人注意义务的来源。② 具体而言,自动驾驶虽属于人工智能,但其本质上仍为交通工具,其使用的场合必为公共交通领域,因此,为了维护公共交通秩序和安全,自动驾驶必然要拘束于一般性的交通运输法规。当然,囿于自动驾驶的技术特性,专门针对自动驾驶汽车的法规、条例、办法也将成为自动驾驶领域相关自然人注意义务的来源。同时,相比于普通汽车,自动驾驶汽车的危险性和不确定性更高,且这种危险源于产品本身,因此,保证自动驾驶汽车质量安全的产品管理法规也应成为注意义务的来源。具体来说,在研发阶段,设计者不仅要遵守相应的研发准则、设计规范要求,还需考虑交通运输和自动驾驶特别法规的相关规定。比如谨慎设计算法、设定警告与强制制止程序;输入训练数据集时既要谨慎筛选避免出现数据歧视,还要保证全面有效的交通运输法规的录入;在投入生产前,要进行相当规模的评测检验等。在制造阶段,制造商的注意义务主要源于自动驾驶汽车质量规范、标准及相应的生产操作技术要求,如交付销售前的测试评估义务。售后阶段,服务提供者的注意义务则是提示警示、追踪更新义务,如提示消费者自动驾驶汽车的操作规范,警示操作者注意事项,定期追踪自动驾驶系统的数据反馈进行更新和修正工作。在使用阶段,使用者的注意义务则是遵守自动驾驶的操作规范,保证自动驾驶汽车安全有序运行,比如在运行前要打开自动驾驶汽车的自检功能

---

① 参见姚万勤:《新过失论与人工智能过失刑事风险的规制》,载《法治研究》2019 年第 4 期。

② 参见储陈城:《人工智能时代刑法归责的走向——以过失的归责间隙为中心的讨论》,载《东方法学》2018 年第 3 期。

进行安全检查,在运行中要及时查看回应自动驾驶的警示或接管要求,在运行后要履行年检及数据回传反馈义务。

在判断确实存在客观上的注意义务时,我们再行考察行为人是否实际履行这项义务。与此同时,还需要结合行为人当时的具体情况,判断其能否履行客观注意义务。当然,违反注意义务并非认定过失犯罪的充分条件,因为尽管行为人侵害了法益,但仍需考察,其所违反的规范是否是用于保护该类法益。若否,则规范的违反并没有对被害人造成相关的危险,①因此,还需判断违反注意义务与危害结果之间有无直接关联。

在确定行为人未履行客观注意义务后,再来判断预见可能性,有可能预见才成立过失犯罪。预见可能性的判断核心在于行为人的认识能力,这存在个体差异性,因此笔者认为"能力区别说"作为判断标准比较妥当。在具体实践中应着重考虑行为人的身体条件、知识、经验、认识能力。② 在此类犯罪中,我们应先考察与行为人同类的一般人是否能预见结果,如果可以,则根据行为人的经验、知识结构等具体考察行为人能否预见。比如在医疗领域,A在操作强人工智能进行手术时,未能对智能系统错误提示做出反应,导致错误切除患者身体组织。此案件中,我们应判断跟A同属一个科室的外科医生能否预见,再根据A个人的情况具体判断。

(二)应对路径二:风险社会理论下的全面规范及剩余风险的损害救济

风险社会理论中的"风险"不仅指代社会的一种物质特性,更指代一种社会建构,即人类为了预测和控制由自己的决定引发的不确定性而构建的一种制度,因此,风险社会的核心在于风险控制制度,换言之,应对风险的最佳方式不是被动的反击,而是全面的预防。③ 而刑法作为一系列控制制度中的中坚力量,积极预防一般性风险演变为现实危害和危险成为风险社会下刑法的首要任务。是故,为了妥善应对人工智能技术发展带来的社会风险,为了尽量避免出现本类犯罪,我们需要对强人工智能的研发、制造、销售、使用、管理等阶段进行全面规范。

首先是技术研发阶段。强人工智能的发展方向与应用领域很大程度上取决于研发者的研发,因而研发者应当承担审慎研发的义务。为了防止存在系统漏洞或算法瑕疵的强人工智能产品流入制造和销售环节,我们可以参照《中华人民共和国刑法》第286条之一拒不履行信息网络安全管理义务罪,设置拒不履行人工智能安全管理义务罪。对于那些明知研发、设计安全义务拒不履行(如使算法合乎逻辑、合乎伦理的义

---

① 参见刘宪权:《涉人工智能产品犯罪刑事责任的归属与性质认定》,载《华东政法大学学报》2021年第1期。

② 参见张明楷:《刑法学》(第5版),法律出版社2016版,第289页。

③ 参见高铭暄主编:《当代刑法前沿问题研究》,人民法院出版社2019年版,第63~74页。

务，避免算法滥用的义务及尽可能避免算法歧视的义务等），经有关监管部门责令改正而拒不改正的，苛以相应的刑罚，从根本上阻拦存在漏洞的人工智能产生。此外，由于人工智能的技术属性，它的运行基于算法，为防止部分研发者故意设计瑕疵算法或因过失导致算法存在漏洞，可以考虑设置非法制造科技风险罪与过失制造科技风险罪。

其次是管理阶段。管理部门在保证研发有益于人类且可控方面发挥着举足轻重的作用，因而管理部门应当承担确保技术安全的监管义务。管理部门应当监督研发人员履行人工智能安全管理义务，并审慎、严格地履行人工智能风险监控和测试义务。在履职过程中，相关管理人员若因疏忽或故意，导致存在漏洞的人工智能产品进入制造、销售环节，致使国家利益、公共利益、公民个人的人身和财产受到损失，可以被认定为玩忽职守或滥用职权，可适用《中华人民共和国刑法》“渎职罪”一章中的“滥用职权罪、玩忽职守罪”定罪量刑，或者单设“人工智能监管渎职罪”。

再次是制造销售阶段。强人工智能的生产者与服务提供者在强人工智能的生产、应用、销毁中发挥着重要作用。一方面，制造者与服务提供者应当在生产阶段承担人工智能产品的安全保障义务。制造者与服务者提供者的刑事责任可以按照“生产、销售不符合安全标准的产品罪”加以规制。但由于不同种类的强人工智能，其制造者所负义务也有所不同，比如对于适用于国防、武器等方面的强人工智能，其制造者应负担更全面和严格的义务，所以在刑法规制以前应在相关领域前置配套的法规及行业标准，以明确生产者、服务提供者的安全保障义务范畴，为成立“生产、销售不符合安全标准的产品罪”提供主观上“明知”的依据。另一方面，强人工智能的复杂性及其技术的不确定性要求其生产者和服务提供者在产品投入流通、使用后，也要承担一定的安全保障义务，比如对强人工智能的活动记录进行保存检查、定时进行有害行为监测，一旦发现其智能系统的运行存在异常，要及时预警、强制制止，并采取召回、系统升级和问题检修等必要措施。如果生产者、服务提供者明知人工智能存在缺陷，却不履行相应的保障义务，造成危害结果的扩大，应成立相应的过失犯罪。

最后是使用阶段。强人工智能的应用者应承担合理妥善使用及监督管理人工智能的义务。在使用中应当严格遵循安全操作规范，并在强人工智能运行期间进行合理的监督管理，一旦发现其陷入算法错误或出于算法局限作出有悖于伦理、价值观等决策时，应当及时制止。（但卡洛琳·福斯特在《科学和预防原则》中说：“显然如果不能在科学问题上达成共识，法院或审判庭很可能难以在诸如一方当事人是否在当时采取了‘必要’或‘合理’行动之类的问题上作出判断。”①所以具体如何设定及判断使用者

---

① ［意］乌戈·帕加罗：《谁为机器人的行为负责?》，张卉、王黎黎译，上海人民出版社2018年版，第77页。

的监督管理义务范围将会是一个技术难题)若应用者违反监督管理及合理妥善使用强人工智能的义务而发生严重后果,应就该后果承担相应的过失责任。若应用者故意违反义务或利用强人工智能犯罪,则应根据具体的案件事实,依据罪刑法定原则进行处理。

虽然基于风险社会理论,刑法进行全面规范以应对人工智能技术发展带来的不确定风险和维护强人工智能时代下的安全秩序,但风险作为潜在的客观事物,虽能通过风险控制减少一部分损害结果的发生,但受社会认知的限制,风险不可能杜绝,即使实施了风险控制方案,仍有可能出现剩余风险。① 具体而言,存在两种剩余风险。

第一种,在"伪犯罪主体型"犯罪中,当由于证据不足,按照存疑有利于被告原则,作出无罪判决;或者证据确凿,损害的发生来自不可预知、无法控制的科技风险,作出无罪判决时,强人工智能造成的不利后果不应由受害者一方承担,而应由社会共同承担。因为人工智能技术发展的受益范围是全社会,基于"共享——分摊"的损害救济理念,将风险分散开来由社会承受具有妥当性。② 分摊规则涉及以下几个层面:首先,国家层面可以设立专项的救助基金用于对受害人进行适当补偿,当出现上述两种情况时,受害人可以首先申请国家救助基金补偿。其次,社会层面可以设置人工智能产品基本责任保险,要求研发机构、制造商缴纳责任保险,同时鼓励使用者购买商业保险,如果受害人申请国家救助基金补偿后,仍无法填补损失,可以申请保险赔偿,由保险公司按一定比例赔偿受害者损失。最后,各主体层面,当上述两种分摊机制均无法填补损失时,应当由研发机构、制造商、销售商、使用者等主体按公平原则对受害者进行经济补偿。

第二种,刑法作为第二保障法,只能处罚最严重的侵犯法益的行为。因此,当具体情况不满足刑法构成要件时,被害人可诉诸民事救济手段。比如,当可以确定损害为使用者、销售者或者研发者、制造者导致,则可以要求使用者和销售者承担一般侵权责任,或者要求研发者、制造者承担产品责任。③

四、结语

本文所探讨的强人工智能是发展进程中的人工智能,是基于对现有技术的理解而对未来的合理却也注定短视的展望,毕竟人工智能技术虽已经历了60余年的发展,且

---

① 参见何国强:《风险社会、风险分配与侵权责任法的变革》,载《广东社会科学》2018年第3期。

② 参见胡元聪:《人工智能产品发展风险抗辩后的损害救济分摊机制研究》,载《政法论丛》2020年第3期。

③ 参见郑志峰:《自动驾驶汽车的交通事故侵权责任》,载《法学》2018年第4期。

目前来看发展形势一片大好，但终究仍处于起步或发展的初期阶段。诚然，机器智能时代正逐步到来，未来的强人工智能或许与我们所猜测的全然不同，或许我们终将面对拥有意识和情感的人工智能。但无论如何，我们现在所做的探讨仍是具有发展意义的。

碍于篇幅和个人思路的局限，有关强人工智能涉罪风险的法律应对未能全面展开，诸如相关主体承担过失责任的正当性是否充分，基准行为的衡量是否合理、全面、妥当，相关主体所负注意义务竞合时责任承担比重如何设置等问题，亟待进一步的探讨和论证。

虽未能全面，但也希望本文研究能为人工智能相关的刑法问题提供一些思路，能够再次明确科技向善之初心，坚定人工智能为人类服务的基本立场，把握好法益保护与技术发展间的平衡，妥善而灵活地利用刑法为技术发展守住最后一道底线。

刑事司法 AI 的“算法禁区”：无罪推定下的刑事诉讼程序

邢　娜*　吕嘉博**

摘　要：随着科技的发展，AI 应用于刑事司法已成为不可逆转的趋势。利用 AI 的预测评估能力辅助司法决策，在提高效率的同时，亦暴露其中风险。在剖析刑事司法 AI 的运行机制的基础上，可以尝试划定相关的“算法禁区”，于“禁区内”对 AI 的预测评估能力进行限制以规避道德风险。基于最大限度维护程序正义之目的，该“禁区”可设定于无罪推定原则下的刑事程序中，以“罪否”问题的解决作为“算法禁区”之边界，在保障程序“正义性”的同时最大程度兼顾 AI 的效用发挥，最终实现“帕累托最优”。

关键词：刑事司法；AI；程序正义；无罪推定

一、前言

从 2017 年人工智能阿尔法狗(AlphaGo)战胜世界排名第一的围棋选手柯洁，微软小冰出版自己的诗集，到如今算力爆炸且极端“聪明”的对话机器人 ChatGPT，人类社会一直沉浸在对 AI 发展“喜忧参半”的态度中，“AI 将取代人类”也变成了人们心中挥之不去的阴影。可以确定的是，也许人工智能发展会给人类社会带来“本体论”意义上的风险，但 AI 介入各个行业以促进生产力换代已是大势所趋。在此情境下，最高人民法院《关于加快建设智慧法院的意见》指出，要推进系统建设，提供坚强的信息化支撑，也要运用大数据和人工智能技术，按需提供精准智能服务。① 根据该文件，各地法院纷纷开始“智慧法院”建设，这标志着“AI 支撑”将成为今后司法改革的重要话语之一。

---

* 内蒙古大学法学院副教授、法学博士。

** 内蒙古大学法学硕士研究生。

① 参见最高人民法院《关于加快建设智慧法院的意见》，载中华人民共和国最高人民法院官网 2017 年 4 月 12 日，gongbao. court. gov. cn/Details/5dec527431cdc22b72163b49fc0284. html。

一般认为,机械式重复的工作将更容易“AI 化”,因为其内部逻辑仅为“机械换代”,不会产生相应的道德风险。与此相对,涉及道德命题的工作将更难以被人工智能取代,一方面是因为人工智能目前所呈现的技术缺陷,另一方面则是因为道德主体评价具有相当的排外性,族群之外的主义既无法理解道德内涵,也缺少进行评价的主体资格,人类的司法实践就属此列。可以预见的是,若要开展法院“智能化”“智慧化”改革,无可避免地将产生相应的道德风险与评价难题,故而笔者选择以刑事司法为视角,结合与人工智能最新发展趋势,尝试构建“算法禁区”应对可能风险,以期为“智慧法院”建设略尽绵薄之力。

二、AI 应用于刑事司法:是“福音”,也是“挑战”

普遍认为,刑事法律的主干由作为实体规则的刑法与作为程序规则的刑事诉讼法构成,刑法和刑事诉讼法均为人权保障领域的重要支撑。在此领域内,既有丰富的人类尊严命题,也有权利命题与社会伦理命题,如此多的人性价值势必会对 AI 的算法逻辑形成挑战。这一部分,笔者将主要从 AI 应用于刑事司法的现状与风险两个层面进行分析,以揭示构建“算法禁区”的必要性。

(一)刑事司法领域 AI 的应用现状

在刑事诉讼中,AI 一般用于辅助司法人员在刑事诉讼的各个决策点上进行决策,具体包括:是否采取侵权侦查行为、审前是否有必要羁押、是否应当提起公诉、对被告人是否应当处罪、判处何种或多重的刑罚等方面进行风险评估与决策支持。①

从国外来看,较早期的“判决形成系统”有加拿大的“杜布和帕克系统”、加拿大不列颠哥伦比亚省的“判决信息系统”以及苏格兰的“判刑信息系统”,它们通过信息整合、特征关联为法官设定所判刑罚的上限与下限,由此辅助法官决策,但由于相关技术不成熟、不符合法官工作习惯以及缺乏评估权威性等因素,这些判决辅助系统随后便遭到冷落。② 随着 AI 技术的逐渐成熟,更先进的司法辅助性 AI 工具出现在大众视野,预测性风险评估工具逐渐被应用于刑事诉讼的各个决策点上。其中的代表有:英格兰和威尔士所使用的犯罪风险评估工具 HART,它采用一种“随机森林算法”,利用算法工具和矩阵对嫌疑人进行风险评分,以确定特定人未来犯罪的可能性,由此辅助对其

---

① See Amit Kumar Das, Aziza Ashrafifi & Muktadir Ahmmad, *Joint Cognition of Both Human and Machine for Predicting Criminal Punishment in Judicial System*, International Conference on Communication, Computing & Security, p. 36 – 40(2019).

② See Cyrus tata, *The Application of Judicial Intelligence and ‘Rules’ to Systems Supporting Discretionary Judicial Decision-Making*, Artijiciaiintelligence and Law, vol. 6, p. 203 – 230(1998).

的逮捕与指控的司法决策;澳大利亚新南威尔士州所使用的风险评估系统STATIC99R、RSVP、STATIC,这些精算工具通过使用5个领域内的22个静态和动态因素对特定人进行分析,以评估其结构化的犯罪风险,辅助逮捕、保释、量刑等司法决策;[①]美国主要使用的COMPAS、PSA、SLI-R三款风险评估工具,这些工具通过构建算法模型预测哪些人会再次犯罪,为有关罪犯的安置、监督和案件管理的决策提供信息,目前已知美国有一半以上的州用这些工具辅助法官进行量刑。[②] 除上述情况外,全球范围内,AI工具在刑事诉讼的各个环节被广泛应用,基于刑事司法所进行的算法开发也在如火如荼地推进,AI这一技术话语越来越多地被嵌入司法实践中,正如美国学者哈考特(Harcourt)所说,刑事司法领域出现了"精算转向",传统刑事司法正在走向"精算司法"。[③]

2018年最高人民法院上线运行了"类案智能推送系统",借助AI完成海量的信息处理,帮助办案人员实现类案检索,以统一法律适用尺度、提高司法工作效率。据统计,该系统对刑事案件Top10类型的"类案推送准确率"能够达到85.5%,有效节约了刑事司法人员的类案检索时间。[④] 在地方"智慧法院"方面,2019年上海市推出了刑事案件智能辅助办案系统"206系统",北京市推出了"睿法官"系统,安徽省高级人民法院则与安徽富驰信息技术有限公司合作开展了"类案指引项目"……总体上来看,我国司法系统的"AI辅助化"改革正在大范围开展,有关项目纷纷上马,呈现出一派欣欣向荣的景象。但在我国"智慧法院"建设中,AI目前对于司法工作的介入层次较浅,所发挥的决策辅助作用有限,有关的预测与决策评估功能尚待开发。

可以预见我国将继续探索AI与司法工作的更深层次结合,建设具有综合分析预测能力的司法AI系统,从刑事领域来讲,AI必将在侦查、起诉、审查、执行等各个阶段发挥更积极的作用,逐步实现"智慧法院"的构想。

(二)刑事司法领域AI的应用风险

值得肯定的是,AI作用于刑事司法领域的前景非常广阔,其所具有的信息处理能力与数据综合分析能力均对司法人员大有裨益,是今后提高案件处理效率、优化司法资源结构、实现"司法为民"目标的最优选择。但从目前的技术特征来看,在刑事司法

---

① See Carolyn McKay, *Predicting Risk in Criminal Procedure: Actuarial Tools, Algorithms, AI and Judicial Decision-making*, Current Issues in Criminal Justice, Vol. 32, p. 22 - 39(2019).

② 参见李本:《美国司法实践中的人工智能:问题与挑战》,载《中国法律评论》2018年第2期。

③ See B. Harcourt, *Against Prediction: Sentencing, Policing, and Punishing in an Actuarial Age*, University of Chicago Public Law & Legal Theory Working Paper No. 94, p. 5 - 8(2005).

④ 参见左卫民:《如何通过人工智能实现类案类判》,载《中国法律评论》2018年第2期。

领域深度运用AI仍具有相当的风险与不确定因素，笔者归纳如下：

第一，“算法歧视”所导致的预测偏差。研发者通过写入代码的方式构建AI的底层算法模型，再将其置于数据库中不断地试错，从而训练出正确的输出路径。在此过程中，研发者的价值观将不可避免地体现在底层算法构建的过程中，供给AI学习的数据也可能存在选择偏差，这就共同导致了AI的“算法歧视”。[①] 例如，在著名的“威斯康星州诉卢米斯案”（Wisconsin v. Loomis，以下简称卢米斯案）中，AI评估工具COMPAS就综合性别、种族等一系列歧视性因素对卢米斯作出评估，认为其具有很高的再犯风险，最终法院判处卢米斯6年监禁和5年延长监管。[②] 应当认为，只要AI的底层算法是人类所写，其训练所用的数据库是人类所选，那么“算法歧视”将不可避免，这也给刑事司法中的AI运用带来了道德风险。

第二，“算法黑箱”所带来的程序不公开。基于AI的学习属性，其先要在数据库中进行不可计数的试错学习才能形成自己的运行算法逻辑。在运用AI时，司法人员仅在输入端和输出端具有程序公开的可能，一旦进入“黑箱”中，人类将会被蒙上“无知之幕”。一方面是因为经过学习的AI运行逻辑人类难以理解，另一方面则是因为海量的运算数据人类难以记录并监督。此外，抛开技术因素不谈，即便AI算法的内部结构与运算过程能被监督，但如果该AI司法产品是私人公司所开发，则还将涉及商业秘密与专利权的保护。[③] 在卢米斯案中，卢米斯也曾向法院申请公开北点公司（Northpointe Inc.）公司产品COMPAS的算法结构，但遭到了拒绝。法院认为，北点公司将COMPAS视为商业机密，它不需要披露风险分数或因素是如何被确定和权衡的。因此，“算法黑箱”所提出的技术与法律两个层面的公开难题也应成为刑事司法AI的风险要素之一。

第三，“算法思维”所带来的评估失准。在刑事司法领域，抽象的法律推理不可缺少，人类司法人员需要基于内心的道德直觉完成许多定性工作。而在AI的“算法逻辑”中，由于其本质是一种定量模型，其虽然能通过算法模拟完成基本的道德判断，但在复杂的直觉伦理判断场景中，AI的“算法思维”就难以与人类有效耦合，这将导致不准确的评估结果。在“库克诉新南威尔士州案”中，评估心理学家认为，犯罪预测工具STATIC对于影响人身危险性的实际因素不敏感，这些工具也难以区分预测对象可能犯下罪行的严重程度，这都会导致预测得不准确。根据美国的数据，被预测两年内将

---

① See Saul Levmore & Frank Fagan, *The Impact of Artificial Intelligence on Rules, Standards, and Judicial Discretion*, Southern California Law Review, Vol. 93, p. 15 – 36 (2019).

② 参见江溯：《自动化决策、刑事司法与算法规制——由卢米斯案引发的思考》，载《东方法学》2020年第3期。

③ 参见李晓楠：《可信赖AI司法：意义、挑战及治理应对》，载《法学论坛》2020第4期。

会实施暴力犯罪的人中,只有20%最终实施了暴力犯罪,哪怕综合所有犯罪来看,AI工具的预测准确率也仅有61%。① 可以认为,“算法思维”所带来的“人机思维差异”将会在很大程度上成为刑事司法AI不得不被评估的风险。

如前所述,AI应用于刑事司法所带来的风险都是基于“侵蚀无罪推定下的程序正义理念”而展开的,其中,“算法歧视”侵蚀了程序正义中的“中立审判原则”,“算法黑箱”则挑战了程序正义的“程序公开原则”,而“算法思维”使司法人员在无罪推定程序中产生了概率性的预断,这既会违背“直接言辞原则”,又会影响司法人员道德直觉下产生的“自由心证”,以致使AI不准确的预测让人难以接受。② 因此,就刑事司法AI的发展而言,如何处理好“算法特性”与“程序正义理念”之间的关系将成为重中之重,这将在很大程度上将决定刑事司法AI的未来走向。

三、在刑事司法中为AI设限:关于“算法禁区”的初步构想

在应对刑事AI风险的问题上,许多学者在技术层面提出了解决措施。例如,孙道萃教授指出:“应当披露刑事司法AI的技术参数,建立完善的算法审查制度并确立权威的算法价值调和与解释规则”;③江溯教授认为,“应当构建行业化的伦理标准与技术标准,同时,还应确立场景化的算法公开责任”。④ 值得肯定的是,诸位学者在技术规范层面提出的应对措施已经相当完整,涉及刑事司法AI在诉讼决策中发挥作用的各个环节,基本能够完成对有关道德风险的覆盖。

但在技术规范之外,在刑事司法AI的技术运用层面依然缺少可操作性强的应对措施,诸位学者基本上都强调应当明确AI在刑事司法领域中适用的辅助地位,或者笼统地划定一个AI不能适用的场域,而黄京平教授则较有建设性地提出了一个“刑事司法领域AI适用的‘负面清单’”,通过政策性调控措施明确AI不得介入的事项。⑤ 可美中不足的是,黄京平教授在对“负面清单”的具体描述中,仅列出了几个含有司法判断独特规律的领域,在限制程度、如何操作、具体运行等问题的描述上较为宏观,进而使“负面清单”的可操作性仍待完善。基于此,笔者试图在黄京平教授“负面清单”的构想下明确“AI禁区”的具体构造,解决其运行机制与限制边界等问题,以期设计出一套

---

① 参见李本:《美国司法实践中的人工智能:问题与挑战》,载《中国法律评论》2018年第2期。

② 客观来讲,借助AI进行的犯罪预测所得出的结果准确性并不算低,毕竟没有证据表明基于人类道德直觉所进行的人身危险性判断准确性更高。

③ 孙道萃:《人工智能辅助量刑的实践回视与理论供给》,载《学术界》2023年第3期。

④ 江溯:《自动化决策、刑事司法与算法规制——由卢米斯案引发的思考》,载《东方法学》2020年第3期。

⑤ 参见黄京平:《刑事司法人工智能的负面清单》,载《探索与争鸣》2017年第10期。

具体合理且可操作性较强的 AI 技术运用方案。

接下来,笔者将揭示“AI 禁区”的运行机制,从“算法截断”的角度提出限制方案。

(一)刑事司领域 AI 的运行机制梳理

在刑事司法领域,AI 主要在决策端发挥作用,除替代司法人员所做的简单工作之外,AI 在更大程度上被用于预测与评估,主要包括:决定审前羁押时的人身危险性评估、决定起诉时的人身危险性评估、决定有罪无罪时的犯罪可能性预测、量刑时的刑期预测与危险因素评估等。笔者选取了南京大学新型软件技术所构建的一个刑期预测模型,通过对其进行解构来揭示刑事司法 AI 的运行机理。

首先,研究人员选取了 CALL2018 数据库中的 15.5W 的训练数据和 3.3W 的测试数据用于 AI 训练,并采用“事实”“处罚”“指控”等标签作为数据集。其次,研究人员需要对这些原始数据进行预处理,根据不同的刑期、不同的刑罚种类对原始判例数据中的各组数据进行等级划分,使用 ABCD…字母进行标记,完成预处理工作。最后,研究人员选择了 FastText 和 TextCNN 作为算法训练模型,使用分数和先前标记进行输入,不断调整模型的超参数,以训练算法模型实现惩罚预测。经过不断的训练后,初步的 AI 惩罚预测模型已经构建完毕,此时研究人员再尝试输入一个新的案例,AI 就会根据已经训练的数据对案例进行分析,并结合其先前在数据库中的学习结果,对该案例进行评估预测,从结果来看,FastText 的平均准确率为 88.75%,TextCNN 的平均准确率为 88.76%。①

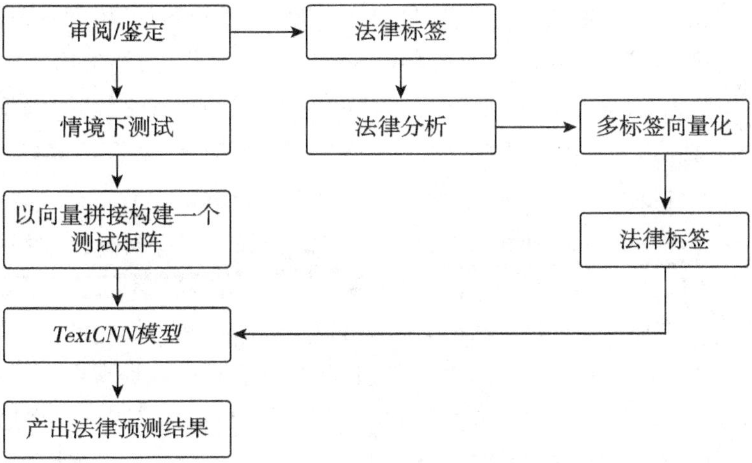

图 1　FastText 结构图

① See Baogui Chen et al., *A Deep Learning Method for Judicial Decision Support*, in IEEE International Conference on Software Quality, Reliability and Security Companion, p. 145 – 149 (2019).

由图1可知,刑事司法AI需要合适的数据进行学习,这些数据需要经过人工的预处理,然后把处理过的训练数据“喂养”给网络模型,通过大量数据训练后,该网络模型的正确率就会逐渐上升。① 在此过程中,研究人员可以通过对数据集和超参数进行调整,在训练过程中逐渐构建出适合刑事司法需要的模型。至于输出的结果,既可以输出一个数值,也能在算法模型合适的条件下输出文本特征,这也为“算法禁区”的构建创造了先决条件。

(二)与人类思维对照,尝试构建“算法禁区”

通常,司法人员在进行司法决策时,一般要进行下列推理过程:(1)通过经验知识对案情进行解构;(2)将解构后的案情要素与案例或法律进行特征对照;(3)根据对照后的分析结果作出预测并进行后果评估;(4)作出司法决策。② 就此过程来说,步骤(2)具有最高的劳动负担,步骤(3)则是对司法人员法律思维的考验,相关的人性价值也多在步骤(3)进行考量并最终影响司法决策结果。基于此,笔者所构建的“算法禁区”就是尝试在步骤(2)时进行截断,不允许司法AI介入有关步骤(3)“根据对照后的分析结果作出预测并进行后果评估”的工作,由此最大限度地发挥司法人员的人性价值考量作用,同时为决策提供特征分析上的支持,以提高司法工作效率。

具体来讲,基于前文关于刑事司法AI的运作机制描述,研究人员可以对数据集和超参数进行调整,在训练过程中逐渐构建出适合刑事司法需要的模型,最后的输出结果也具有文本化的可能性,因而可以将步骤(2)设定为输出目标,由刑事司法AI完成案情解构、将案情要素与案例法律进行特征对照等相关工作,最终给出文本化的输出结果以辅助司法人员进行步骤(3)和步骤(4)的工作。至于“算法禁区”的概念价值则在于,从刑事司法AI的当前技术特征以及未来发展前景预测,AI在技术上大致会具备完成整体司法推理过程的能力,或许AI在司法决策的正确性上会存在一定的偏差,但其完成整个推理过程的能力则不应被质疑。故此,即便其可以完成整个推理过程,在涉及刑事诉讼中的某些司法决策上,仍应宣告AI进入了“算法禁区”,“算法禁区”内AI也只能以司法推理的步骤(2)为最终输出目标,此即为“限制性区域”。换个角度来看,李晓楠博士将司法AI的应用意义归纳为四个方面,分别为:提高司法工作效率;帮助进行法律分析;预测判决结果;有利于同案同判。其中,在提高工作效率层面还具有提高法律检索准确度、提高文档管理效率、提高证据审查效率三个子概念层次的意义。

---

① Baogui Chen et al., *A Deep Learning Method for Judicial Decision Support*, in IEEE International Conference on Software Quality, Reliability and Security Companion, p. 145 - 149(2019).

② 参见吴习彧:《裁判人工智能化的实践需求及其中国式任务》,载《东方法学》2018年第2期。

而在“算法禁区”内,刑事司法AI将着眼于提高工作效率以及帮助法律分析两方面,舍弃预测结果及同案同判的利好,以规避相应的道德风险。①

还有一个可能存在的问题是,既然“算法禁区”在刑事诉讼中具有如此大的价值,为何还要划定“算法禁区”的界限?直接宣布刑事司法领域内的AI只能以步骤(2)为目标不就好了,亦即直接宣布在刑事司法的所有决策中,AI均只能以步骤(2)为目标进行运用,不再划定“算法禁区”或称整个刑事诉讼都是“算法禁区”。在笔者看来,“算法禁区”要存在界限的原因在于,刑事诉讼中决策点繁多,各个决策点上所蕴含的道德风险与人文价值并不一致,故不可等量齐观。例如,在涉及审前羁押的决策上,由于特定对象并未被视为犯罪者,故是否对其进行羁押的决定具有相当高的道德风险,所以应限制刑事司法AI的应用;而在量刑以及刑罚执行评估等问题上,由于特定对象已经被判决有罪,相应的道德风险较小,刑事司法AI就可以进行深度介入以最大限度地发挥其价值。

最后论及“算法禁区”的意义,在刑事司法领域运用AI会提高资源配置效率,但AI的属性弊端也会带来人性价值风险,故相关应对措施必须基于“帕累托最优”的目标对AI进行限制,即在不让参与资源分配的某一方利益受损的情况下,使另一方获得更大利益。换言之,相关措施必须基于“最大限度发挥AI作用,最大程度避免AI弊害”的路径提出技术运用方案。笔者所构建的“算法禁区”的价值就在于设定刑事诉讼程序中AI的介入边界,边界外可以实现司法推理各步骤的完全运作,界限内的司法决策则要受到限制,以最大限度地“趋利避害”,由此实现刑事司法AI的效益最大化。

四、刑事司法AI的“算法禁区”界限:无罪推定下的刑事诉讼程序

在搭建好“算法禁区”的基本架构后,接下来要解决的是界限设定问题。对此,基于“帕累托最优”的要求,“算法禁区”的界限至少要满足以下两个条件:(1)该界限不得侵犯刑事诉讼程序所表征的“程序正义”理念,并能够维护刑事司法中基本的人文价值;(2)该界限能够保证AI的功能与效益在刑事司法中能够得到最大限度的发挥。

在满足以上两个条件的基础上,笔者提出应以“无罪推定”作为“算法禁区”的界限,凡在表征犯罪人“受无罪推定”保护的刑事诉讼程序中,刑事司法只能以上文步骤(2)为输出目标,不能进行下一步的预测评估与决断,以下为具体论证及有效性检验。

---

① 参见李晓楠:《可信赖AI司法:意义、挑战及治理应对》,载《法学论坛》2020第4期。

(一)程序正义的理念与程序架构剖析

程序正义理念滥觞于英国13世纪左右的"自然正义原则",在美国的"正当法律程序原则"中得到了新的发展。[①] 程序正义理念以"尊严理论"为内核,强调"参与意味着公民能够自主地主宰自己的命运",罗尔斯曾以赌博为例指出,在"纯粹的程序正义"中,不存在有关结果的合理性标准,只要关于程序的正当性标准被满足,结果就应被视为可以接受的。[②] 而在现代司法体制中,程序正义理念主要发挥两重价值:一是法律程序应被设计得足够公正,并保障人的尊严得到维护,反对行政治罪体系下的权力压制;二是正当的法律程序能够提高公民对于结果的可接受性,因为人们真切地参与诉讼中并行使权利以主宰自己的命运。

一般认为,充分体现程序正义理念的法律程序至少要具备以下几个特征,主要包括:(1)受裁决者的充分参与;(2)裁判者中立;(3)控辩平等;(4)证据支持;(5)及时审判;(6)裁决说理;(7)程序公开。[③] 在具体的程序构造层面,英美法系国家与大陆法系国家又有所不同,英美法系国家一般采取陪审团制度,通过消极法官主持下的集中审判,由陪审团对是否有罪进行判断,至于刑事诉讼中其他决策点上的事项,则由中立的法官作出决定,但会在各个阶段保证律师的介入,避免权力压制,由此彰显程序正义理念。而在大陆法系国家,法官一般拥有较高的权威,可以在听取控辩双方意见后对有罪与无罪的问题作出裁决,在"罪否"问题解决后,法官还会主持量刑方面的辩论,对量刑问题作出决定,在涉及刑事诉讼的其他事项方面,由于"警检一体"的侦控模式,故仍由中立法官进行决策,保障被追诉人参与,维护程序正义理念。[④]

就我国而言,检察权的相对分量较其他国家更重,从未来的"审判实质化"改革方向来看,"正义的程序"是长期要求。

通过以上对程序正义理念与程序架构的剖析可以发现,程序正义并不追求客观上的绝对公正,而侧重于程序构造上对主体尊严的重视。从理念来看,程序正义彰显了法律程序的独立价值,公正的程序使结果能够被人接受。从程序构造来看,标榜公正的司法决策者难以识别是否具有"种族歧视""性别歧视"倾向,虚无缥缈的"自由心证"实际上也不能保证对真实的认知。米建尔·R. 达马斯卡指出,英美国家的陪审团之所以不承担说理责任,一方面是因为其缺乏系统说理的能力,另一方面就在于其作

---

① 参见陈瑞华:《程序正义理论》,中国法制出版社2010年版,第30~40页。

② 参见[美]约翰·罗尔斯:《正义论》,何怀宏、何包钢、廖申白译,中国社会科学出版社2009年版,第92~99页。

③ 参见陈瑞华:《程序正义理论》,中国法制出版社2010年版,第162~165页。

④ 参见陈瑞华:《比较刑事诉讼法》,中国人民大学出版社2010年版,第370~380页。

出投票的理由一言难尽。[①] 但"正义程序"中的"裁判中立""控辩平等"等要素可以体现出足够的人性价值,使司法决策结果能够为社会大众所接受,进而满足人类内心的"公正需求"。反观刑事司法 AI,其虽然能够进行精准的计算,可"算法偏见""算法黑箱"等要素却破坏了程序正义理念中的"裁判者中立""裁判公开"等原则,由此破坏了刑事司法程序所表征的"正义",使 AI 的预测决断哪怕真的准确,也无法满足人类群体的"公正需求"。

(二)以"无罪推定"为界限维护"程序正义"

"无罪推定"旨在保障"未经判决的被告人,仍受程序保护"[②]。周宝峰教授指出:"无罪推定是刑事被告人的基本程序权,并且在被告人基本程序权体系中具有纲领性地位,具有重大的宪法价值,蕴藏丰厚的人权保障内涵。"[③]从其与程序正义的关系来看,无罪推定原则是程序正义的前提与基础,只有基于"被追诉人无罪"的推定下,"正义的程序"才能被构建,因为只有对无罪的人,才应赋予其足够公正的防御权以对抗公权力,才不能允许有偏见的裁判者对其进行审判。在传统的"行政治罪"模式中,正是因为率先对被追诉人进行了"有罪推定",相关的"人格尊严"与"人权保障"程序才无法得以构建。笔者主张以"无罪推定"原则作为"算法禁区"的边界,在被追诉人被推定无罪的刑事诉讼程序中,AI 只得以步骤(2)作为输出目标,通过保护程序正义之"土壤"(无罪推定原则)的方式,贯彻正当之程序。

接下来,笔者将考察"无罪推定"界限的两端程序,明确 AI 的"禁区范围"。

从"算法禁区"的界限内来看,被告人所受"无罪推定原则"的保护主要在定罪问题解决后结束,而在此之间的刑事诉讼决策点包括:侵权侦查行为审批、审前羁押决定、审查起诉判断、"罪否"问题上的裁决。在这些问题上,AI 只能给出司法决策人员"案件特征与法律特征"层面的分析,但不得作出预测和决断。从维护程序正义的角度来说原因有三个方面:一是这些步骤需要公正的裁决者通过透明可查的程序来完成,"算法歧视"与"算法黑箱"会导致权力承受者对裁判者的公正性产生怀疑,哪怕其实际上是公正的。二是在这些步骤中,AI 的预测评估会使司法决策者产生预断,以至于陷入"隧道视角"之中,难以客观评定。例如日本作为抗辩制国家的代表,也是基于"法官"预断的考量,废除了庭前移送案卷制度,着力保障法官的判决形成于实质的法庭审理

---

① 参见[美]米建尔·R. 达马斯卡:《漂移的证据法》,李学军等译,中国政法大学出版社 2003 年版,第 63~68 页。

② [瑞典]马格努斯·尤万:《实体公正,还是程序公正?——无罪推定原则面临的挑战》,金飞艳译,载《法治现代化研究》2017 第 4 期。

③ 周宝峰:《刑事被告人权利宪法化研究》,内蒙古大学出版社 2007 年版,第 191~192 页。

之上。三是在这些问题的判断上存在较大的道德风险,即便司法裁决者所作的决定与实质正义有差,但程序正义的化解机能也会使该结果容易被接受,而AI的“算法思维”则既无法理解相关的道德命题,也难以借助程序正义消解不满,故其最好不要“染指”相关步骤。

从“算法禁区”的界限外来看,主要涉及的是无罪推定保护后的司法决策,主要有量刑问题的裁量,刑罚执行期间的考评等。当然,这里不是讲司法人员就应放弃监督,任由司法AI作出决定,而是指在这些步骤中可以允许AI作出预测和评估,司法人员可以逐渐向“监管者与纠错人”的角色转变,因为此时无罪推定之保护已经结束,以程序正义为本的法律程序的独立价值需求降低,故可适当允许AI更进一步介入。从极为推崇程序正义的英美法系国家来看,其在涉及量刑与刑罚执行等问题上也未完全贯彻程序正义理念,在英美法系国家的量刑程序中,在陪审团对“罪否”问题作出裁决后,由法官作出后续量刑上的决策。在法官作出决策前,专门的缓刑官会对被告人的家庭、财产、教育等因素进行调查,并撰写一份“量刑前报告”,该报告对于法官量刑具有重要的参考价值,但不具备实质约束力。[①] 此时的“量刑报告”已经会使法官产生预断,并且缓刑官的调查报告中亦有许多的量化考核因素,这与“集中审理”下的完全程序正义之要求并不相同。可以在量刑问题上允许AI给出预测,该预测报告同样对法官不具备约束力,仅具有参考价值。这是因为,在量刑和执行评估的问题上存在更多量化考核因素,对于量化因素来说,AI处理起来将更加高效,同时,基于“算法思维”,AI将更能避免社会因素的干扰,公正地给出预测评估。

结合以上从界限两端的观察可以发现,以无罪推定作为界限划分“算法禁区”内外,可以有效避免相应的道德风险,维持程序正义在消解不满上的功能,还能最大限度地发挥司法AI在量刑考核层面的优势。

五、余论

2018年余成峰分析了“法律不学习”与“AI学习”之间的激烈矛盾,并认为“法律不学习被机器学习取代,规范性期望被认知性期望取代,法律被代码/算法取代,这也就是法律‘死亡’的前景”。[②] 对此,笔者不认同余老师对AI与法律二元关系的悲观态度,因为成文法即便真的凋零,法律即便真的被算法化,也不能将其视为“法律的死亡”,就自然法层面而言,只要AI与人类之间遵照固定规则运行且人类得以保全自由,

---

① 参见陈瑞华:《刑事诉讼的前沿问题》(下),中国人民大学出版社2016年版,第763~765页。

② 余成峰:《法律的“死亡”:人工智能时代的法律功能危机》,载《华东政法大学学报》2018年第2期。

那么法秩序就从未“死亡”。

当然,这也不意味着人类在 AI 入侵问题上应持“万事大吉”之态度,合理的介入边界将是“主人与工具”相互安好的前提与基础。笔者以刑事司法 AI 为对象,试图构建一个“算法禁区”给其设定界限,为刑事诉讼中可能存在的“人类思维”与“算法思维”划定双方之场域,以期由点及面,从作为“人权保障前沿”与“道德评价前沿”的刑事领域,扩展至人类生活的其他法律区域,由此构建司法 AI 的“禁区化”发展模式,进而明确其前进路径。

网络犯罪刑法规制趋向与反思

晁金典[*]　王宇鹏[**]　常亚风[***]

摘　要:网络犯罪与信息时代相伴而生,经历了网络对象型犯罪、网络利用型犯罪、网络智能型犯罪等阶段,并呈现不同的代际特征。传统刑法规范在应对网络犯罪时显得"窘迫""力有不逮",预防刑法便油然而生,并在相当长时期内代表了网络刑法发展的实质走向。网络刑法路径优化的重心主要在于:科技赋能刑法,树立"打准打实"的技术思维;面对网络刑法立法碎片化的现实,注重网络刑事立法体系化、完整性构建;面对网络刑法规范罪名繁复、界限模糊、刑罚配置不均衡等问题,网络刑事立法更应注重罪刑均衡和刑事规范的明确性。刑法的积极主义应有限度;消极刑法观的嵌入与补强实为必要。

关键词:网络犯罪;积极刑法;消极刑法;反思

"技术的胜利,似乎是以道德的败坏为代价换来的。"①科学技术是把"双刃剑",网络在极大促进生产力发展的同时,也日益成为违法犯罪的帮凶。随着网络由 Web1.0 时代、Web2.0 时代跃入 Web3.0 时代,人类已进入"数据为王,流量至上"的互联网时代。基于利益追求,由技术驱动的传统犯罪,也亦步亦趋地向网络空间转移,并滋生出新的犯罪形态,急剧扩张蔓延。网络犯罪的高技术性、隐蔽性、侵害对象的不特定性、风险难以预测性、网络的弥散性、瞬间传播性等加剧了公众对社会风险的恐惧和不安。"我们站在一个美丽新世界的入口。这是一个令人兴奋的、同时充满了不确定性的世

---

* 浙江外国语学院、江西科技学院、武汉理工大学等高校客座教授,浙江丰国律师事务所高级律师。

** 甘肃政法大学法学硕士。

*** 山东明廉律师事务所主任,济宁市律协副会长。

① 《马克思恩格斯选集》(第 1 卷),人民出版社 2012 年版,第 776 页。

界”,“强大的人工智能的崛起,要么是人类历史上最好的事,要么是最糟的”。[①] 网络已成为滋生违法犯罪的温床,以电信网络诈骗犯罪为代表的网络犯罪已成为主流犯罪,也成为全球性打击治理难题。有资料显示,网络犯罪将会是未来10年全球最引人注目的风险之一,尤其是最为常见的网络黑灰产犯罪的市场效益将比肩世界第三大经济体。[②] 2022年6月25日至9月8日,两个多月时间里,全国公安机关侦破“网络黑产”相关案件4290余起,打掉此类犯罪团伙1969个、抓获犯罪嫌疑人5120余名,督促重点平台过滤、清理涉网络黑产违法信息321万余条。[③] 2020年11月16日,习近平总书记在中央全面依法治国工作会议上指出:“数字经济、互联网金融、人工智能、大数据、云计算等新技术新应用快速发展,催生一系列新业态新模式,但相关法律制度还存在时间差、空白区。网络犯罪已成为危害我国国家政治安全、网络安全、社会安全、经济安全等的重要风险之一。”[④]面对网络犯罪日新月异、日益猖獗的现实,迫切需要刑法作出积极应对。“社会不是以法律为基础的。那是法学家的幻想。相反地,法律应该以社会为基础。”[⑤]法律的变迁是根植于社会发展变化之中的。具体地、历史地考察网络犯罪演进的时代变迁,对于防范、打击网络犯罪,完善刑法应对的针对性、科学性来说,很有必要。

一、网络犯罪的演进

对网络犯罪的内涵和外延,学术界有着不同理解和诠释。2021年1月22日,最高人民检察院《人民检察院办理网络犯罪案件规定》将网络犯罪定义如下:“网络犯罪是指针对信息网络实施的犯罪,利用信息网络实施的犯罪,以及其他上下游关联犯罪。”2022年9月1日,最高人民法院、最高人民检察院、公安部《关于办理信息网络犯罪案件适用刑事诉讼程序若干问题的意见》又将网络犯罪的外延概括为:“本意见所称信息网络犯罪案件包括:(1)危害计算机信息系统安全犯罪案件;(2)拒不履行信息网络安

---

① 《人工智能的崛起,可能是最好的事,也可能是最糟的事》,载网易订阅官网2018年10月17日,https://www.163.com/dy/article/DUB85L6E0522TBRU.html。

② 参见《百度发布〈2020网络黑灰产犯罪研究报告〉,全方位打击网络犯罪产业链条》,载百度官网2020年11月5日,https://baijiahao.baidu.com/s?id=1682519628280453846&wfr=spider&for=pc。

③ 参见《公安部新闻发布会:通报全国公安机关扎实推进夏季治安打击整治“百日行动”,重拳打击人民群众深恶痛绝的网络违法犯罪取得的成效情况》,载中华人民共和国公安部官网2022年9月8日,https://www.mps.gov.cn/n2254536/n2254544/n2254552/n8685916/index.html。

④ 习近平:《坚定不移走中国特色社会主义法治道路 为全面建设社会主义现代化国家提供有力法治保障》,载《求是》2021年第5期。

⑤ 《马克思恩格斯全集》(第6卷),人民出版社1961年版,第291～292页。

全管理义务、非法利用信息网络、帮助信息网络犯罪活动的犯罪案件;(3)主要行为通过信息网络实施的诈骗、赌博、侵犯公民个人信息等其他犯罪案件。”值得一提的是,从司法适用维度方面来说,网络犯罪与信息网络犯罪是通用的,并无本质区别,且上述关于网络犯罪的内涵、外延的概括性规定系对长期司法实践经验的提炼与总结,具有普遍意义。网络犯罪系网络技术异化的负面衍生物,在网络技术发展的不同时代,有着不同的犯罪形态,并呈现不同的代际特征。

(一)以计算机为作案对象的网络对象型犯罪

在Web1.0时代(1990～2000年)①,网络信息传播是单向的,话语权掌握在网络利益集团手中,普通大众仅仅是被动接收信息的受众。换言之,网站与报纸、电视并无差别。此时的网络犯罪主要是以计算机安全系统为加害对象的犯罪,时称计算机犯罪。最常见的方式是利用计算机防火墙系统漏洞,袭击网站、在线传播计算机病毒,通过破解密码、盗取密码、强行突破安全工具等方法,穿透计算机内网与外网之间的技术保护壁垒,窥视内网信息的内容或者恶意破坏计算机功能、数据、应用程序致使计算机不能正常运行等。故此时的网络犯罪是以计算机信息安全系统为犯罪对象,以非法侵入或破坏计算机信息安全系统为犯罪目的,以利用计算机防火墙系统漏洞或者病毒软件为犯罪手段的接触性、物理性犯罪。对此,1997年新修订的《中华人民共和国刑法》作出了积极的前瞻性回应,增设了第285条“非法侵入计算机信息系统罪”、第286条“破坏计算机信息系统罪”。

(二)以互联网为犯罪工具的网络利用型犯罪

网络技术的急剧革新,推动了互联网产业的迅猛发展,网络电商平台、社交平台加速崛起。网络已成为多向互动、即时便捷的人际交往、民商交易的工具。QQ、微信、博客、淘宝、京东等即是典型代表,并深刻影响着人们的生产生活,人们开始由Web1.0时代跨入Web2.0时代。在Web2.0时代(2000～2010年)②,网络大众化、网民创造内容、即时交互成为这一时代的显著特征。网络信息交流方式也由单向、被动接收型交流向多向、主动互动型交流转变。“网络发帖”“交互群聊”“在线客服”等成为Web2.0时代的标配。网络平台的开放性、弥散性、隐名性,助推了传统犯罪向网络空间迅速迁移,以网络为犯罪工具的网络利用型犯罪突显。这主要表现为两点:其一,1997年《中华人民共和国刑法》第287条规定的“利用计算机实施金融诈骗、盗窃、贪污、挪用公款、窃取国家秘密或者其他犯罪的,依照本法有关规定定罪处罚”,该提示性规定在

---

① 参见刘琼、任树怀:《论web3.0下的信息共享空间》,载《图书馆》2011年第2期。

② 参见刘琼、任树怀:《论web3.0下的信息共享空间》,载《图书馆》2011年第2期。

Web2.0 时代具有了普遍适用意义,诸如网络诈骗、网络赌博、网络诽谤、网络盗窃、网络敲诈勒索等各种传统犯罪(亲手犯如强奸罪除外)在网络空间滋生蔓延。其二,“数据即财富”,“链接即利益”。以控制计算机信息系统功能和运行、获取普通用户计算机信息系统数据、嫁接目标服务器(如将涉黄、赌、毒广告自动跳转至第三方网页)从而攫取不法经济利益为目的的新的犯罪突现,并由此催生出专门提供犯罪程序、工具的新的不法产业族群。以最高人民法院公布的指导性案例 145 号:张某杰等非法控制计算机信息系统案[①]为例。被告人张某杰、彭某珑等在马来西亚吉隆坡市租住的公寓内,为赚取赌博网站广告费,利用网络对存在防护漏洞的目标服务器进行检索、筛查,然后有针对性地向 113 台目标服务器植入木马程序,并对其予以非法控制,再使用“菜刀”等软件链接该木马程序,获取目标服务器后台操作权限,并将带有“赌博”关键字并设置了自动跳转功能的网页上传至目标服务器,以此提高赌博网站广告被搜索引擎命中概率。后被公安机关抓获。江苏省南京市鼓楼区人民法院认为被告人张某杰、彭某珑等虽有针对目标服务器的数据进行修改、增加的行为,但未造成该信息系统功能实质性的破坏,或不能正常运行,亦未对该信息系统内实质上有价值的数据进行增加、删改,其行为不属于公诉机关指控的破坏计算机信息系统犯罪中的对计算机信息系统中存储、处理或传输的数据进行删除、修改、增加的行为,应认定为非法控制计算机信息系统罪。

由此可见,Web2.0 时代的网络犯罪是以网络为犯罪工具的网络利用型(网络工具型)犯罪,具有远程性、非接触性、犯罪对象不特定性等显著特征。但此类犯罪毕竟是借助网络实施的,而网络又是物质的,有着鲜明的物质性,故利用网络作为犯罪工具与借助毒药、爆炸物作为犯罪工具并无质的区别。因此,网络利用型犯罪仍系物理性、非接触性犯罪。为应对网络工具型犯罪,2000 年 12 月 28 日全国人民代表大会常务委员会出台了《关于维护互联网安全的决定》;2009 年 2 月 28 日《中华人民共和国刑法修正案(七)》[以下简称《刑法修正案(七)》]又增设了第 285 条第 2 款“非法获取计算机信息系统数据、非法控制计算机信息系统罪”和第 3 款“提供侵入、非法控制计算机信息系统程序、工具罪”。

(三)以网络空间为犯罪平台的网络智能型犯罪

基于信息数据的指数级增长和云计算技术迅猛发展,以“深度学习”为特征的 AI 人工智能获得突破性进展,并广泛应用于信息网络、无人机、机器人、虚拟客服、智慧城市等领域。“未来已来”。人类已跃入 Web3.0 时代(2010 年至今)。智能性、个性化、

---

① 参见《最高人民法院指导案例 145 号:张竣杰等非法控制计算机信息系统案》,载河南省高级人民法院官网 2021 年 1 月 12 日,http://www.hncourt.gov.cn/public/detail.php? id = 183715。

精准性应用服务成为 Web3.0 时代的显著特征。AI 人工智能通过深层神经网络算法模拟人的大脑的思维逻辑和机能,将底层海量数据瞬间组合成更高层的抽象表示,在某些领域,人工智能的强大功能甚至已经超过人类。“文明所产生的一切都是人类智能的产物,但是现在‘计算机在理论上可以模仿人类智能,然后超越’这一原则正在被人们所接受。”[①]在 Web3.0 时代,“人们的物质、精神、行为活动都通过数据这个虚拟事物全面映射,形成了网络空间的虚拟平行世界”,[②]一个并行于现实物理社会的虚拟网络社会业已形成。“数据至上”“流量为王”“精准推送”“私人定制”成为 Web3.0 时代的最佳具象。“双层社会”中的每个人既是现实的,又是虚拟的。2016 年 4 月 19 日,习近平总书记在网络安全和信息化工作座谈会上指出:“网络空间是亿万民众共同的精神家园。”[③]数据显示,截至 2022 年 6 月,我国网民规模达 10.51 亿,互联网普及率达 74.4%,以信息服务为主的企业,包括搜索、社交、新闻资讯、游戏、音乐视频等互联网业务收入同比增长 8.5%,网络直播用户、网络新闻用户、短视频用户、即时通信用户的规模分别达到 7.16 亿、7.88 亿、9.62 亿、10.27 亿。[④] Web3.0 时代由智慧网络精准计算出用户的偏好,为用户进行智能筛选、精准匹配,提供个性化的“私人定制”。在人工智能、大数据、云计算、区块链等数字技术的驱动下,网络空间已成为智能型网络犯罪的乐园。资料显示,2017 年至 2021 年,信息网络犯罪案件呈逐年上升趋势,尤以 2021 年最为明显,全国法院一审审结的涉信息网络犯罪案件同比上升 104.56%。涉信息网络犯罪案件共涉及 282 个罪名,占《中华人民共和国刑法》所列 483 个罪名的 58.4%。其中,诈骗罪占比最高,为 36.53%,帮助信息网络犯罪活动罪(以下简称帮信罪)位居第二,占 23.76%。[⑤] 为打击治理此类犯罪,2015 年 11 月 1 日施行的《中华人民共和国刑法修正案(九)》[以下简称《刑法修正案(九)》]增设了第 286 条之一“拒不履行信息网络安全管理义务罪”、第 287 条之一“非法利用信息网络罪”、第 287 条之二“帮助信息网络犯罪活动罪”。值得一提的是,由于 Web1.0 时代、Web2.0 时代的网络对象性

---

① 《人工智能的崛起,可能是最好的事,也可能是最糟的事》,载网易订阅官网 2018 年 10 月 17 日,https://www.163.com/dy/article/DUB85L6E0522TBRU.html。

② 娄文手居:《第四产业:数据业的未来图景》,中信出版集团股份有限公司 2022 年版,第 1 页。

③ 习近平:《在网络安全和信息化工作座谈会上的讲话(2016 年 4 月 9 日)》,人民出版社 2016 年版,第 8 页。

④ 参见《第 50 次〈中国互联网络发展状况统计报告〉发布》,载中国政府网 2022 年 9 月 1 日,http://www.gov.cn/xinwen/2022-09/01/content_5707695.htm。

⑤ 参见《涉信息网络犯罪特点和趋势司法大数据专题报告发布》,载中国法院网 2022 年 8 月 1 日,https://www.chinacourt.org/article/detail/2022/08/id/6826831.shtml。

犯罪、网络工具性犯罪所侵害的法益均系计算机网络信息系统安全,即侵害的法益相同,且《中华人民共和国刑法》第 285 条、第 286 条的新增罪名也主要是针对危害计算机网络信息系统本身的不法行为而设立的,因此,非法获取计算机信息系统数据罪,非法侵入计算机信息系统罪,破坏计算机系统罪,提供侵入、非法控制计算机信息系统程序、工具罪,非法控制计算机信息系统罪等五种犯罪,可将其统称为"传统网络犯罪"。又由于智能性网络犯罪系信息网络普及下犯罪与网络交织共生的产物,且《刑法修正案(九)》增设的新罪名系针对危害计算机网络信息系统本身之外的不法行为(网络平台不作为、网络犯罪预备行为、帮助行为等)增设的专门罪名,因此,非法利用信息网络罪、拒不履行信息网络安全管理义务罪、帮助信息网络犯罪活动罪三种犯罪,可被统称为"新型网络犯罪"。

二、网络犯罪刑法规制趋向

现代社会是风险社会。"人类面临着威胁其生存的由社会所制造的风险。我们身处其中的社会充斥着组织化不负责任的态度,尤其是,风险的制造者以风险牺牲品为代价来保护自己的利益。"①全球时局的演进正在危险的边缘,晚近频发的网络诈骗、网络谣言、网络寻衅滋事等各种网络犯罪,就是鲜明的例证。"由于人工智能的巨大潜力,研究如何规避风险是非常重要的。"②网络社会风险丛生,传统刑法规范及制度供给不足,在应对网络犯罪时已显得"力不从心",预防刑法便应运而生。

(一)传统刑法规范应对网络犯罪的"窘迫"

当前,网络犯罪已成长壮大为复杂的生态犯罪系统。既有纯正网络犯罪、非纯正网络犯罪的纵横交织,又有传统网络犯罪、新型网络犯罪的协同共生,并呈现实行行为去中心化的倾向。在应对网络犯罪时,以实行行为为重心的传统刑法规范,陷入了困境。

其一,横向来看,网络犯罪链条分工细致,犯罪行为被横向切割为若干片段,尤其是在新型网络犯罪中,"出现了新的'微网络犯罪'形态,表现为'海量行为×微量损失'和'海量行为×低量损害'两种新行为样态",③由此,传统犯罪的单一性、整体性被打破,网络犯罪实行行为模糊不清、去中心化倾向明显。这就导致了在个案惩治中,很难对单个行为进行定罪量刑。另外,与传统犯罪"单兵作战"不同,网络犯罪以"协同作战"为常态。这也导致了在对个案中的某一环节加以刑法评价时,很难以传统犯罪中

① [德]乌尔里希·贝克:《风险社会》,何博闻译,译林出版社 2004 年版,第 36 页。

② 《人工智能的崛起,可能是最好的事,也可能是最糟的事》,载网易订阅官网 2018 年 10 月 17 日,https://www.163.com/dy/article/DUB85L6E0522TBRU.html。

③ 皮勇:《论新型网络犯罪立法及其适用》,载《中国社会科学》2018 年第 10 期。

的单一实行行为来评判。以网络黑色产业犯罪为例,该利益链条由物料供应、技术支持、推广引流、网络攻击、跑分平台、资金结算等一系列环节构成。就个案行为人在某一环节上的行为而言,其行为的量(数额、次数、人数等)或犯罪情节(危害性、危险性等)通常是"显著轻微,危害不大",最终导致"不认为是犯罪"。这就造成传统刑法规范难以对"化整为零"的单个行为予以刑事评价,并在事实层面上造成了网络犯罪分子借此逃避刑事责任的消极后果。

其二,纵向来看,在犯罪层级中,网络犯罪行为自上而下被切割成若干片段,某一片段上的单个危害行为危害量极低,但基于网络黑色产业"点对面"的行为模式,所有危害行为累加计算后的数量却是海量的,远远超过传统犯罪中多次抢劫、多次盗窃等类型的累积犯,给打击治理带来极大困难。以分布式阻断服务(Distribute Denial of Service,DDOS)攻击黑色产业链为例,现已纵向层级化为"发单人"(黑客软件开发者)、"攻击手"(接到发单人指令并执行攻击者)、"肉鸡商"(买卖被侵入计算机系统权限者)、"出量人"(拥有服务器控制权限和网络流量者)、"担保商"(负责买卖双方的资金中转并提供信用担保,从中赚取佣金者)、"接发单平台"等不同角色。各类从业者分工精细,使细若游丝的"微网络犯罪"行为很难定量。又因各行为人互不相识,主观犯意联络松散,故也难以在个案中认定行为人相互之间有"犯意联络"。此外,犯罪纵向进程被精细切割后,各个犯罪环节被螺旋式环切开来,这将会打破传统犯罪中事前之预备行为、事中之实行行为、事后之转移行为之间的界限。"无行为即无犯罪"。行为界限的模糊不清,也会导致难以以传统刑法规范来规制。

综上所述,传统刑法规范与制度的供给不足必然导致司法适用上的碎片化,故其在应对网络犯罪时已"力有不逮"。究其根源在于,传统刑法规范是以"实行行为"为考察重心、以对个人法益侵害的结果无价值(重结果)为评判导向的。网络犯罪的实行行为去中心化趋向明显,对公共法益侵害的危险增加,势必导致传统刑法规范难以应对新型网络犯罪带来的实行行为弱化、法益保护抽象化的现实。这就迫切需要刑事立法及时调整与转向,以适度前置刑事预防防线、扩大刑法犯罪圈、提升刑罚配置力度、重点整治网络犯罪黑色产业链"打早打小"等为特征的预防性刑法便应运而生,并引领着网络刑法的基本走向。

(二)网络犯罪刑法规制趋向:预防刑法

刑法是社会的一面镜子,敏感地反映着社会变化,并适时作出应有的调整。网络信息科技驱动下社会风险的增加及网络犯罪的蔓延,上升为民众的法律诉求,促使立法者通过预防性立法冲抵风险,以积极的姿态回应社会关切。"危险刑法不再耐心等待社会损害结果的出现,而是着重在行为的非价判断上,以制裁手段恫吓、威慑带有社会风险的行为。”[①]为周延风险社会中刑法保护的法益及规范供给的不足，积极的一般预防刑法便跃入立法者的视野。积极的一般预防刑法理论认为刑法不应消极地回应社会，应当具有前瞻性，通过对行为人实施刑罚确证规范的存在，以强化国民的规范意识，达到预防犯罪的效果。[②] 刑法体系是以刑法的任务和目标作为指导的体系，这里的需求导向显然不是单调古板的事后报应功能，而是具有目的性、功能性、预防性的法益保护功能。[③] 积极的预防刑法观的核心理念在于：刑法作为最严厉、最强势的法律，在干预风险方面具有独特优势，理应提前介入对社会风险的治理。积极的预防刑法观的这一核心理念反映在刑事司法政策上就是：刑事立法应当扩张刑法的适用范围、提升刑罚处罚配置，形成预防性与扩张性相结合的更积极开放的预防性刑法规范，以防范社会失范行为，进而实现维护社会秩序安全与稳定的目的。预防性刑法立法活动在近年来刑法修正的过程中相继有序展开，以积极预防为导向的刑法理念正在发展。[④] 在此理念下，网络刑法法益保护的重心由重在保护“个人法益”（个人自由和权利）转向重在保护“公共法益”（网络安全与秩序），处罚对象由重在处罚“实害犯”转向重在处罚“危险犯”，司法判断逻辑由重结果（结果无价值）转向重行为（行为无价值），刑事处罚防线由“事后可罚”（事后回应）转向“事前可罚”（先行防范）。由此，在预防性刑法立法的语境中，“抽象危险犯”格外吸引着立法者的眼球，并逐渐成为预防刑法的核心。“抽象危险犯的规范特征是，危险不是该犯罪构成的要件，而是该行为可罚的实质违法的根据。它的成立并不要求行为对法益侵害的危险具体地达到现实化的程度。”[⑤]社会治理的本质是法治治理。面对风险丛生的网络犯罪，网络刑法的工具化治理机能被极大激活，刑事立法“活性化”、刑罚处罚“重刑化”倾向凸显，并主要表现为网络刑法刑事防线前移、刑法圈扩大、入罪门槛降低，增设新罪、传统犯罪扩容，类推解释、象征性立法、抽象危险犯的增加，提升刑罚配置等。由此，刑法的社会治理功能、事先风险防范功能大增。刑法不是镇压的手段，而是控制社会的技术，是作为规制社会的手段而存在的，其具有调节个人之间利益手段的特性。[⑥] 当前，预备行为、帮助行为独立入罪，将

---

① 林东茂：《危险犯与经济刑法》，台北，五南图书出版股份有限公司1999年版。

② 参见［日］西田典之：《日本刑法总论》，刘明祥、王昭武译，中国人民大学出版社2007版，第12页。

③ 参见［德］克劳斯·罗可辛：《刑事政策与刑法体系》（第2版），蔡桂生译，中国人民大学出版社2011年版，第92页。

④ 参见刘艳红：《积极预防性刑法观的中国实践发展——以〈刑法修正案（十一）〉为视角的分析》，载《比较法研究》2021年第1期。

⑤ 王雯汀：《风险社会下危险犯的理论境域》，中国法制出版社2019年版，第96页。

⑥ 参见［日］平野龙一：《刑法的基础》，黎宏译，中国政法大学出版社2016年版，第95页。

危险行为或违反义务的行为作为行政犯予以规制,正是预防刑法社会治理功能大增的标志。可以预见的是,基于网络犯罪风险长期存在且“变化多端”的特点,预防刑法仍是未来相当长时期内网络刑法发展的实质走向,并将深刻影响法益保护原则、罪刑法定原则、责任主义原则的多元流变。

三、网络犯罪刑法规制路径优化

网络风险防范系全球性问题,预防性刑事立法也已成为全球性趋势。以美国、德国、日本为例,美国刑法将侵入、破坏计算机,非法提供网络犯罪工具、程序,网络诈骗、侵犯通信等行为独立入罪,且多数属于“微网络犯罪”的“积量犯”,“积量构罪”立法的正当性已成为美国刑法的现实。德国《刑法典》第41修正案对网络犯罪的刑事处罚“重罪重罚、轻罪轻缓”,刑罚配置幅度具体明确,操作性、针对性强。日本刑法不断增设新罪,极大激发了刑事立法的活性。我国网络犯罪立法“不应受限于延伸适用传统犯罪立法的教义学理论框架,应当顺应社会信息化发展趋势,实事求是地设立必要的新网络犯罪,并与传统犯罪立法的合理扩张解释适用相互协调,对网络犯罪进行全面规制”。① 我国网络刑法立法要针对网络犯罪的态势、特点,应随机应变、及时调整,走预防性治理之路。网络犯罪刑事规制立法的着力点包括但不限于适度扩大犯罪圈、刑事预防防线前置、重点打击网络犯罪黑色利益链、强化网络平台责任等,现仅就科技赋能刑法、刑事立法体系化、刑事处罚的均衡性、刑事规范的明确性等问题展开探讨。

(一)树立“打准打实”的技术思维

在网络犯罪中,科学技术既是第一破坏力,又是第一战斗力。科学技术的负面效应催化了网络犯罪的滋生蔓延,但科学技术的反制又是阻击网络犯罪的关键。网络风险的控制其实是一个技术性问题,网络监管技术的提升才是扼杀网络风险的实质有效办法。② 在遏制网络犯罪的过程中,应树立“科技支撑”“技术对技术”“技术反制”“因技而变”的理念,彰显刑事技术规制的优势。例如,国家反诈中心App集身份验证、反诈预警、风险预警、App自查等核心功能于一体,功能极其强大。资料显示,2021年4月至2022年4月,国家反诈中心加大技术反制力度,成功封堵涉诈域名网址210.6万个,成功拦截诈骗短信21.4亿条、电话19.5亿次,紧急止付涉诈资金3291亿元,研判预警线索4170万条,推送全国预警指令4067万条,成功避免6178万名群众受骗。科

---

① 皮勇:《中美网络犯罪立法比较及给我国的借鉴》,载《社会科学辑刊》2021第5期。

② 参见陈庆安:《〈刑法修正案(十一)〉的回应性特征与系统性反思》,载《政治与法律》2022年第8期。

技赋能刑法不仅涉及实体规范,也应把程序规范纳入技术射程之内。网络犯罪刑事诉讼程序规则必须考虑技术特性,尤其是在司法管辖、跨地取证、电子证据的审查判断、国际司法协助等方面,更应注重技术与法律相互支撑、良性互动、深度融合,进而实现刑事技术规制网络犯罪的目的。例如,上海刑事案件智能辅助办案系统全面覆盖了证据标准、证据规则、证据校验、立案标准、现场勘查、审查逮捕、审查起诉、辅助庭审、类案推送、法律文书自动生成等多个关键环节,并建立了公检法统一网络运行平台,实现了整个刑事诉讼活动全程可控、全程可视、全程可留痕,减少了司法任意性。信息显示,自 2019 年 1 月至 2021 年 11 月,上海公安机关累计录入案件 123,894 件、检察院受理公诉案件 69,791 件、法院受理案件 59,661 件,累计提供证据指引 179,589 次,录入证据材料 43,883,431 页,提示证据瑕疵 24,679 个。① "代码即法律。"科技支撑、技术反制弥补了国家权力应对网络犯罪的局限性,克服了网络刑法制度相对于网络犯罪技术变革的严重滞后性,彰显了技术赋能刑法的强大生命力,也代表着未来网络刑法发展的方向。对于网络失范行为、犯罪行为的预防而言,"科技支撑"的刑法价值在于为从"打早打小"的思维向"打准打实"的技术思维转变提供基础。②

(二)注重网络刑事立法体系化完整性构建

当前,刑事立法频繁增设关于抽象危险犯和处罚早期化的刑事规范,"兵分多路""分而治之",成为我国网络刑法立法的鲜明特色。这主要表现为两点:其一,在立法思路上,适度前移网络犯罪的刑事防线,适度扩大网络犯罪圈,使帮助行为正犯化、预备行为实行化,将网络平台不作为入罪;其二,在立法技术上,增设新罪名、扩容传统犯罪、降低入罪门槛、法律解释扩张、提升刑罚配置等。这必然导致网络刑法立法具有多元化、分散性、碎片化等特点。回顾我国网络刑法发展历程,不难发现,网络刑事规范的发展实质上就是应对网络刑法适用碎片化的过程。例如,从 1997 年《中华人民共和国刑法》修订至今,刑事立法先后通过了《全国人民代表大会常务委员会关于维护互联网安全的决定》(2000 年 12 月 28 日通过,2011 年 1 月 8 日修订)、11 个刑法修正案和 13 个刑事法律司法解释,《中华人民共和国刑法》中增设的八个纯正网络犯罪的新罪名分别散见于 1997 年《中华人民共和国刑法》、《刑法修正案(七)》、《刑法修正案(九)》之中。此外,电信网络诈骗犯罪的司法解释呈现"政出多门""多头并举"之势:最高人民法院、最高人民检察院《关于办理诈骗刑事案件具体应用法律若干问题的解

① 参见《上海刑事案件智能辅助办案系统》,载中国通信工业协会平台经济创新专委会官网 2022 年 7 月 3 日,http://www.cciaitic.org.cn/index.php? m = content&c = index&a = show&catid = 8&id = 967。

② 参见刘艳红:《网络时代社会治理的消极刑法观之提倡》,载《清华法学》2022 年第 2 期。

释》,最高人民法院刑事审判第三庭、最高人民检察院第四检察厅、公安部刑事侦查局《关于“断卡”行动中有关法律适用问题的会议纪要》等。由此可见,我国网络刑事立法呈现“头疼医头,脚疼医脚”、分散化、碎片化的现实,这也映射出当前我国网络刑法在整体上不够体系化。

面对网络刑法“多元并举”、分散化、碎片化的现实,我国网络刑法更应注重系统整合现有的网络犯罪规范,完善网络刑法立法体系,以便发挥刑事规制的整体合力。目前的网络刑事立法将网络犯罪列为《中华人民共和国刑法》分则第6章“妨害社会管理秩序罪”中的第1节“扰乱公共秩序罪”。这反映了立法者对网络犯罪所侵害的法益仍局限于对“社会秩序”“公共秩序”的抽象保护,而忽视了网络犯罪固有的、天然的“去秩序化”的特性。网络犯罪体现出复杂而多元的法益属性,兼具公共性、秩序性与个体性的多重特征,将其置于《中华人民共和国刑法》第6章第1节之下并不恰当。[①] 另外,从网络刑法所保护的法益的差别性视角来看,网络犯罪可分为非纯正网络犯罪和纯正网络犯罪两大类。纯正网络犯罪侵犯的是同类法益,即破坏计算机信息系统、非法侵入计算机信息系统、危害信息网络系统和数据安全,包括《中华人民共和国刑法》分则中规定的八种犯罪,即非法获取计算机信息系统数据罪,提供侵入、非法控制计算机信息系统程序、工具罪,拒不履行信息网络安全管理义务罪,非法控制计算机信息系统罪,帮助信息网络犯罪活动罪,非法利用信息网络罪。非纯正网络犯罪则是传统犯罪在网络上的延伸,即网络利用型犯罪,其外延几乎囊括《中华人民共和国刑法》分则中所有罪名(不含亲手犯),其侵犯的法益也是不同类且多元的。由于这种法益保护上的差别,对纯正网络犯罪设置专章,不仅是必要的,而且是有益的,有利于理顺此类犯罪与其他犯罪之间的关系。鉴于此,建议考虑在《中华人民共和国刑法》中,独立设置“危害信息网络系统、数据安全罪”专章,将侵犯网络数据安全这一相同类型法益的纯正网络犯罪另行整合为专门一章。值得一提的是,由于纯正网络犯罪与其他犯罪可能存在竞合现象,故在设置专章的同时,还需在此专章中设置专条规定:“危害信息网络和数据安全,同时又构成其他犯罪的,依照处罚较重的规定定罪处罚。”从长远来看,在《中华人民共和国刑法》中设置专章规制网络犯罪可以最大限度地克服网络刑事立法中法益杂糅的弊端,还可以契合“宽严相济”的刑事政策要求,更可以避免遭受学界对网络刑法的情绪性立法、法益抽象化、司法解释权代替了立法权的频频指责。概言之,设置专章规制网络犯罪是利大于弊的,有利于维护刑事立法体系结构的妥当性、稳定性,也契合将网络犯罪类型化、定型化的刑事立法内在要求。

---

① 参见王华伟:《我国网络犯罪立法的体系性评价与反思》,载《法学杂志》2019年第10期。

（三）重视网络刑事立法的罪刑均衡和刑事规范的明确性

现行网络刑法规范存在罪名繁复、罪状不明、界限模糊、刑罚配置不均衡等问题，刑事立法应注重立法的罪刑均衡、明确性和包容性。例如，对于《刑法修正案（九）》所涉帮助信息网络犯罪活动罪、非法利用信息网络罪、非法获取计算机信息系统数据罪等新型网络犯罪，在现行刑事立法中刑罚轻缓化的特征过于突出，增设的法定起点刑幅度过低，通常模式为："情节严重的，处三年以下有期徒刑或者拘役，并处或者单处罚金。"这并不利于打击日益猖獗且危害性极大的网络犯罪。究其原因，还是受传统刑事立法思维的影响，未能洞察新型网络犯罪具有的去中心化的特点，未能周全考虑网络犯罪的预备行为、帮助行为对刑法所保护的法益的侵害程度及其所获的不法利益，已经明显超过了实行行为。为此，应当破除实行行为中心论，对侵害法益更大、社会危害性更强、风险性更高的网络犯罪行为，予以强有力的遏制和打击，尽可能做到"罚当其罪""罪责刑相适用"。故建议在以后的网络犯罪立法修正中，秉承罪刑均衡理念，提升刑罚配置水平，增设一档法定刑，在兜底条款的基础上提升规制力度。刑事法律规范的明确性是刑法的生命。刑法规范必须清晰明了，不只是因为刑事诉讼所涉及的"赌注"很高，还是因为——而且主要是因为——在所有的部门法中，刑法最明显而且最直接地涉及塑造和约束人们的行为。[①] 但是，在网络犯罪刑事立法中，刑事规范相互矛盾、语焉不详、模糊不清、界限不明等弊端频现，并屡屡受到法学界批评。

例如，《刑法修正案（九）》增设帮助信息网络犯罪活动罪，由此将共同犯罪中的"帮助行为"独立出来，增设为单独的罪名。但是最高人民法院、最高人民检察院《关于办理诈骗刑事案件具体应用法律若干问题的解释》第 7 条规定，对于明知他人实施电信诈骗并为他人提供帮助的行为以共同犯罪论处。这就造成了刑事规范之间在法律适用方面的相互矛盾。帮助行为犯究竟是共同犯罪（片面共犯）还是帮助行为正犯化、帮助行为究竟是按照共同犯罪处理还是按照"帮信罪"单独处理，就成了困扰司法适用的"老大难"问题。另外，如何理解"帮信罪"中的"明知"，也成为司法实务中的歧义颇多的疑难问题，并由此导致了司法适用的"两极分化"。第一，此罪出台后的相当长时间里，司法裁判中极少使用此罪，该法条甚至沦为"僵尸"条款。原因在于，"帮信罪"中的"明知"很容易被理解为"确切知道""具体知道"，即帮助行为入罪必须以被帮助人成立犯罪为前提，这就造成了司法侦查取证及司法裁判上的困难，以至于此罪在出台后的相当长时间里呈现"休眠"状态。第二，近几年此罪的适用呈现"井喷"之势。

---

① 参见［美］富勒：《法律的道德性》，郑戈译，商务印书馆 2005 年版，第 71 页。

2019年11月1日,最高人民法院、最高人民检察院《关于办理非法利用信息网络、帮助信息网络犯罪活动等刑事案件适用法律若干问题的解释》对“帮信罪”中的“明知”采取了以客观推定主观的类推解释,并设置了堵截性条款。还规定了在“确因客观条件限制”的例外情形下,即使无法查证被帮助对象是否达到犯罪的程度,只要相关数额达到规定标准,或者造成特别严重后果的,对帮助行为亦可以“帮信罪”论处,这就极大激活了此罪的使用。司法适用中将此罪的“明知”扩张理解为“可能知道”“知道可能”“大概知道”“大体知道”“相对具体知道”等,致使“帮信罪”被频频使用并有泛化为“口袋罪”趋势。资料显示,2017年至2021年,在全国法院审结的涉信息网络犯罪案件中,“帮信罪”占比为23.67%,仅次于诈骗罪,位居第二。其中“帮信罪”占比激增,2020年同比激增34倍,2021年同比再增17倍。涉信息网络犯罪案件共涉及66万余名被告人。2021年“帮信罪”被告人占比约九成。① 基于对此罪使用过激、过多的担忧,2022年3月22日,最高人民法院刑事审判第三庭、最高人民检察院第四检察厅、公安部刑事侦查局《关于“断卡”行动中有关法律适用问题的会议纪要》将“帮信罪”的“明知”限缩解释为:认定行为人是否“明知”他人利用信息网络实施犯罪,应当坚持主客观相一致原则。并以客观推定主观的类推解释方法列举了“明知”的客观情形,还设置了兜底性条款,但仍旧未能明显改变司法实务中“单纯主观归罪”或“单纯客观归罪”的现实情况。司法实践中常常遇到罪名界限不清、法条竞合、交叉重合等问题。例如,如何把握“帮信罪”与非法利用信息网络罪之间的区别,如何区分非法控制计算机信息系统罪、破坏计算机信息系统罪、非法获取计算机信息系统数据罪之间的界限等。这也是司法适用中的问题,以至于最高人民法院、最高人民检察院、公安部至今仍需不断地出台意见、解释、纪要来“纠偏”。

“这些观念不是以‘限制刑罚权’而是以‘扩张刑罚权’为目标,因而在适用具有兜底条款、语义模糊的条文时就难免以突破法律规定为代价,天然存在着背离罪刑法定主义的法治风险。”②鉴于此,刑事立法中应充分重视刑法规范的明确性,更注重简化繁复的法条竞合、激活闲置的“休眠”罪名、厘清罪名之间的界限、适时设置一些包容性较强、有一定韧性和张力的罪刑规范、细化罪状,以体现刑事规范的具体性、明确性和指向性。这关系罪与非罪、此罪与彼罪、罪刑是否相适应等问题,关系罪刑法定原则的底线。

---

① 参见《涉信息网络犯罪特点和趋势司法大数据专题报告发布》,载中国法院网,https://www.chinacourt.org/article/detail/2022/08/id/6826831.shtml。

② 刘艳红:《实质出罪论》,中国人民大学出版社2020年版,第18～20页。

四、网络犯罪刑法规制反思

基于网络犯罪的高危险性、高致害性，社会公众基于对国家制度的信赖而产生法律诉求。刑法是遏制网络犯罪的第一抓手，积极的一般预防刑法观由此而生。“较之以保守和谦抑性为特征的传统刑法，预防刑法可以向国民更有力地展示刑法的担保仪式，满足国民对安全的渴望，亦可以向国民展示国家对民众负责的姿态，从而赢得国民对国家的支持。而一旦国民对安全的现实需求汇聚成刑事政策压力，并最终通过目的的管道传递至刑法体系内部，则难免驱使刑法体系向预防目的的方向一路狂奔。”①在此背景下，以罪刑法定为“帝王原则”的传统刑法的谦抑图像便发生了结构性转向，积极的一般预防刑法应运而生，并备受立法者、司法者的追捧和青睐。“预防刑法以及由此催生的刑罚积极预防机能的空前强化，展示了现代刑法正在经历规范结构和机能上的综合调整。”②

积极刑法的边界、限度与消极刑法的嵌入、补强

如今，消极刑法观已让位于积极刑法观，于是积极主义刑法的面孔便屡屡呈现。这在网络立法上主要表现为刑事立法上的不断增设新罪、扩容传统犯罪、扩张犯罪圈、降低犯罪门槛、前移刑事防线、抽象危险犯可罚、预备行为实行化、帮助行为正犯化、民事行政行为入罪、司法解释扩张、刑罚配置重刑化等。积极刑法（风险刑法、预防刑法、安全刑法、功能刑法）似乎已站在社会治理的中心，异化为社会管理法。“刑法中越来越多的罪名呈现‘口袋化’趋势……刑法越来越身先士卒，在民事、行政法律对行为进行违法性评价前，即率先完成对违法行为的打击，充当了社会管理法的角色。”③刑法之消极的事后保障法的定位，已逐渐弱化。这实质上仍旧是传统刑事立法“国家中心主义模式”在网络犯罪立法领域中的延续。如果过度依赖刑法的严厉性、惩罚性模式就会导致对个人权利的侵犯和对公权力的纵容，这不但违背刑法“限制公权力、保障私权利”的宗旨，而且也是对刑法罪刑法定、刑罚比例等基本原则的违反，更有违背宪法规定的“尊重和保障人权”之嫌。司法运行的实质是国家权力的运作，而扩张性系国家权力天然的、固有的内在属性。刑事立法的重刑化、犯罪化趋势的扩张，势必引起刑事司法的扩张。此外，从司法效果上来看，刑法的过于积极，也必然会造成网络犯罪治理的短效化，并在某种程度上，反而助推网络犯罪“越打越变异”“越变异越多”。究其根源，

---

① 何荣功：《预防刑法的扩张及其限度》，载《法学研究》2017 年第 4 期。

② 劳东燕：《风险社会中的刑法：社会转型与刑法理论的变迁》，北京大学出版社 2015 年版，第 33 页。

③ 陈庆安：《〈刑法修正案（十一）〉的回应性特征与系统性反思》，载《政治与法律》2022 年第 8 期。

刑事立法权与刑事司法权不再是“相互制约”“相互制衡”,而是转向了“携手并进”“同向扩张”,这必然导致刑法扩张的无底线。“刑事重刑化与犯罪化的立法修订不仅难以起到规范权力边界的作用,反而会刺激司法权的扩张”,“刑事立法与刑事司法的双向扩张使得刑法的扩张有失控的危险。刑事立法对犯罪圈的扩张,为刑事司法的二次扩张提供了正当性,而刑事司法的二次扩张又使得更多新的行为被纳入刑法圈,在刑法缺乏明确规定的前提下,新行为带来的新问题再次激发刑事立法的冲动,由此形成了刑法扩张的实践逻辑。”

刑法的积极主义应有限度,亦应划定刑法介入社会治理的边界。为此,消极刑法观的嵌入与补强,应为必然,也系必要。网络犯罪整体上采用积极刑法观而推进犯罪的预防,并不排斥其在具体构成要件解释上吸收消极刑法观的有益思想,在预防性网络犯罪中合理嵌入消极刑法观,有助于划定刑法介入网络治理的合法性边界。[①] 传统古典刑法,将刑法看作前置法的最后保障法,即刑法是抵制社会不法行为的最后一道防线。“刑法在根本上与其说是一种特别法,还不如说是其他一切法律的制裁力量。”[②]刑法的最后保障就在于“限制国家刑罚权的肆意妄为”,即对刑法介入社会生活进行后置式控制,以避免刑法的过早、过度介入导致对公民权利和自由的“刚性”侵犯,以免造成不必要、不正当、不均衡的损害。中国古代刑法中的“钦哉,钦哉,惟刑之恤哉!惟刑之恤哉!”[③]所映射出的朴素的“恤刑”思想,也许是对近现代以来传统古典刑法理念的较好注解。传统古典刑法所展现出的刑法谦抑性、罪刑法定、刑罚比例、人权保障等人性化的光辉(消极刑法观),已内化为人们的信仰和追求,更成为刑法获得持久生命力的源泉。但是,积极刑法却主张刑法率先“冲锋陷阵”,不断增设新罪名、扩大犯罪圈、刑罚重刑化、密织刑法网。如此加速下去,则会使刑法与“保障公民自由、权利”的功能渐行渐远,也会与“国家尊重和保障人权”的宪法原则“貌合神离”。刑事法治的核心要义应是规制国家刑罚公权力对个人私权利的侵犯,倡导“良法善治”。“当刑法一再膨胀,工具主义被发挥到极致的情况下,也是公民自由被限制到最狭小范围之时,如此,则国家同样要在‘维权’即维护公民人权和自由与‘维稳’即维护社会安全和稳定之间做出取舍。”[④]由此,当代刑法更应秉承其谦抑性,谨守“罪刑法定”“疑罪从无”“禁止类

---

① 参见夏伟:《网络时代刑法理念转型:从积极预防走向消极预防》,载《比较法研究》2022年第2期。

② [法]卢梭:《社会契约论》,李平沤译,商务印书馆2017年版,第147页。

③ 《中国古代恤刑思想的渊源》,载黑龙江省林甸县法院网2018年9月19日,http://dqld.hljcourt.gov.cn/public/detail.php?id=10194。

④ 刘艳红:《象征性立法对刑法功能的损害——二十年来中国刑事立法总评》,载《政治与法律》2017年第3期。

推”“罪刑均衡”等刑法的基本原则,在积极刑法中适度、适时嵌入消极刑法理念。“网络空间刑事治理应提倡以尊重网络时代的契约规则和技术规则为前提,以激活多元化刑罚替代性措施为手段,在刑法干预上注入比例原则和法益保护辅助性的消极刑法观。”①刑法的谦抑性,是指在未充分适用道德、舆论、民事措施、行政措施等解决问题之前,刑法不应轻易介入。另外,刑罚本身就是一种“可容许的恶”,刑罚本质上是由国家以政治权威、国家暴力为后盾,对公民发起的罪刑惩罚,故刑法适用稍有不慎,就会给个人权益带来极大的伤害。消极刑法谨守刑法的谦抑性,以保障公民权益为核心。故消极刑法的嵌入与补强,有助于为积极刑法设定限度和边界,以保障网络刑法沿着持续、健康、积极、向上的方向稳健前行。

五、结语

网络刑法的变革系网络技术驱动下社会矛盾变迁的产物。面对网络技术迭代更新和网络犯罪快速变异的态势,网络刑事立法“因时而变”“因技而变”,日显必要。由此,具体考察网络犯罪演进的时代环境并予以类型化,有利于提高打击此类犯罪的针对性和可操作性,有利于为网络立法提供富有实战意义的新参考。虽然,网络犯罪立法应考虑的因素是多方面的,但推动技术与刑法的深度融合,“技术对技术”“技术赋能”“技术反制”,应系刑事立法的关键考量。另外值得关注的是,在刑事立法犯罪化、重刑化扩张的背景下,未来的网络刑法修订应直面当今立法碎片化的现实,更加注重刑法条文的体系性、科学性及刑事规范的明确性、罪刑均衡性。“刑法的发展历程告诉我们,相较于刑法权力的不断扩张,更能在历史的长河中留下浓墨重彩一笔的恰恰是权力对自身的限制,这也是罪刑法定原则为后世所赞扬、敬仰的根本原因。”②积极的一般预防刑法观虽然迎合了“严打严控”网络犯罪的政策要求,彰显了刑法的“刚性”姿态,但也带来了犯罪圈扩大、打击面过大、刑罚过重、人权萎缩等消极后果。以“尊重和保障人权”“限制公权力”“保障私权利”为核心价值的消极刑法观的嵌入、补强,尤显必要。“徒法不足以自行。”概言之,对网络刑事规制的回顾与反思,既有助于解决风险社会对网络安全秩序的保护,又有益于防止国家刑罚权的扩张,这对促进“法治中国”建设,“尊重和保障人权”,有所裨益。

---

① 刘艳红:《网络时代社会治理的消极刑法观之提倡》,载《清华法学》2022年第2期。

② 陈庆安:《〈刑法修正案(十一)〉的回应性特征与系统性反思》,载《政治与法律》2022年第8期。

刑事司法领域人脸识别技术的法律治理*

刘文琦**

摘　要：人脸识别技术已深度嵌入刑事司法，存在人脸确认、身份识别和动态比对三种应用情形，有益于犯罪预防与惩治。但人脸识别技术也为刑事司法带来稀释专属性、弱化权威性、规避法律的权力风险与干预人身自由权、平等权、隐私权的权利风险。近年来，美国、英国、欧盟等国家和地区对刑事司法领域人脸识别技术的法律治理进行改革，探索出以人脸识别技术的比例原则规制为治理逻辑、以人脸识别技术的外部监督强化为治理方式、以人脸识别技术的下游处理阶段为治理节点的法律治理路径。我国人脸识别技术在刑事司法中的应用被默认为具有天然正当性，人脸数据的收集、比对、使用、存储、删除等程序在适用规范性方面需进一步完善。优化我国刑事司法领域人脸识别技术的法律治理，可以比例原则为指导建构程序规制框架，对人脸识别技术的全流程构建外部监管机制，增加人脸分析、比对等下游环节的规范制度供给。

关键词：人脸识别技术；人工智能；权利风险；权力风险；治理逻辑

一、问题缘起：人脸识别技术在刑事司法中的广泛应用

人脸识别技术（Facial Recognition Technology, FRT）是一种利用摄像头采集的图像对人脸进行分析以达识别目的的技术，①包括人脸采集、图像检测、人脸表征、人脸比对与识别四个流程。根据被识别对象，人脸识别技术可以分为静态识别与动态比对两种技术模式，具有非接触性、隐蔽性、高效性及智能性的特征。伴随云计算、人工智能、

---

* 2022年度司法部法治建设与法学理论研究部级科研项目“侦查程序中调取个人信息的法律规制”（22SFB5031）。

** 北京大学法学院诉讼法专业博士研究生。

① See Cameron Martin, *Facial Recognition in Law Enforcement*, Seattle Journal for Social Justice, Vol. 19:1, p. 309 – 346 (2020).

大数据等技术的飞速发展，人脸识别技术已深度嵌入犯罪治理活动，在犯罪预防、犯罪侦查、罪犯追逃等领域起到重要作用，得到执法人员的广泛应用，具有节约人力成本、高效迅速的优势，极大提升了社会治理水平。

基于此，人脸识别技术在刑事司法领域得到广泛应用。美国基本构建起“联邦—各州、政府—企业”的人脸识别技术多元互动格局，美国联邦调查局（Federal Bureau of Investigation, FBI）运作的下一代身份识别—州际照片系统（Next Generation Identification-Interstate Photo System, NGI-IPS）系统，汇集了来自刑事、民事数据库的数百万张人脸照片，供警方在执法过程中自动搜索。① 英国伦敦警方利用人脸识别技术处理来自公共空间部署的监控探头、社交媒体和其他来源的人脸信息，以追踪犯罪嫌疑人。② 印度政府创建人脸自动识别系统，将公共视频监控、公开人脸数据与人脸识别技术结合，用于逮捕“可疑人员”“惯性抗议者”“骚乱分子”。③ 日本在主要车站安装具有人脸识别功能与异常行为分析技术的监控探头，并结合刑满释放人员相关数据，实时提示预警可疑行为人员动向。④ 随着“平安城市”“天网工程”“雪亮工程”的建设与完成，我国已基本构建起“全城覆盖、全网共享、全时可用、全程可控”的公共安全视频监控体系。依托于高清视频监控系统网络，人脸识别技术在我国亦得到广泛应用。如潜逃1380天的犯罪嫌疑人吴某宇因人脸识别系统报警在重庆江北机场落网；逃亡20余年的命案凶手劳某枝因“人像大数据”系统被厦门警方抓捕；警方依靠人脸识别系统在“逃犯克星”张学友的演唱会上抓捕多名犯罪嫌疑人或在逃人员。依据人脸识别的技术模式，刑事司法中的人脸识别技术可以进一步细分为静态识别和动态比对。前者包括1：1人脸确认与1：N身份识别，后者为N：N动态比对。所谓1：1人脸确认，是指判断未知身份的人脸同已知身份的人脸图像是否同一，常用于犯罪嫌疑人、被害人的身份的同一性确认场景。而1：N身份识别，是指对未知身份人员的人脸图像与数据库中的海量人脸进行比对，以识别出相似度较高的一人或几人，主要用于锁定嫌疑对象身份。至于N：N动态比对则是借助公共空间的大规模监控探头，对特定人群的

---

① See Laura K. Donohue, *Technological Leap, Statutory Gap, and Constitutional Abyss: Remote Biometric Identification Comes of Age*, Minnesota Law Review, Vol. 97:2, p. 407 – 559 (2012).

② See Samuel Woodhams, *London is Buying Heaps of Facial Recognition Tech*, Wired (Sept. 27, 2021), https://www.wired.com/story/met-police-facial-recognition-new/.

③ See Sangeeta Mahapatra, *Digital Surveillance and the Threat to Civil Liberties in India*, The GIGA Focus, Vol. 2021:3, p. 4 (2021).

④ 参见张滢文、王彩玉、王明一：《日本人工智能预测性警务发展脉络》，载《现代世界警察》2023年第10期。

监测、分析及多维建模,通常被用于搜寻、筛选、定位犯罪嫌疑人、逃犯等场景。

但风险隐患与技术安全问题是人脸识别技术广泛应用的寄生伴影,技术强大赋能效应的背后是法律风险的滋生和蔓延。近年来,域外法治国家和地区对刑事司法领域人脸识别技术的应用予以高度警惕。例如,2024年3月13日欧盟议会通过的具有里程碑意义的《人工智能法》(Artificial Intelligence Act),①对执法机构应用实时人脸识别系统提出了严格保障措施部署和事先获得审批授权的要求。美国2019年至2023年提出了《人脸分析、比较和评估保护法草案》《人脸识别技术授权法》等多部联邦和州层面的立法或法律草案,在适用目的、适用场景、实施条件、审批程序上规范刑事司法领域的人脸识别技术的应用。甚至以旧金山市、萨默维尔市为代表的部分城市还颁布了人脸识别禁令,禁止警察局等政府部门使用人脸识别软件。

我国对于刑事司法领域应用人脸识别技术的法律风险的关注尚不明显。就规范层面而言,以惩治犯罪、维护公共安全为目的的刑事司法领域处于人脸识别法律规制体系的空白地带,技术应用被默认为具有天然的正当性。如《中华人民共和国个人信息保护法》(以下简称《个人信息保护法》)第26条直接概括赋予了以维护公共安全为目的在公共场所安装个人身份识别设备的权限。在理论研究层面,现有研究成果多集中在人脸识别技术如何助力犯罪预防、犯罪侦查、追踪追逃等功能性作用,②或为单纯地比较考察③或停留于人脸识别证据的审查判断层面,④人脸识别技术在刑事司法领域应用的法律风险与法律治理的通盘审视尚待完善。

二、治理基础:人脸识别技术深度嵌入刑事司法的法律风险

诚然,人脸识别技术对核查身份同一性、追踪追捕、侦破案件具有重要效用。但人脸识别技术是把“双刃剑”,即使以技术中立为理由辩护,也难以忽略其本身作用并对

---

①　2024年3月13日,以“523票赞成、46票反对、49票弃权”为标志,欧盟议会通过了《人工智能法》。该法案旨在保护人们的基本权利、民主、法治和环境可持续发展免受高风险人工智能的影响,同时促进创新,以将欧洲“打造成为该领域的领导者”。

②　参见王彬:《人脸识别技术的侦查应用分析》,载《江西警察学院学报》2021年第3期;王小光:《人脸识别技术应用于侦查情报分析的偏差控制》,载《情报杂志》2023年第4期;栾润生、刘国防、王超强:《动态人脸识别在侦查工作中的应用》,载《中国刑警学院学报》2019年第5期。

③　参见高荣林:《美国警方使用面部识别技术与公民隐私保护问题》,载《重庆邮电大学学报(社会科学版)》2018年第6期。

④　参见赵敏:《刑事诉讼中人脸识别证据的理论界定与规则构建》,载《财经法学》2022年第2期;李胥:《论刑事侦查人脸识别结果的证据化运用》,载《证据科学》2023年第5期。

现实社会的塑造,[①]尤其是在刑事司法领域,人脸识别技术广泛应用的法律风险更值得警惕。鉴于此,本部分将在"权力—权利"的刑事司法本源框架下分析人脸识别技术深度嵌入刑事司法的法律风险。

(一)人脸识别技术深度嵌入刑事司法的权力风险

1. 权力专属性的稀释风险

刑事司法的权力专属性源于《中华人民共和国刑事诉讼法》(以下简称《刑事诉讼法》)第3条明确规定的基本原则,其要求除法律特别规定以外,由公安机关负责"对刑事案件的侦查、拘留、执行逮捕、预审",由人民检察院负责"检察、批准逮捕、检察机关直接受理的案件的侦查、提起公诉",由人民法院负责审判,其他任何机关、团体和个人都无权行使这些权力。然而,人脸识别技术却会造成刑事司法权力,特别是侦查权力的专属性被稀释。这是因为人脸识别本质上是通过基于算法的大数据分析,发现隐藏于数据背后的结构或模式,从而实现由数据驱动的人工智能决策。[②] 在人脸识别运转过程中,算法公司可以通过评级、分类、预测和数据处理作出决策,从而指引刑事司法机关选择某些方向和结果,也即通过信息、技术及事实上的优势地位产生"对他人的强制性影响力、控制力"[③],在本质上符合权力的本质特征。正所谓"对代码的控制即权力",人脸识别算法中的参数设置、数据特征权重、识别阈值等内容,与人脸识别的范围、对象、条件等要素息息相关。通过对代码进行相应调适,算法设计者便可强化对某类或全部社会主体的影响力和控制力,以达成算法权力的技术化统治,这会对刑事司法权力的专属性造成猛烈冲击。

2. 权力权威性的弱化风险

权威是合法的权力,权力的权威性可以明显地降低权力的行使成本。[④] 而权力的权威性归根结底是信任问题,此信任源于权威得以运行的制度体系的正当性,以及权威者所发布的命令本身的正当性或命令发布方式的正当性。聚焦至刑事司法领域,刑事司法权力的权威性体现在刑事司法决策的合法性、正当性与合理性三个方面,但人脸识别技术的实际运行误差却会弱化刑事司法权力的权威性。虽然在实验室层面,人

---

① 关于技术中立命题与人脸识别的关系,参见劳东燕:《"人脸识别第一案"判决的法理分析》,载《环球法律评论》2022年第1期。

② 参见张新宝、葛鑫:《人脸识别法律规制的利益衡量与制度构建》,载《湖湘法学评论》2021年第1期。

③ 郭道晖:《权力的特性及其要义》,载《山东科技大学学报(社会科学版)》2006年第2期。

④ 参见俞可平:《权力与权威:新的解释》,载《中国人民大学学报》2016年第3期。

脸识别的准确率于2017年就达到99.80%以上,远超人眼97.53%的识别率。[①] 但受限于现实世界中图像采集环境的复杂性(光照、角度、背景)、人脸自身的多变性(表情、肤色、年龄、姿态、遮挡)及数据库容量等诸多外界因素,人脸识别技术在实际使用时,其准确性会发生动荡。例如,受伦敦警察厅委托,英国艾塞克斯大学对伦敦警方应用的人脸识别系统的准确性进行调查,调查报告显示,伦敦警察厅通过人脸识别技术锁定的犯罪嫌疑人中,系统误判率达到81%。[②] 刑事司法与公民人身自由、人格尊严等基本权利紧密相连,一旦人脸识别技术产生错误识别结果,就可能导致一个完全无辜的人被认定为犯罪嫌疑人、逃犯等,从而促使错误盘查、错误逮捕、错误指控乃至错误监禁的刑事司法决定被作出,这会对刑事司法权力的权威性造成极大贬损。

3. 侦查权力的法律规避风险

以对人的基本权利的干预程度为标准,侦查行为可以分为强制侦查与任意侦查。强制侦查,是指能干预相对人重要权益的强制处分行为,需在法律明文授权下进行,并通过程序法定对其构成要件、实施程序、类型予以限制;[③]与此相对应的是任意侦查,因其不会对相对人的基本权利造成过度干预,原则上可以在法律没有规定时由侦查人员采取适宜的方法进行。进言之,强制侦查与任意侦查的属性划分和程序差异匹配是正当程序原则的重要内涵之一,是刑事诉讼法不言而喻的"铁律"。由于行踪轨迹信息能动态反映信息主体现实生活中的活动情况、行为轨迹和习惯,与个人信息、隐私权息息相关。因此,世界各法治国家普遍将行踪监控措施界定为强制侦查并施以严格的程序规范。如我国《刑事诉讼法》及《公安机关办理刑事案件程序规定》中规定行踪监控需由设区的市一级以上公安机关负责人批准后才能实施。类似地,《美国联邦刑事诉讼规则》第41条(d)(1)规定执法机关需达到相当理由标准并获得实施令状才能安装使用追踪器侦查。

然而,借助火车站、飞机场、地铁等公共空间的大规模监控探头,公安机关亦可以实现对犯罪嫌疑人的动态识别与行踪监控。也即,通过部署在公共空间的监控探头持续抓拍往来群众的人脸,并实时上传至在逃人员数据库、高危人群数据库等底层人脸

---

① See Mei Wang, Weihong Deng, *Deep Face Recognition: A Survey*, Neurocomputing, Vol. 429, p. 216 (2021).

② See Rowland Manthorpe & Alexander J Martin, *81% of "Suspects" Flagged by Met's Police Facial Recognition Technology Innocent*, Sky News (Jul. 4, 2019).

③ 参见谢佑平:《程序法定原则研究》,中国检察出版社2006版,第34~35页。

数据库中,人群跨时空流动的跟踪溯源已然成为现实。① 换言之,人脸识别技术的应用改变了行踪监控的实施方式,以不受法律约束的任意方式代行了强制侦查之实,从而规避了行踪监控的严格程序规范。这实质上架空了程序规范对强制侦查行为的约束与限制,突破了划定权力界限的程序法定樊篱。2021 年 6 月 21 日,欧盟数据保护委员会(European Data Protection Board, EDPB)和欧盟数据保护监督局(European Data Protection Supervisor, EDPS)呼吁全面禁止在公共场所进行自动面部识别,建议对使用人工智能进行预测性警务活动实施严格限制。②

(二)人脸识别技术深度嵌入刑事司法的权利风险

1. 人身自由权的干预风险

如果说人脸识别技术在政务服务、商业活动、支付交易等场景应用时发生识别错误,会对公民的财产权、隐私权、个人信息权等权利造成干预,那么在以国家强制力为保障的刑事司法领域,人脸识别技术的识别误差将会对公民的人身自由权这一核心宪法权利造成干预。人身自由权是公民参加社会活动,享受其他权利的前提条件,是公民最基本的权利,它是指公民的人身和行动受自己支配,不受非法拘禁、逮捕、搜查和侵害的权利。联合国《公民权利和政治权利国际公约》第 9 条第 1 款规定:"人人有权享有人身自由和安全。任何人不得加以任意逮捕或拘禁。除非依照法律所确定的根据和程序,任何人不得被剥夺自由。"而如今,遍布在公共空间的配置人脸识别功能的监控探头,可以对往来群众进行面部识别,将捕捉采集的人脸信息同高危人群、在逃人群等比对数据库的人脸信息比对,一旦匹配成功就会触发预警系统,获得警方的关注。因此,一旦人脸识别匹配错误,就可能把无辜的人错误认定为犯罪嫌疑人、在逃人员等,导致警方对其进行错误盘查、错误逮捕。实践中,由于人脸识别的错误记录、数据瑕疵、算法漏洞等原因,已经致使 3600 名美国公民被错误逮捕,③对公民的人身自由权造成严重干预,乃至剥夺。这一现实情况印证了美国算法正义联盟(Algorithmic Justice

---

① See Angelica Carrero, *Biometrics and Federal Databases: Could You Be in It?* John Marshall Law Review, Vol. 51:3, p. 589 – 612 (2018).

② See *EDPB & EDPS Call for Ban on Use of AI for Automated Recognition of Human Features in Publicly Accessible Spaces, and some other Uses of AI that can Lead to Unfair Discrimination*, European Data Protection Board (Jun. 21, 2021), https://www.edpb.europa.eu/news/news/2021/edpb-edps-call-ban-use-ai-automated-recognition-human-features-publicly-accessible_en.

③ See Robyn Caplan et al., *Biometric Technologies in Policing*, Data & Civil Rights: a New Era of Policing and Justice (Oct. 27, 2015), https://www.datacivilrights.org/pubs/2015-1027/Biometrics_Primer.pdf.

League)所指出的"人脸监控威胁着包括隐私、人身自由和正当程序在内的权利"。①

2. 平等权的贬损风险

平等权,是指公民平等地享有权利,不受任何差别对待,要求国家给予同等保护的权利与原则。② 平等权内含法的一般性特征,法的一般性如果被突破,法的公正性和法律面前人人平等也将难逃被挣脱的命运。平等权与自由权共同构筑了现代人权体系的基础。刑事司法领域的平等权和平等原则具体表现为剔除刑事司法中的认知偏见,避免有罪推定,确保案件得到公平公正的侦查、起诉与审判。然而,人脸识别技术以客观、自动化的表象使性别、种族、阶级等偏见在刑事司法中被强化,对平等权造成极大贬损。

一方面,人脸数据采集存在歧视与偏向。监控探头的部署决定了人脸图像的采集机会,采集机会越多则被识别者被判定为嫌疑人的可能性就越高。因此,监控探头部署应"一视同仁",方可保障刑事司法中的平等权。但基于对黑人、贫民等社会群体的偏见,美国附加人脸识别功能的监控探头被更多集中在贫民窟、移民区、黑人聚集地等地区,如美国迈阿密的智能化治安监控系统重点关注低收入的黑人群体和西班牙移民;2016年底特律实施的监视项目绿灯计划(Project Green Light, PGL),将近70%的监控探头安装在黑人聚集地区。③ 另一方面,人脸识别技术的算法嵌入了设计人员的主观价值偏向。人脸识别技术本质上是通过算法对脸部特征提取和分类识别的技术,而分类识别即是基于历史数据进行的优化排序、关联选择和过滤排除,以实现对特定人员的归类与关联。因此,底层人脸数据库的建立、参数赋值、算法模型选择均可能嵌入设计者关于种族、阶级、性别、宗教信仰等因素的主观偏见。例如,2018年"性别阴影"(Gender Shades)项目对人脸识别系统性别分类算法的准确程度进行了评估,结果显示人脸识别在肤色较深的女性群体上表现最差,错误率比肤色较浅的男性高出34%。

3. 隐私权的侵权风险

人脸识别是对人脸信息进行收集、分析、比对的处理过程,而人脸信息是个人身份的表征,其背后囊括个体包括家庭背景、资产、学历、工作等个人信息。因此,刑事司法机关一旦将人脸数据库与其他身份信息数据库互联共通后,人脸信息就会与个人身

---

① Alex Najibi, *Racial Discrimination in Face Recognition Technology*, Science in the News (Oct. 24, 2020), https://sitn.hms.harvard.edu/flash/2020/racial-discrimination-in-face-recognition-technology/.

② 参见韩大元:《宪法学基础理论》,中国政法大学出版社2008年版,第250页。

③ See Alex Najibi, *Racial Discrimination in Face Recognition Technology*, Science in the News (Oct. 24, 2020), https://sitn.hms.harvard.edu/flash/2020/racial-discrimination-in-face-recognition-technology/.

份、金融活动、价值偏好、位置行踪等信息对接，成为关联身份、行为、信息的纽带，从而刺破对公民私生活安宁与私人信息予以保障的隐私权面纱。特别是在动态比对场景下，人脸识别技术对隐私权的侵犯更加严重。人脸识别技术可以与公共监控探头、智能手机、执法记录仪等设备交互，借由人脸信息将个体的行踪轨迹、宗教信仰、性取向等隐私联系起来，在动态场景中实现对个人的检测定位、跟踪采集、比对提取和分离储存，以将个体隐私权侵犯演变为群体性监控。如在“世界人脸识别第一案”的英国埃德·布里奇斯诉南威尔士警署案[R (Bridges) v CCSWP and SSHD]中，英国公民埃德·布里奇斯(Edward Bridges)起诉南威尔士警署的理由即控诉南威尔士警方在公共场所部署安装自动人脸识别技术侵犯了他的隐私权与人格尊严等权利。其实，2021年欧洲委员会(Council of Europe)《个人数据自动化处理的个人保护公约》咨询委员会发布的《人脸识别指南》指出，将人脸识别技术纳入现有监控体系，会对隐私权和数据保护以及其他基本权利造成严重侵犯，因此人脸识别技术的开发与应用应当尊重隐私权和保护个人数据，从而贯彻落实保护人权和基本自由的原则。

三、域外发展：刑事司法中人脸识别技术法律治理的比较考察

人脸识别技术如果不加约束与限制的适用，就会造成国家权力对私人领域的倾轧。鉴于此，美国、英国、欧盟等域外法治国家和地区近年来纷纷对人脸识别技术的应用提高警惕，从“技术自治”迈向“法律之治”：2019年至2023年美国联邦和地方立法机关提出或颁布了《人脸分析、比较和评估保护法草案》《人脸识别技术授权法》《缅因州人脸监控系统使用规范法》等多项人脸识别法案；2019年至2024年欧盟通过或发布了《关于通过视频设备处理个人数据的3/2019指引》《人脸识别指南》《执法领域人脸识别技术应用指南》《人工智能法》等多项人脸识别指南或立法；2019年至2021年英国信息专员办公室(Information Commissioner's Office, ICO)发布了《执法部门在公共场所使用实时人脸识别技术的意见》《公共场所使用实时人脸识别技术的意见》，2020年埃德·布里奇斯诉南威尔士警署案中，英国英格兰及威尔士上诉法院推翻高等法院判决，裁定南威尔士警方使用自动人脸识别技术非法。“事物唯有在比较之下才能显露差别长短，唯有借鉴才能促进发展。”①

(一)以人脸识别技术的比例原则规制为治理逻辑

比例原则是由目的正当原则、适当性原则、必要性原则及均衡性原则四项子原则组成的公法领域的“帝王”原则，其要求行为者应当选择有助于正当目的实现的必要手

---

① 《德国刑事诉讼法典》，李昌珂译，中国政法大学出版社1995年版，序言第78页。

段，并且该手段所造成的损害同其所促进的利益应当成比例。[①] 美国、英国、欧盟等域外国家和地区普遍将比例原则作为规制人脸识别技术的底层逻辑，要求人脸识别技术的规制强度应与其权利干预程度具有适当性、比例性。

整体来看，无论是研究报告、指南等不具有法律拘束力的政策文件，还是《人工智能法》，欧盟始终以比例原则为指导对刑事司法领域的人脸识别技术予以治理。2019年欧盟基本权利局（Agency for Fundamental Right，FRA）发布的《人脸识别技术：执法中的基本权利考虑》指出，人脸识别技术的利益相关方在应用该技术时必须要有明确详细的法律框架来监管人脸识别技术的部署和使用，对人脸识别信息处理应有必要的、合比例的处理条件，以及为保护信息主体免受可能的负面影响而采取的保障措施。2019年，欧盟数据保护委员会颁布的《关于通过视频设备处理个人数据的3/2019指引》要求使用生物数据特别是人脸识别技术必须在完全遵从合法性、必要性、合比例性和数据最小化等原则的情况下进行。为给欧盟和成员国立法者以及执法机构提供实施和使用人脸识别技术的系统性指导，2022年5月欧盟数据保护委员会通过《执法领域人脸识别技术应用指南》，要求使用人脸识别技术应根据具体情况对必要性和比例性进行评估，还必须确定和考虑对其他基本权利的所有可能影响。2024年3月13日，欧盟议会通过的《人工智能法》亦贯彻比例原则的要求，在序言中规定，考虑在实践中特定的刑事犯罪可能比其他犯罪严重性更强，以及损害或可能导致的负面后果在严重性、可能性和规模上的差异，在实际追查所列不同刑事犯罪的犯罪人或嫌疑人的定位或识别活动中，采用以人脸识别技术为代表的实时远程生物识别技术应当是必要且成比例的。

在2020年埃德·布里奇斯诉南威尔士警署案中，英国英格兰及威尔士上诉法院推翻高等法院判决，裁定南威尔士警署使用自动人脸识别技术非法时，亦将比例原则贯彻于裁判思路中。该裁判指出，现行法律并未规定警署应如何决定人脸识别技术的监视对象、部署位置等情况，也没有向警署提供权利干预的法律依据，可以说人脸识别技术的应用全部由警方自由裁量与判断，并且警署使用的人脸识别设备亦不属于《欧洲人权公约》第8条第2款规定的公共机构可实施的必要干预，因此，南威尔士警署使用自动人脸识别技术非法。进言之，该法院裁判的言外之意在于，警署使用人脸识别技术的自由裁量应受法律约束，要确保在每一个特定的场景下使用，而且应当是严格必需、有效且符合比例原则地使用。此外，英国ICO发布的《执法部门在公共场所使用实时人脸识别技术的意见》《公共场所使用实时人脸识别技术的意见》要求人脸识别设备

① 参见刘权：《比例原则》，清华大学出版社2022年版，第20页。

的部署要考虑合法性、公平性、透明性，以为处理敏感个人信息提供合法性基础，确保其处理符合必要原则，与其所实现的目的成适当比例，并考虑使用人脸识别技术对个人所造成的潜在危害。

美国虽未将比例原则在法律文本中予以明确规定，但其法律文本之下亦蕴含了比例原则的核心要义，即人脸识别技术的规范强度应与权利干预程度相称。例如，2019年7月提交美国众议院监督和改革委员会的《人脸分析、比较和评估保护法》要求刑事执法机关在使用人脸识别技术分析身份照片或其他照片前，应获得由联邦法院签发的法院命令（court order）。而对于权利干预更深刻的动态人脸追踪则需要标准更高的搜查令状（search warrant）授权，如2020年3月通过的《华盛顿州人脸识别服务法》规定，使用人脸识别服务进行持续监控、实施实时或接近实时的识别，或者持续跟踪前，需要事先获得授权实施上述目的的搜查令状。

（二）以人脸识别技术的外部监督强化为治理方式

“监督制约机制是权力正当运行的重要保证”，[①]依据监督的来源，监督可以分为内部监督与外部监督。在人脸识别技术部署伊始，关于人脸识别技术的控制普遍遵循技术自治原则，以警方的内部监督为主要方式。以美国为例，美国人脸识别技术的传统治理方式附庸于视频监控系统的警用指南等内部规范性文件之中。但实际上，内部监督的形式意义远大于实质意义，[②]以封闭性的内部规程为依托的治理方式使应用人脸识别技术的透明度欠佳。根据2016年乔治敦法律隐私与技术中心（Center on Privacy & Technology at Georgetown Law）发布的人脸识别报告，美国不足8%的机构会公开人脸识别使用政策，多数执法机构在部署人脸识别设备时仅有最低程度的透明度和内部问责机制。[③] 为解决此问题，近年来美国、英国和欧盟等域外国家和地区普遍强调对刑事司法领域人脸识别技术的外部监督，以保证技术应用的透明度与公开。

就事前监督而言，美国要求人脸识别设备部署前有关机关应编制责任报告（accountability report）并向公众公开。例如，2020年5月通过的《加利福尼亚州人脸识别技术法》就要求使用或拟使用人脸识别服务的政府机关编制责任报告，说明人脸识别服务的供应商、版本名称及功能限制，输入、输出的数据类型及数据的处理方式，使用目的和数据管理政策等内容，同时规定责任报告应在服务投入运营至少90日前向

① 张平、房国宾：《正当法律程序视野下检察权监督制约机制研究》，中国法制出版社2011年版，第8～9页。

② 参见张淑瀚：《美国公共视频监控行为规制的困境及其启示》，载《东南法学》2016年第1期。

③ See Clare Garvie et al., *The Perpetual Line-up: Unregulated Police Face Recognition In America*, Georgetown Law Center On Privacy & Technology (Oct. 18, 2016), https://www.perpetuallineup.org/.

公众通报,并发布在官方网站上。就事中监督而言,美国要求人脸识别技术的应用应当接受严格的司法审查。就事后监督而言,美国要求非法运用人脸识别技术取得的信息不得作为证据使用。例如,2019年11月提交美国参议院司法委员会的《人脸识别技术授权法》、2021年6月提交美国参议院司法委员会的《人脸识别和生物识别技术暂停法》、2021年6月通过的《缅因州人脸监控系统使用规范法》均从证据排除角度规定非法使用人脸识别技术获取的信息不具有可采性。此外,2020年5月通过的《加利福尼亚州人脸识别技术法》、2021年4月提交美国众议院刑事司法行政委员会的《路易斯安那州人脸识别数据禁止使用法》、2022年4月众议院通过的《马萨诸塞州人脸监控规范法》等部分立法还通过创设人脸识别技术的年度审计报告制度,在事后制约人脸识别技术适用的肆意性。

欧盟同样强调对人脸识别技术的外部监督,以强化技术应用的透明度和公开性。例如,2021年欧洲委员会《个人数据自动化处理中的个人保护公约》咨询委员会发布的《人脸识别指南》要求执法部门应通过发布透明度报告、对人脸识别服务提供方予以培训和审计、成立评审委员会评估人脸识别数据处理、进行人脸识别技术应用的事前评估,来保障人脸识别技术部署的可问责性。为平衡有效执法和权利保障,《人脸识别指南》还创设了"透明度分层"制度,即当实时人脸识别技术被部署在不受控制的环境中时,执法机构可以采取分层的方法为经过该环境的主体提供必要信息:第一层包括有关处理目的、使用技术的机构、处理的持续时间和相关范围的可读和可理解的信息,并且这些信息应当被附于技术部署地方的附近适当位置;第二层包含《个人数据自动化处理中的个人保护公约》第8条要求的所有必要信息,并且这些信息应被展示在部署位置的入口处。为防止紧迫的、重大的公共安全风险,当确有必要且成比例时,执法机构可以秘密使用实时人脸识别技术,但在秘密使用之前应当加以记录。除此之外,《人工智能法》《人脸识别指南》《执法领域人脸识别技术应用指南》等均规定了执法部门应当在技术部署前对人脸识别技术的合法性、权利干预风险性等内容进行数据保护影响评估(Data Protection Impact Assessments, DPIA),并且至少公开评估的结论,作为增强信任和透明度的措施。

英国刑事司法领域的人脸识别技术治理也注重强化外部监督。例如,英国ICO发布的《执法部门在公共场所使用实时人脸识别技术的意见》吸收借鉴了2018年颁布的《数据保护法》和埃德·布里奇斯诉南威尔士警署案裁决,要求执法部门在公共场所部署人脸识别技术前应当进行数据保护影响评估,且该评估应伴随技术进步而更新,以保证执法部门知悉实时人脸识别技术的权利干预风险,保障公众对人脸识别技术部署及风险的知情权。

(三)以人脸识别技术的下游处理阶段为治理节点

网络社会的到来使社会治理由中心化的实体组织或个体转向分散化的网络节点,由此催生了节点治理理论。节点治理理论的关键在于如何对网络中不同节点上分散分布的知识、能力和资源加以整合与协同,从而在整体意义上优化多方互动的结果产出。[①] 因此,为促进各个节点的信息能力协同,对治理节点的选择应遵循权力的演进路径。依据信息的处理方式,个人信息的处理可以划分为收集、分析与使用三个环节。附随于视频监控技术,传统的人脸识别技术的规范制度建构主要集中在收集节点,表现为对监控系统的部署主体、安装地点、开放时间、运行情形及审批权限的规定。但大数据时代日新月异,数据挖掘、分析碰撞、自动化搜索等,早已超越数据采集,成为实现被捕获信息价值提升与拓展的关键环节。因此,人脸识别制度的治理节点也应当从收集环节向下游处理阶段推移。美国、欧盟、英国等域外国家和地区对人脸识别技术的治理制度的构建亦顺应了此趋势。

美国将人脸识别技术治理节点后移表现在规范底层数据范围、人脸比对过程、人脸识别结果使用等方面。就严格限制刑事执法机关进行人脸比对的底层数据(underlying data)范围而言,美国形成了以刑事数据库为主、政府数据库为辅、商业数据库绝对禁止的底层数据管理制度。例如,《路易斯安那州人脸识别数据禁止使用法》中明确规定警方在政府数据库开展人脸比对的启动标准高于逮捕照片数据库,在结合州身份照片数据库或其他人脸识别数据库进行特定目标识别时,执法人员需注明搜索对象、数据库范围、申请人和查询时间段等信息,书面申请法院命令。就人脸比对而言,美国人脸识别相关立法普遍将算法逻辑推演与人工价值判断相结合,要求对基于人脸匹配结果作出的重大决定进行人工审查。如《华盛顿州人脸识别服务法》构筑了“算法推演+人工审核”的双重架构,确保及时纠正出现偏差的机器决策,以防面部自然属性与统计意义上的社会偏见性评价关联。

欧盟同样注重强化对人脸识别技术下游处理环节的规范。例如,2022年欧盟数据保护委员会通过的《执法领域人脸识别技术应用指南》就承继了《欧盟刑事司法数据保护指令》的规定:人脸识别技术处理应遵循数据最小化原则,要求任何与处理目的无关的视频资料、人脸数据均应被删除或匿名化处理;人脸识别技术处理应遵循数据质量原则,要求执法者必须对存储的数据和人脸识别技术系统进行相应的纠正;人脸识别技术处理应遵循数据安全保护原则,要求实施或使用人脸识别技术的执法者应确保该

---

① 参见裴炜:《信息革命下犯罪的多主体协同治理——以节点治理理论为框架》,载《暨南学报(哲学社会科学版)》2019年第6期。

系统符合相关标准,并实施生物识别模板保护措施。

英国主要对人脸识别技术下游处理环节中的存储和删除内容进行规定。英国ICO发布的《执法部门在公共场所使用实时面部识别技术》规定执法部门部署、使用人脸识别技术应当遵循英国2018年颁布的《数据保护法》,在人脸识别技术部署的必要性与相称性、底层人脸数据库的选择和监视名单编制、生物识别数据的保留与删除等方面要贯彻数据保护原则。《执法部门在公共场所使用实时面部识别技术》特别强调了人脸数据的保留期限和删除要求,规定执法机关应设置人脸数据保留期限,并根据不同情况差异匹配数据保留期限:如若被识别图像与监视数据库的人像匹配,则该生物识别数据可在法律规定的严格限制的时间内被保留,并应当配备必要的保障措施;如若没有匹配,则不得保留信息主体通过不受控制的环境时的生物特征模板,应当被自动删除。但无论是何种情形,执法机关均应在完成部署实时人脸识别技术的目的后,立即删除监视列表和生物特征模板。此外,《执法部门在公共场所使用实时面部识别技术》还对人脸识别技术的目的限制原则作出规定,要求执法人员不能对人脸图像进行特征分析或与其他个人数据进行聚合分析。

四、现状优化:我国刑事司法领域人脸识别技术的法律治理

本部分聚焦我国刑事司法领域人脸识别技术法律治理的现状与问题,以期实现对我国刑事司法领域人脸识别技术治理的优化。

(一)我国刑事司法领域人脸识别技术法律治理面临的挑战

伴随人脸识别技术的“触角”在社会各领域的日益延伸,以人脸信息保护为基点,我国已基本构建了以宪法为根本,以个人信息保护法为统观,从民商经济法到行政法乃至刑法的人脸识别技术法律规制体系。如《中华人民共和国宪法》第33、37、38条、《个人信息保护法》第26、28条、《中华人民共和国民法典》第111条、《中华人民共和国刑法》“侵犯公民个人信息罪”相关条文等。除此之外,我国还出台了相关司法解释、近百部地方性法规、规章、规范性文件以及国家标准、行业标准规范人脸识别技术的应用与治理,如2021年7月发布的最高人民法院《关于审理使用人脸识别技术处理个人信息相关民事案件适用法律若干问题的规定》中规定了人民法院审理使用人脸识别技术处理个人信息的相关民事案件的适用情形、举证责任、侵权责任、诉讼程序等内容;《信息安全技术 个人信息安全规范》(GB/T 35273—2020)、《信息安全技术 生物特征识别信息保护基本要求》(GB/T 40660—2021)对人脸识别等生物识别技术在收集、存储、共享、披露等环节的相关标准进行了规定;公安部第一研究所等起草的《安防人脸识别应用系统 第2部分:人脸图像数据》(GA/T 922.2—2011)对人脸图像数据要

求、人脸图像记录格式提出了相关行业标准；再如《公共安全 人脸识别应用 图像技术要求》（GB/T 35678—2017）对公共安全领域人脸识别应用中人脸图像的采集、检测与存储作出要求。

但仔细审视这一人脸识别技术法律规制体系，会发现在我国人脸识别技术法律规制体系中尚无专门性的法律规范，有关专门性规章、国家标准、行业标准等均属于软法范畴，仅能对人脸识别应用提供技术性指导，并无强制执行力，无法形成有效的约束与规范，总体呈现形式上散乱不统一、内容上价值定位游离不定的特点。① 与此同时，人脸识别技术的法律规范多集中在民商事领域、刑法和行政执法领域，忽视了刑事诉讼领域，尤其是侦查程序中应用人脸识别技术的法律治理之必要。加之，我国刑事诉讼法中尚无专门规范人脸识别技术应用的规定，人脸识别技术的实施通常由侦查概括条款进行授权。② 因此，无论是静态人脸识别抑或动态人脸比对，启用人脸识别系统的决定权与执行权，缺乏必要的程序制约机制。换言之，基于打击犯罪、维护公共安全的正当性与优先性，刑事司法领域人脸识别技术的应用普遍被视为法律规制的例外，人脸数据的收集、比对、存储、删除等程序基本上处于法律规范的隐性地带。一言以蔽之，以技术利用为逻辑，我国刑事司法中的人脸识别技术实行“先发展后规制”的模式，人脸识别技术从取证、举证到质证、认证都缺乏适用规范性。

（二）我国刑事司法领域人脸识别技术法律治理的优化

2021 年 11 月 1 日施行的《个人信息保护法》正式开启了我国对个人信息的综合性法律保护。《个人信息保护法》第二章第三节专门规定了“国家机关处理个人信息的特别规定”，其中第 33 条、34 条要求国家机关处理个人信息的活动应当依照法律、行政法规规定的权限、程序进行，不得超出履行法定职责所必需的范围和限度。因此，作为国家机关的刑事司法机关在进行处理个人信息的活动时亦应遵循有关法律规定的权限和程序。而人脸识别技术本质上是对人脸信息的收集、分析、存储与使用，因此，有效规制刑事司法领域的人脸信息采集、分析、比对、存储等活动，对人脸识别技术予以正当化程序控制已成为平衡惩罚犯罪与个人信息保护不可回避的一项议题。

我国可以比例原则为治理逻辑、以外部监督强化为治理方式、以下游处理阶段为治理节点，结合刑事司法的特点，从治理逻辑、治理方式和治理节点三方面优化我国刑事司法领域人脸识别技术的法律治理。

首先，在治理逻辑上，应以比例原则为指导构建刑事司法领域人脸识别技术的规

① 参见郭春镇：《数字人权时代人脸识别技术应用的治理》，载《现代法学》2020 年第 4 期。

② 参见艾明：《刑事诉讼法中的侦查概括条款》，载《法学研究》2017 年第 4 期。

制框架。比例原则对构建我国刑事司法领域人脸识别技术的规制框架提出两项基本要求:一是应当避免"一刀切"地禁止或利用人脸识别技术。比例原则要求法律规范应当在多种利益价值之间"执中行权"①,即规范人脸识别技术不能以牺牲打击犯罪为代价,反之亦然。人脸身份同一性比对、身份识别、动态追踪追逃对提高侦查效率、维护社会治安大有裨益,因此,要坚持人脸识别技术在刑事司法领域的推广应用;但人脸识别技术可能引发权力风险与权利干预风险,因而人脸识别技术的应用要有限度地、有范围地应用。二是应当将人脸识别技术的干预程度与规范强度相匹配。我国对于静态人脸识别可以继续由侦查概括条款授权,作为任意性侦查措施实施;对于动态人脸比对则应构建起更为严格的规范程序,在案件范围、必要性要件、启动条件、适用时间、审批权限等方面作出同技术侦查措施相当的规范设计。

其次,在治理方式上,应构建人脸识别技术规范的全流程外部监管机制。就事前监督而言,可以构建人脸识别技术的信息公开制度。在人脸识别技术部署之前,应以清晰明确的方式披露人脸识别技术的部署地点、运行时间、安装用途等信息,并设置显著的提示标识,以便社会公众对人脸识别技术应用的必要性和合理性进行有效监督,避免人脸信息的无序收集和使用。就事中监督而言,可以构建人脸识别技术应用的层级化审批机制。应当承认,目前在我国人脸识别技术审批实行法官令状制度存在一定的困难。我国刑事诉讼中的强制侦查措施,仅逮捕受到"准司法审查",其他强制侦查措施均不受司法审查,经立案程序即可得到适用,因而不可贸然对人脸识别技术的审批适用法官令状制度。设计人脸识别技术应用的外部审批机制的最佳方案要分两步走:第一步为继续沿用公安机关的内部审批机制;第二步为待条件成熟时,可以比照逮捕程序构建起由检察机关审查批准的"准司法审查"制度,落实检察引导侦查的诉讼机制。细言之,对于针对特定主体实施的静态人脸识别,可以由办案部门负责人批准实施;对于在公共空间实施的动态人脸比对则可以考虑由设区的市一级以上公安机关负责人审批,在条件成熟时,可以将审查批准程序进行诉讼化改造,交由检察机关审查批准,以实现对动态人脸追踪的有效外部监督和制约。就事后监督而言,可以考虑构建人脸识别证据开示制度,以保障被识别主体的知情权、质证权等诉讼权利。

最后,在治理节点上,要创建人脸分析、比对等下游环节的规范处理制度。我国《刑事诉讼法》在第二章"侦查"一章中仅规定了讯问、搜查、技术侦查等直接取证行为,而尚未规定数据分析、数据比对等后续深度处理行为。换言之,信息分析、比对等下游

① 杨登杰:《执中行权的宪法比例原则——兼与美国多元审查基准比较》,载《中外法学》2015年第2期。

处理环节一直被默认为信息收集行为的附庸，没有独立的规制地位。① 我国可以加强对人脸数据下游处理环节的关注，在收集行为之外建构数据分析、比对行为的独立授权空间，对人脸数据的传递与共享加以限制，规范底层人脸比对数据库创建的标准与范围；建立由算法逻辑推演与人工价值判断相结合的人脸匹配结果的人工审查机制；对收集、比对的人脸数据进行单独储存管理，建立专人管理机制；确保工作人员对执法过程中知悉的人脸数据严格保密；确保及时销毁、删除与案件无关或质量不高的人脸数据。

五、结语

法律风险是新兴技术常态化应用的寄生伴影，高效率算法决策与群体分类、识别误差一体同源，若无有效的法律治理，以人脸识别为代表的新兴技术必然会诱发复杂多元的专属性稀释、权威性弱化、规避法律的权力风险与干预人身自由权、平等权、隐私权的权利风险。笔者仅以人脸识别技术这一典型应用为研究聚焦，从治理逻辑、治理方式、治理节点的角度规范刑事司法领域人脸识别技术的法律治理。但大数据、算法、人工智能等新技术对刑事司法的影响远不止于此，在犯罪活动及犯罪治理活动大规模从“物理场域”向“虚拟场域”发展的背景下，如何就新兴技术应用与刑事诉讼的自身价值、理论、原则、制度和规则的兼容问题作出回应，推进面向数字化的刑事正当程序转型已成为法律必须正视的问题之一。

---

① 参见颜飞、刘文琦：《刑事司法中的刷脸：运行现状、理论检视与规范建构》，载《科学与社会》2023年第2期。

思想译介

阿西莫夫短文之机器人认识论

译者按：被读者誉为“神一样的人”，被美国政府授予“国家的资源与自然的奇迹”称号的俄裔美籍科幻作家阿西莫夫，一生笔耕不倦，留下的著作有500多本。鲜有人知的是，科幻文学在他一生留下的文字中只占其中一部分。除了小说之外，阿西莫夫也留下了很多关于人工智能的文章。在这些文章中，阿西莫夫孜孜不倦地讨论人工智能技术发展前景、未来社会变化以及人类与人工智能关系等主题。每篇文章看似单独，实质上彼此之间有千丝万缕的联系。读完阿西莫夫关于人工智能的文章，方能明白，其留给后世的绝对不只是科幻文学这一块雄伟的丰碑，更是人类思想文化上一座难以丈量的高山。张建文教授为了使读者领悟到阿西莫夫写作的意图与教诲，特组织翻译了阿西莫夫16篇关于人工智能的文章。本次刊出的5篇文章主题系关于未来机器人的设想，在其中，阿西莫夫探讨了机器人大脑的技术构造及机器人学三法则的嵌入等。其余文章将在后期陆续刊出。

关键词：阿西莫夫；人工智能；机器人学三法则

我所认知的机器人*

张　锐**　方雪诗***　译

机械人，或者用恰佩克（Capek）现在广为接受的术语机器人，是现代科幻作家反复关注的主题。除可能存在的宇宙飞船之外，没有一项发明，能在如此多的人的脑海中

---

* 翻译自 Isaac Asimov, *Robot Visions*, Rocp 1991, p.405－410。西南政法大学人工智能法律研究教师研究创新项目“人工智能机器人的法律调整：阿西莫夫法则的贡献与局限”（项目编号：2018－RGZN－JS－ZD－10）的阶段性成果；西南政法大学人工智能法律研究院2018年度科研创新项目“智能服务机器人的法律规制研究”（2018－RGZN－XS－BS－01）成果。

** 西南政法大学民商法学院博士研究生。

*** 西南政法大学民商法学院2019级本科生。

清晰地描绘出来一个邪恶的形体,巨大的、金属的、模糊的人类,像一台机器一样移动着,毫无感情地说话。

描述中的关键词是"邪恶(sinister)",其中蕴含着一场悲剧,因为没有任何科幻主题像机器人一样迅速地失去了它的吸引力。对于一般的作者来说,似乎只有一个机器人情节是可行的:那个被证明是有威胁的机器人,那个背叛创造者的生物,那个对人类构成威胁的机器人。所有这类故事都或明或暗地充斥着一种令人厌倦的寓意:"有些东西人类永远不应该去学习。"

从1940年开始,这种情形得到了极大的改善。关于机器人的故事充溢文坛,一种更加新颖的、更侧重于机械学而非道德的观点开始盛行。为支持这一进步,从一些人士那里[尤其是格罗夫·康乐林(Groff Conklin)在他1954年出版的《科幻思维机器》(*Science - Fiction Thinking Machines*)的导语中所言]可以看出至少对我从1940年开始创作的一系列机器人作品的赞赏。由于世界上可能没有人比我更不喜欢故作谦虚,所以我坦然而轻松地接受了上述赞扬,修改后仅保留了小约翰·W. 坎贝尔先生(John W. Cambell. Jr)"令人惊叹的科幻小说"的评语,我和他就机器人创作进行了许多卓有成效的讨论。

我的观点是:机器人是故事的素材,而非亵渎生命的仿制品。一台机器如果设计合理,就不会对它的制造者倒戈相向。一台机器,例如电锯,似乎是通过意外切断一条手臂来做到这一点的,这种令人遗憾的邪恶倾向就会被安全装置的安装所遏制。显然,类似的安全装置将在机器人身上得到开发。对于这种安全装置来说,最合乎逻辑的地方似乎是机器人"大脑"的回路模式。让我解释一下,在科幻小说中,我们并没有就机器人"大脑"的实际工程展开激烈的争论。假设有一种机械装置,其体积接近人脑,其中必须包含所有必要的电路,才能使机器人具有与人类相当的感知和反应能力。没有蛋白质分子大小的机械单位,或者至少没有脑细胞大小的机械单位,如何做到这一点,目前还没有得到解释。有的作者或许会讨论晶体管和印制电路,但大多数作者选择避而不谈。我最喜欢玩的把戏是,有点神秘地提到"正电子大脑"(positronic brains),留给读者以自己的聪明才智来判断正电子与之有什么关系,以及在未能做出决定之后继续阅读的良好意愿。

无论如何,正如我笔下的机器人系列故事,安保装置在我脑海中逐渐具象化成了"机器人学三法则"。这3条法则最初在《圆舞》(*Run around*)中明确表述。最终完善后,这3条法则如下:

第一法则——机器人不能伤害人类,或者,通过其不作为,允许人类受到伤害;

第二法则——机器人必须服从人类给它的命令,除非这些命令与第一法则相冲突；

第三法则——机器人必须保护自己，只要这种保护不与第一法则或第二法则相冲突。

这些法则被牢固地嵌入机器人的大脑中，或者至少等效的电路（the equivalent circuit）中。当然，我不描述等效电路。事实上，我从来没有讨论过机器人的工程，因为我对机器人技术方面一无所知。

如你所见，第一法则立即消除了那个古老而疲惫的情节，即我不会通过任何进一步的陈述来冒犯你。

虽然，乍一看，设置这样的限制规则似乎会阻碍创造性的想象力，但事实证明，机器人法则是情节材料的丰富来源，它们绝不是精神上的障碍。

一个例子是我已经提到过的小说《圆舞》。该小说中的机器人是一种昂贵且具实验性的模型，专为在水星太阳一侧运行而设计。由于明显的经济原因，第三法则在它身上表现得格外明显。故事开始时，他被人类雇主派去采集一些液态硒，用于进行一些至关重要的修复。（液态硒就在水星向阳一侧的水坑里。）

不幸的是，机器人的指令很随意，所以建立的第二法则效力比平时弱。更不幸的是，机器人被送到的硒池靠近火山活动的地点，因此该地区一氧化碳浓度相当高。据我推测，在水星太阳侧的温度下，一氧化碳会很快与铁发生反应形成金属羰基化合物，使机器人脆弱的关节严重受损。机器人越深入这个区域，威胁它生存的危险性就越大，第三法则的作用则会越强烈，促使机器人离开。然而，第二法则，通常是优越的，会驱使它前进。在某一时刻，异常微弱的第二法则势和异常强大的第三法则达到平衡，机器人既不能前进也不能后退，它只能在等电位点上绕硒池走一圈，这样就在场地周围形成了一个粗略的圆圈。

同时，我们的英雄必须拥有硒。他们穿着特殊的衣服追着机器人，发现问题并想知道如何纠正它。几次失败后，找到了正确的答案。其中一个人故意将自己暴露在水星的太阳下，除非机器人出手相救，否则就会死。这使第一法则运行，它比第二法则和第三法则更优越，将机器人从无用的轨道上拉出来，并带来圆满结局。

顺便说一句，我相信，正是在《圆舞》这个小说中，我第一次使用了“机器人学（robotics）”这个术语（隐式地将其定义为机器人设计、建造、维护等方面的科学）。多年以后，有人告诉我，我发明了这个词，而且之前从未见过。我不知道这是否属实。如果这是真的，我很高兴，因为我认为这是一个合乎逻辑且有用的词，在此我带着一切善意将该词捐赠给该领域的工作者。

我的其他机器人小说都不像《圆舞》那样，能如此迅速地从这 3 条定律中跳出来，但它们都在某种程度上源自这些定律。例如,有这样一个故事,一个会读心术的机器人被迫说谎,因为它不能告诉任何人任何事情,除非那个人想听的。你看,真相几乎总是会以失望、幻灭、尴尬、懊恼和其他类似情绪的形式对人类造成"伤害",所有这些对机器人来说都太明显了。

接下来的谜题是,有个人被怀疑是机器人,也就是说,其拥有一个类似于原生质的身体和一个机器人的正电子大脑。证明他的人性的一种方式就是在公共场合违反第一法则,所以他故意打了一个人。但故事的结局却充满了疑问,因为人们仍然怀疑另一个"人"可能也是一个机器人,而且3条法则中没有任何一条能阻止一个机器人攻击另一个机器人。

然后我们有了终极机器人,这些模型如此先进,它们被用来预测诸如天气、农作物收成、工业生产数据、政治发展等。这样做是为了使世界经济更少地受到那些人类无法控制的因素的影响。但这些终极机器人似乎仍受第一法则的制约。它们不能通过无所作为让人类受到伤害,因此它们故意给出答案,这些答案不一定是真实的,并导致局部的经济不安,目的是操纵人类沿着通往和平与繁荣的道路前进。所以机器人最终赢得了控制权,但为了人类的利益。

人与机器人的关系不容忽视。人类在理智上知晓三大法则的存在,但是在情感上却有种无可消除的恐惧并对机器人的无法信任。如果你想发明一个术语,你可以称之为"弗兰肯斯坦情结(Frankenstein complex)"。还有一个更实际的问题是工会的反对,例如,反对用机器人劳动力替代人类劳动力。

这也会产生故事。我的首个机器人故事是关于一个机器人保姆和孩子的。孩子喜爱他的机器人保姆或许在预料之中,而母亲害怕机器人保姆也不出乎意料。故事的核心在于母亲试图摆脱机器人保姆以及孩子对此作出的反应。

我的第一部长篇机器人小说《钢铁洞穴》(*The Caves of Steel*)(1954年)着眼于更广阔的未来,它发生在地球人移居其他星球,转变成彻底的机器人经济的时代。但地球人本身,出于经济和情感的双重原因,仍然反对引进金属生物。一场以机器人仇恨为动机的谋杀发生了。这是由一个人类男子、一个机器人组成的一对侦探破案的故事,有很大一部分的演绎推理情节(侦探小说很易写),都围绕着三大法则及其应用展开。

我试图说服自己,三大法则于机器人而言对保障人类的安全是必要的,亦是充分的。我真挚地相信,有朝一日当先进的类人机器人真的被制造出来的时候,一些像三大法则的东西将会被植入其中。在这方面,我愿意做一个预言家,我唯一遗憾的是,这件事可能在我有生之年无法实现。①

我们制造的朋友*

张建文**　胡代芳***　译

“机器人”这个术语可以追溯到60年前。捷克剧作家卡雷尔·恰佩克(Karel Capek)在他的《R. U. R. 罗梭的万能工人》剧中首次提到,这个词在捷克语里的意思是工人。

然而,这个想法其实早就出现了。它与人类渴求一个像人类一样聪明,但更加强壮并且不会感到疲惫、乏味或者不满的奴隶一样久远。在古希腊神话中,锻造之神赫菲斯托斯(Hephaistos)有两个黄金女孩帮助他,这两个黄金女孩与血肉女孩一样明亮并且栩栩如生。在神话中,克利特岛被青铜巨人塔洛斯(Talos)统治;他不断地、不知疲倦地巡逻海岸,观察入侵者。但机器人可以做到吗?如果它们能够做到,它们会令人满意吗?有齿轮、弹簧和棘轮的机械装置能够让类人装置执行类人的行为,但是一个成功的机器人的精髓在于能够思考,并且能够在没有被持续监管的情况下实现认真思考去执行有用的功能。

但是,思考需要大脑。人由微小的神经元组成,每一个神经元都有一个极其复杂的结构。大脑中有100亿个神经元和900亿个支持细胞,这些交织在一起汇成一个非常复杂的图案。怎样才能使所有事情都被人造装置复制在机器人中呢?

直到1939年电子计算机的发明,使这样的事情变成可能。从它诞生以来,电子计算机的压缩性就变得越来越强,它使越来越多的信息打包在越来越少的容量里变成可能。

在几十年后,可能没有足够的多样性来指导机器人被装入人脑大小的容量吗?这样的计算机不需要和人脑一样发达,只需要先进到足够引导被设计的机器人的行为即

---

① 本文写作于1956年,从那以后,“机器人学”真的进入了英语并被广泛使用,我亲眼看到机器人学家非常认真地对待三大法则。

* 翻译自 Isaac Asimov, *Robot Visions*, Roc 1991, p.417－419。西南政法大学人工智能法律研究教师研究创新项目“人工智能机器人的法律调整:阿西莫夫法则的贡献与局限”(项目编号:2018－RGZN－JS－ZD－10)的阶段性成果;西南政法大学人工智能法律研究院2018年度科研创新项目“智能服务机器人的法律规制研究”(2018－RGZN－XS－BS－01)成果。

** 西南政法大学教授、博士生导师,法学博士,西南政法大学人工智能法律研究院副院长。

*** 西南政法大学民商法学院2019级研究生。

可,比如设计真空地毯、运行液压机、测量月球表面。

当然,一个机器人必须要有一个自足的能量源,我们不可能希望它永远插在一个墙壁插座上。然而,这个问题可以被解决。一个需要周期性充电的电池与一个需要周期性进食的人体并没有什么不同。

但是,为什么要纠结于"人形形状"呢?如果设计一台专门的机器来执行一项特定的任务,而不要求它承担手臂、腿和躯干的所有低效工作,岂不是更明智吗?假设你设计了一个机器人,它可以把手放在熔炉上去测试其温度,为了保持温度几乎不变可以随时打开或者关掉加热器。当然,一个简单的用双金属长条制作而成的调节器,也会起到这样的作用。

然而,想想看,在人类文明的几千年里,我们已经建立了一种与人类形态相适应的技术。供人类使用的产品在尺寸和形状上都是根据人体弯曲的程度以及各种弯曲部件的长度、宽度和重量而设计的。机器的设计是为了适应人类手指的接触范围、宽度和位置。

我们只需要考虑人类自身的问题,如某些人可能比标准身高高一点或者低一点或者是左撇子,我们就知道让技术得到很好的运用是多么重要。

如果我们想要一个指挥性的装置,即能够使用人类工具和机械并且能够融入技术的装置,我们将会发现以人形(每一个人体都有的弯曲)来制造这样的装置是有用的。我们既不想它过于厚重,也不想它完全不成比例,在所有方面平均将会是最好的。

此外,我们还通过发现或发明与人类有关的东西来与所有非人类的事物联系起来。我们将自然和所有自然的产物人格化,在更早的时代,我们用它们创造了人形的神和女神。

当然,如果我们接受会思考的以机器形式出现的搭档,或者至少是会思考的奴隶的话,我们将会与它们相处得更加舒适;并且如果它们被塑造得像人类的话,我们将会更容易与它们建立联系。

与人形机器人变成朋友比与不能识别形状的特定化装置成为朋友更容易,并且有时我也在想,在人类处于绝望困境的今天,我们将会感激所有非人类朋友,尽管它们只是我们制造的朋友。

我们的智能工具*

张建文** 吴 阳*** 译

机器人并不需要非常智能才是足够智能的。如果机器人可以遵循简单的命令,并做做家务,或者重复使用简单的机器,我们将会非常满意。

制造一个机器人是困难的,因为如果想让它有一个大概的人类的形状,你就必须在它的脑部安装一个非常袖珍的计算机。制作一个如同人类大脑般袖珍的足够复杂的电脑也同样困难。

但是撇开机器人不谈,为什么要费心思制造这么袖珍的计算机呢?组成计算机的零件变得越来越小,确切地说,从真空管到晶体管再到微型集成电路和硅芯片。假设,除了使零件变得更小,我们也能使整个构造变得更大。

大脑变得太大最终会失去灵活性,因为神经冲动并不能传播得很快。即使是最快捷的神经冲动也只能以每分钟 3.75 英里的速度传播。神经冲动从大脑神经的一端到另一端只需 1/440 秒,但大脑神经有 9 英里长,我们可以想象,神经冲动走完整个历程将会需要 2.4 分钟。庞大的规模所带来的额外复杂性将会瓦解,原因很简单,就是在大脑中移动和处理信息需要很长时间。

然而,计算机使用的电脉冲速度超过每分钟 1100 万英里。400 英里宽的计算机,从这端到另一端传导电脉冲仍将耗费大约 1/440 秒。至少在这方面,星形大小的计算机仍然可以像人脑一样快速处理信息。

因此,如果我们想象计算机的部件被制造得越来越精细、越来越复杂地相互关联,并且想象同样的计算机变得越来越大,那么计算机最终不能做人脑能做的所有事情吗?

计算机能变得多么智能有理论上的限制吗?

我从未听说过任何有关这方面的理论。在我看来,每次我们学会将更多的复杂程

---

* 翻译自 Isaac Asimov, *Robot Visions*, Roc 1991, p. 420 – 422。西南政法大学人工智能法律研究教师研究创新项目“人工智能机器人的法律调整:阿西莫夫法则的贡献与局限”(项目编号:2018 – RGZN – JS – ZD – 10)的阶段性成果;西南政法大学人工智能法律研究院 2018 年度科研创新项目“智能服务机器人的法律规制研究”(2018 – RGZN – XS – BS – 01)成果。

** 西南政法大学教授、博士生导师,法学博士,西南政法大学人工智能法律研究院副院长。

*** 西南政法大学民商法学院 2018 级研究生。

序打包到一个指定的容量(volume)中,计算机能够做的也就越多。每次我们把计算机做得更大,同时保持每个部分像以前一样精密复杂,计算机就能做得更多。

最终,如果我们学会怎样使计算机足够复杂并且足够大,为什么计算机不能达到人类的智慧呢?

有的人肯定不会相信并且会说,“但是计算机怎么可能产生伟大的交响乐、伟大的艺术作品和伟大的新科学理论呢”?

对于这个问题,我通常会忍不住反驳,“你能吗?”但是,当然,即使提问者很普通,仍然存在非凡的天才。然而,他们成为天才仅仅是因为它们大脑中的原子和分子以某种复杂的顺序排列。除原子和分子外,他们的大脑中没有其他任何物质。如果我们在电脑中以某种复杂的顺序排列原子和分子,天才的作品也有可能由它产生;如果单个的部分没有大脑小而精致,我们可以通过让电脑变大来弥补。

一些人可能会说,“但是电脑仅仅可以按照人们设定的程序去工作”。

对于这个问题的答案是,“确实是这样。但是大脑也只能做他们被编程要做的事情——通过他们的基因。大脑编程的一部分是学习能力,这将是复杂计算机编程的一部分”。

事实上,如果计算机能够被制造得和人类一样智能,为什么不能让它变得更加智能一些呢?

为什么不呢?也许这就是进化的意义所在。在30亿年的时间里,原子和分子的偶然发展,通过冰川时代缓慢地改进,终于产生了一个在几个世纪甚至几十年的时间里可以继续往前迈出下一步的足够智能的物种。然后事情真的会发生变化。

但是如果电脑变得比人类更加智能,它们难道不会取代我们吗?难道它们不应该这样做吗?它们可能既聪明又善良,只是让我们以正常的生老病死的方式减少我们的数量。它们可能把我们中的一些人养为宠物,或者圈养起来。

那么,也要想想我们现在正在对自己、对所有的生物和我们生活的星球做些什么。也许我们是时候该被取代了。也许真正的危险是计算机没有足够快地发展到取代我们的地步。

想一想吧。①

① 我提出这种观点只是为了思考。在本系列的后面部分“共同智能(Intelligences Together)”,我考虑了一个完全不同的观点。

我的机器人[*]

张建文[**]　高宁宁[***]　译

1939 年 5 月，我只有 19 岁，我写下了我的第一部机器人小说《罗比》(*Robbie*)。

我的创作与以往的机器人小说的不同之处，在于我决定我所写的机器人没有任何象征意义。它们不会表现出人类的傲慢自大。它们不会代表人类妄想侵犯上帝领土的野心。它们不会是一个新的等待惩罚的通天塔。

机器人也不是少数群体的代表。它们不会是遭到不公迫害的可怜虫，这样我便可以对犹太人、黑人或其他任何惨遭虐待的社会成员进行寓意表述(make Aesopic statements)。当然，我极其反对这种虐待，在我的许多小说和散文中我都清楚地表明了这一态度，但不是在我的机器人小说中。

那么，我笔下的机器人是什么样的呢？——它们是工程设备，它们是工具。我让它们成为服务人类的机器。我把它们变成内置安全装置的物体。换句话说，我对它进行了一定设置，让机器人无法杀死其创造者，因为抛弃了那种老掉牙的情节，我可以自由地考虑其他更为合理的结局。

1939 年，我开始写机器人小说，在创作中我没有提到计算机控制。因为当时电子计算机还没有问世，我也没有先见之明。但是，我的确预见机器人的大脑必须是某种电子形式的。然而，“电子脑(electronic)”似乎不够具有未来感。就在 1935 年，人们发现了正电子，即一种与电子完全相同但具有相反电荷的亚原子粒子，四年后我创作了第一部机器人小说。正电子听起来的确非常有科幻感，我便赋予我的机器人“正电子脑(positronic brains)”，想象它们的思想由闪烁的正电子流组成，出现，接着几乎立刻消失。

我写的这些小说叫作《正电子机器人系列》(*The positronic robot series*)，但是这除了我刚才所说使用的是正电子而非电子之外没什么更重要的意义。

起初，我并没有费心将机器人系统化，或让它们说话，只是想象着要把什么样的保

---

* 翻译自 Isaac Asimov, *Robot Visions*, Roc 1991, p. 453 – 457。西南政法大学人工智能法律研究教师研究创新项目“人工智能机器人的法律调整：阿西莫夫法则的贡献与局限”(项目编号：2018 – RGZN – JS – ZD – 10)的阶段性成果。

** 西南政法大学教授、博士生导师，法学博士，西南政法大学人工智能法律研究院副院长。

*** 暨南大学博士研究生。

护装置装到机器人中。然而,由于从一开始我便设定机器人不可能杀死其创造者,所以我不得不强调机器人不会伤害人类;这是它们的正电子大脑构成中根深蒂固的一部分。

因此,在《罗比》第一版中,我设定了这样一个机器人角色:"它只是忍不住忠心耿耿,充满爱心,善良友好。它是一台机器,被赋予了这样的特性。"

《惊奇科幻》(*Astounding Science Fiction*)杂志主编约翰·坎贝尔(John Campbell)拒绝了《罗比》,之后我又继续创作了一系列机器人小说,得到了约翰的认可。1940年12月23日,我去见约翰,告诉他读心机器人的想法[这一想法后来发展为小说《骗子!》(*Liar*!)],但约翰对我关于机器人行为原因的解释并不满意。他希望准确地描述保护装置以便我们能够理解机器人。然后,我们一起制定了著名的"机器人学三法则"。这个概念是我提出的,提取自我所写的机器人小说,但具体的措辞(如果我没记错的话)是由我们两个在当时反复推敲得出的。机器人学三法则是合乎逻辑且有意义的。首先,三法则提到了安全问题,这是我在开始创作机器人小说时优先考虑的重点。此外,我意识到这样一个事实,即尽管机器人没有主动试图伤害人类,也可能以不作为的方式而默许伤害。这令我想到了亚瑟·休·克拉夫(Arthur Hugh Clough)极具讽刺意味的《最新十诫》(*The Latest Decalog*),诗人以深刻讽刺的方式改写了摩西十诫。最常被引用的一句诗是:"你不应该杀人,但也不需要为了生存而努力。"

机器人学三法则分别为:(1)机器人不会伤害人类,或者,以不作为的方式让人类遭受伤害。解决了这个问题后,我们接着说第二法则(服从)。当然,即便给机器人安装了服从命令的内置零件,你也不会对安全问题完全放心。那么,第二法则必须为(2)机器人必须听从人类的命令,除非该命令与第一法则相冲突。最后,我们必须制定第三法则(谨慎)。机器人一定非常昂贵,不能遭受不必要的损坏或破坏。当然,不得以此作为牺牲安全或服务的借口。因此,第三法则必须为(3)机器人必须自我保护,只要这种保护不与第一法则或第二法则相冲突。当然,以文字方式陈述这些法则难免有不足之处。

正电子脑中存在互相排斥的正电子电位,这些电位可以用高等数学公式完美表达(我保证高数我一窍不通)。然而尽管如此,也存在明显含糊之处。是什么构成对人类的"伤害"?机器人必须遵从孩子、女人、坏人的命令吗?机器人必须牺牲自己昂贵并有价值的存在以保护一个不重要的人免受细微的伤害吗?什么是细微什么是不重要?就作家而言,这些含糊之处不是缺点。如果机器人学三法则完美无瑕、毫不含糊,那便没创作的空间了。小说情节正是在这些细小的含糊之处中生根发芽,如果你理解了双关语,“机器人之城(Robot City)”就有了基础。

1941 年,《骗子!》刊登在《惊奇科幻》杂志 5 月期,在该小说中我没有明确阐述机器人学三法则。但在我的另一部机器人小说《圆舞》(*Run around*)中,我做了详细说明,该小说于 1942 年刊登在《惊奇科幻》杂志 3 月期。在书中第 100 页第 7 行,一个角色说,“现在,让我们说说机器人学三法则”,当时引用了这句话。就我或任何人所了解的来看,这句话碰巧表明“机器人”一词首次出现在书中——显然,是我发明了这个词。

从那时起,40 多年间我写了很多关于机器人的短篇和长篇小说,从未有人逼我修改机器人学三法则。然而,随着时间的推移,我写的机器人越来越复杂、多样,我确实觉得它们必须要达到更高的目标。因此,在 1985 年双日出版社出版的《机器人帝国》(*Robots and Empire*)这部小说中,我谈到也许一个足够先进的机器人会认为防止对整个人类的伤害比防止对个人的伤害更重要。我称之为“机器人零号法则”,但是我目前仍在研究它。

我发明的机器人学三法则可能是我对科幻小说最重要的贡献。这三法则被其他领域广泛引用,而且说起机器人历史就一定会提到机器人学三法则。1985 年,约翰威利(John Wiley and Sons)出版公司出版了一本由希蒙·Y. 诺夫(Shimon Y. Nof)编写的巨著——《工业机器人手册》(*Handbook of Industrial Robotics*),应编辑要求,在序言中我介绍了机器人学三法则。

现在人们都知道,科幻小说作家通常会创造出一系列新奇的点子,所有作家都能从中汲取灵感。因此,我从不反对其他作家创作出遵从机器人学三法则的机器人角色。相反,我会感到受宠若惊,老实说,如果没有这三条法则现代科幻小说中便不会有机器人出现。

但是,我坚决抵制其他任何作家完全引用机器人学三法则。我的态度是可以使用这些法则,但不要照抄。概念是每个人的,但文字是我的。

控制论有机体*

张　锐**　徐娇娇***　译

机器人是机器人,有机体是有机体。

众所周知,有机体是由细胞构成的。从分子的角度来看,其关键分子是核酸和蛋白质。它们漂浮在水介质中,整个系统有一个骨骼支撑系统。没有必要继续描述,因为我们都熟悉有机体,而且我们自己就是它们的例子。

而机器人(通常如科幻小说中所描绘的)是一个物体,或多或少类似于人,由坚固的防锈金属制成。科幻小说的作者一般都很小心地把机器人的细节描述得很精密,尽管它们通常对故事来说并不重要,而作者们通常不知该如何去做。

然而,人们从故事中得到的印象是,机器人是有线的,所以它有电线,电流通过电线,而不是血液流过的管道。能源的最终来源要么是无名的,要么被认为是参与了核动力的性质。

机器人的大脑呢?

当我在1939年和1940年写我的第一个机器人故事时,我想象了一个海绵状铂铱合金的"正电子大脑"。它是铂铱,因为它是一种特别惰性的金属,最不可能发生化学变化。它是海绵状的,所以它能提供一个巨大的表面,在这个表面上可以形成和不形成电子图案。它是"正电子的",因为在我写第一个机器人故事的前四年,正电子被发现是一种反向电子,所以"正电子"代替"电子"成为一种令人愉快的科幻声音。

当然,现在我的正电子铂铱大脑已经过时了。即使在发明10年后,它也变得过时了。到20世纪40年代末,我们开始认识到机器人的大脑一定是一种计算机。事实上,如果一个机器人要像我最近小说中的机器人那样复杂的话,那么机器人的大脑计算机必须和人脑一样复杂。它必须由不比脑细胞大,也不比脑细胞复杂的微型芯片组成。

现在让我们试着想象一个既不是有机体也不是机器人的东西,而是两者的结合。

---

* 翻译自 Isaac Asimov, *Robot Visions*, Roc 1991, p. 463 - 469。西南政法大学人工智能法律研究教师研究创新项目"人工智能机器人的法律调整:阿西莫夫法则的贡献与局限"(项目编号:2018 - RGZN - JS - ZD - 10)的阶段性成果;西南政法大学人工智能法律研究院2018年度科研创新项目"智能服务机器人的法律规制研究"(2018 - RGZN - XS - BS - 01)成果。

** 西南政法大学民商法学院博士研究生。

*** 西南政法大学民商法学院2018级研究生。

也许我们可以把它看作是一个有机体机器人或“奥博特(orbot)”,这显然是一个不好的名字,因为它只是前两个字母换位的“机器人(robot)”。同样,“有机体机器人(orgabot)”,也是一个相当难听的词。

我们可以称之为机器人有机体,或者说是“机器人主义(robotanism)”,它也是难听的,或者说是“机器人组织(roborg)”。在我看来,“机器人组织”听起来并不糟糕,但我们不能使用它,因为发生了一些其他的事情。

计算机科学在一代人之前被诺伯特·韦纳(Norbert Weiner)命名为“控制论”,因此,如果我们考虑部分是机器人和部分是有机体的东西,并且记住机器人在本质上是控制论的,我们可能会把这个混合物看作是“控制论有机体(cybernetic organism)”或“电子人(cyborg)”。事实上,这是一个已经被使用的名字。为了解电子人可能是什么样的,让我们试着从一个人类有机体开始,朝着一个机器人移动;当我们完全做到这一点时,就从一个机器人开始,朝着一个人类移动。

要从人类有机体走向机器人,我们必须开始用机器人部件替换部分人类有机体。我们已经在某些方面做到了。例如,现在我牙齿的很大一部分是金属的,当然,金属是机器人最优秀的材料。

当然,替代品不一定必须是金属的。我牙齿的某些部分现在是陶瓷质的,乍一看,与天然牙质是区分不出来的。尽管牙质在外观上是陶瓷,甚至在某种程度上是化学结构,但它最初是由生物材料形成的,并带有其起源的标记。取代了牙质的陶瓷现在或以前都没有生命的痕迹。

我们可以走得更远。我的胸骨在几年前的一次手术中被纵向切开,现在用金属钉固定在一起,从那以后就一直固定着。我嫂子做了人工髋关节置换术。有些人有人工手臂或腿,随着时间的推移,这种非活体的肢体正在被设计得更加复杂和有用。有人用人造心脏活了几天甚至几个月,还有更多的人用起搏器活了几年。

我们可以一点一点地想象,人类的这一部分和那一部分被无机材料和工程设备所取代。有没有哪一部分,即使在想象中,也很难被替换?

我认为这里没有人会犹豫。除了四肢、心脏、肝脏、骨骼等,人类的每一个部分都会被替换掉,产生出来的仍然是人类。它将是一个有人工部件的人类,但它仍然是一个人类。

但是大脑呢?

当然,如果有一件事使我们成为人类,那就是大脑。如果说有一件事使我们成为人类个体的话,那就是我们特定大脑强烈复杂的结构、情感、学习、记忆内容。你不能简单地用工厂货架上的思维装置代替大脑。你必须把自然大脑所学的东西结合起来,拥有它所有的记忆,模仿它的确切工作模式。

人工假肢可能不会像本来的四肢那样工作,但可能仍然起作用。人工肺、肾或肝也是如此。然而,人工大脑必须是它所取代的大脑的精确复制品,否则被质疑的人类就不再是同一个人了。

那么,大脑就是从人类有机体到机器人的关键所在。

反过来呢?

在《双百人》(*The Bicentennial Man*)中,我描述了机器人英雄安德鲁·马丁从机器人到人的过程。它一点一点地改变了自己,直到它每一个看得见的部分都是人类的样子。它显示出的智力越来越等同于(甚至高于)一个人类。它是艺术家、历史学家、科学家、管理者。它迫使保障机器人权利的法律的通过,并取得了最大程度的尊重和钦佩。

然而,它绝对无法使自己被接受成为一个人类。这里的症结也在于它的机器人大脑。它发现必须在克服最后一道障碍之前处理好这件事。

因此,我们归结到身体和大脑的二分法。绝对的机器人是那些身体和大脑不匹配的机器人。这意味着我们可以有两类完全的半机器人:一类是拥有机器人大脑的人体,一类是拥有人脑的机器人。

我们可以想当然地认为,在估计一个人类(或一个机器人)的价值时,我们首先从外表判断。

我可以很容易地想象一个男人看到一个美丽至极的女人,敬畏地凝视着她,惊奇地看着她。"多漂亮的女人啊",他会说,或者想,他也可以很容易地想象自己会当场爱上她。在爱情故事中,我认为这是一个常规事情。当然,一个女人看到一个外表美丽的男人肯定会有同样的反应。

如果你爱上了一位引人注目的美人,你几乎不可能花太多时间去问她(或者他)是否有头脑,是否有良好的性格,是否有良好的判断力,是否善良或热情。如果你最终发现美貌是人唯一可以弥补的品质,那么你就有可能找借口,至少在一段时间内,你会被情欲反应的条件反射所引导。当然,最终你会厌倦没有内容的好看,但谁知道这需要多长时间?

然而,一个拥有大量优秀品质的人,如果他(她)恰巧是一个外表平白无奇的人,那么你不太可能一开始就缠着他(她),除非你足够聪明,能够看到这些优秀品质,这样你就可以安顿下来,享受一生的幸福。

那么,我要说的是,一个在人体内有一个机器人大脑的电子人将被大多数人(如果不是全部)接受为人类;而一个在机器人体内有一个人脑的电子人将被大多数人(如果不是全部)接受为机器人。毕竟,至少对大多数人来说,你就是他们眼中的你。

然而,这两个截然相反的电子人不会给人类带来同样程度的问题。让我们思考存在于人体内的机器人大脑,为什么要转移。机器人的大脑在机器人体内会更好,因为人体在两者中要脆弱得多。你拥有一个年轻而强壮的身体,但是大脑受到创伤和疾病的伤害,你可能会想,"为什么要浪费这么好的身体?让我们把一个机器人大脑放进去,这样它就可以活出它的生命"。但如果你这样做,人类将不会是原始的。它将是一个不同的个体。你不会保护一个仅特定且无意识的个体的身体。人体(没有大脑),无论多么美好,都是一件廉价的东西。每天都有50万新的身体出现。如果大脑没有了,就没有必要拯救他们中的任何人。

那么,机器人体内的人脑呢?人类的大脑不会永远存在,但它可以持续存在90年而不会完全无用。尽管是一个90岁的人,仍然很聪明,有理性,有值得思考的能力,这一点也不陌生。然而,我们也知道,许多最高级的思想在20年或30年后消失了,因为容纳它的身体(在没有思想的情况下是毫无价值的)已经通过创伤或疾病变得无法居住。然后会有一种强烈的冲动将一个完美的(甚至更高级的)大脑转移到一个机器人身体中,给它额外的几十年的使用寿命。

因此,当我们说"电子人"时,我们很可能只考虑了机器人身体中的人脑——我们将其视为机器人。

我们可能会争辩说,一个人的头脑就是一个人的头脑,重要的是头脑,而不是周围的支持机制,这是正确的。我相信任何一个理性的法庭都会判定有人脑的电子人拥有一个人的所有合法权利。它可以投票,不能被奴役等。

然而,假设一个电子人受到了挑战:"在我让你拥有人权之前,先证明你有一个人脑而不是机器人脑。"对于一个电子人来说,提供证据的最简单的方法就是证明它不受机器人学三法则的约束。由于机器人学三法则强制执行社会可接受的行为,这意味着它必须证明它可以做出人类(例如卑鄙的)行为。最简单也是最无法反驳的论点就是击倒挑战者,在这个过程中折断它的下巴,但没有机器人能做到这一点。[事实上,在我1947年出版的小说《证据》(*Evidence*)中,我用这个来证明一个人不是机器人,但在这种情况下,会有一个陷阱]如果一个电子人为了证明它有一个人脑必须不断地提供暴力,那就不一定会赢得朋友。

就这一点而言,即使它被公认为人类,被允许投票、租赁酒店房间,以及做人类能做的所有其他事情,也必须有一些规则来区分它和完整的人。电子人会比人强壮,它的金属拳头可以被视为致命武器。但是即使是在自卫中,它也可能被禁止攻击人类;它不能与人类平等地从事各种体育活动;等等。

啊,但需要把人脑安置在金属机器人体内吗?如果把它放在一个陶瓷、塑料和纤维制成的身体里,这样它看起来和感觉起来就像一个人体,而且还有一个人脑呢?

但你知道,我怀疑这个半机器人还是会有麻烦的。它将与众不同。无论差别有多小,人们都会抓住这些差别。

我们知道,拥有人脑和完整身体的人有时会因为皮肤色素沉着的细微差别或鼻子、眼睛、嘴唇或头发形状的细微变化而彼此憎恨。

我们知道,那些在已经成为仇恨起因的任何生理特征上没有表现出任何差异的人,可能仍然对那些根本不是生理的事情感到在意,比如宗教的不同文化、政治观点、出生地、语言或者只是语言上的不同口音。让我们面对现实吧。不管怎样,电子人都会面临困难。

稿约及体例规范说明

《人工智能法学研究》是由西南政法大学人工智能法律研究院创办的学术出版物，每年出版两辑。本书旨在打通人工智能学界与法学界的对话通道，为人工智能与法律交叉融合研究成果搭建专门的发表平台，期冀助推法学界、人工智能学界展开理论联系实际的合作研究，培养从事人工智能与法律研究的青年学者，培育人工智能与法律研究的重大研究成果，欢迎广大学者积极投稿！

一、板块设置

本书主要板块有：

（一）理论争鸣

（二）数字经济与法治

（三）智慧司法

（四）刑事专栏

（五）思想译介

二、投稿要求

（一）文章内容应当紧扣"人工智能法学研究"主题，符合人工智能法学发展总体精神和方向，以问题为导向，具有理论性和建设性，运用实证分析、比较分析、大数据分析等研究方法，提倡"小切口，深挖掘"。

（二）投稿文章应当是未公开发表的原创论文，字数不少于 8000 字。

（三）本书约稿仅限 Word 文档电子版（doc 格式或 docx 格式，以 doc 格式为宜），不接收任何纸质材料；文档名称与邮件主题格式均为"人工智能法学研究—论文题目—姓名—单位"。

（四）请随稿件附上作者姓名、学位、单位、职称（职务）、研究方向、联系电话、电子邮箱、邮寄地址、银行卡号及开户行等信息。

三、注释体例

注释以必要为原则，体例参照《中国法学》。

(一)总则

1. 提倡引用正式出版物,独著类书籍无须在作者名称后加"著"字;非独著类书籍,根据被引资料性质,应在作者姓名后加"主编""编译""编著""编选"等字样。

2. 文中注释一律采用脚注,当页连续注码,注码样式为:①②③……。

3. 非直接引用原文时,注释前加"参见";非引用原始资料时,应注明"转引自",应尽可能避免使用"转引"。

4. 引文涉及同一资料相邻数页,注释页码部分可标注为:第×页以下。

5. 引用自己作品时,请直接标明作者姓名,不要使用"拙文"等自谦辞。

(二)分则

1. 著作类

(1)注释信息编排方式为:作者姓名:《著作名称》,出版社名称及出版年份,第×页或第×~×页。

(2)著作若有副标题,以破折号与标题隔开。

(3)著作的版次紧随著作名称,以"(第×版)"、"(修订版)"或"(增订)"的方式表示。

(4)合著应标明全部作者姓名。3人以上合著的,第一次出现时,应写明全部作者姓名;第二次出现时,可以在第一作者之后加"等"字省去其他作者姓名。作者姓名之间以顿号隔开。

(5)多卷本著作应在著作名称后,以"(第×卷)"、"(第×册)"或"(第×辑)"注明卷、册或辑数。

示例:①王泽鉴:《民法学说与判例研究》(第1册),北京大学出版社2009年版,第6页。

2. 论文类

(1)注释信息编排方式为:作者姓名或名称:《文章名称》,载《期刊名称》××××年第×期。

(2)辑刊或文集论文须在主编者名称之前加"载"字。

(3)以"××××年第×期"标注期刊的出版时间,不使用"第×卷第×期"的标注方式。

示例:①赵万一:《中国农民权利的制度重构及其实现途径》,载《中国法学》2012年第3期。

3. 文集类

(1)注释信息编排方式为:作者姓名:《文章名称》,载×××主编/等著《著作名称》,出版社名称及出版年份。

(2)译著类文集注释信息编排方式为:作者姓名:《文章名称》,译者姓名,载×××主编/等《著作名称》,译者姓名,出版社名称及出版年份。

示例:①[美]J. 萨利斯:《想象的真理》,载〔英〕安东尼·弗卢等《西方哲学演讲录》,李超杰译,商务印书馆2000年版。

4. 译作类

(1)书籍类注释信息编排方式为:[国别名]作者姓名:《著作名称》,译者姓名,出版社及出版年份,第×页。

(2)论文类注释信息编排方式为:[国别名]作者姓名:《论文名称》,译者姓名,载《期刊名称》××××年第×期。

示例:①[法]孟德斯鸠:《论法的精神》,许明龙译,商务印书馆2012年版,第26页。

5. 法典类

注释信息编排方式为:《法典名称》,译者姓名,出版社名称及出版年份,第×页或第×~×页。

示例:①《德国民法典》(第3版),陈卫佐译注,法律出版社2010年版。

6. 报纸类

(1)注释信息编排方式为:作者姓名:《文章名称》,载《××日报或报》××××年××月××日,第×版。

(2)采访类文章应注明记者姓名。

示例:①殷建光:《代购和微商有"法"才能发》,载《人民法院报》2018年9月22日,第2版。

7. 古籍类

(1)应注明责任人、书名、卷次或责任人、篇名、部类名、卷次、版本等。

(2)常用古籍可以不注明编撰者和版本。

示例:①《史记·秦始皇本纪》。

8. 辞书类

参照书籍类著作的注释体例。

示例:①《新英汉法律词典》,法律出版社1998年版,第26页。

9. 外文类

外文注释中书名与文章名用斜体,杂志名用正体;其他与中文同。

四、审稿期限

本书实行审稿制,审稿期限为两个月。谢绝一稿多投。

五、投稿邮箱

投稿邮箱:gdyjy@ swupl. edu. cn。

西南政法大学高等研究院